SHANGRI-LA

MITCHELL ZUCKOFF

SHANGRI-LA

Traduzione di
FABRIZIA FOSSATI

TRUE
PIEMME

Titolo originale: *Lost in Shangri-La*

Realizzazione editoriale: *Conedit Libri Srl - Cormano (MI)*

ISBN 978-88-566-2775-6

I Edizione 2013

Anno 2013-2014-2015 - Edizione 1 2 3 4 5 6 7 8 9 10

A Gerry

Nota per il lettore

Verso la fine della Seconda guerra mondiale, un aereo dell'esercito americano in volo sull'isola della Nuova Guinea precipitò in un'area inesplorata, abitata soltanto da una tribù preistorica.

Nelle settimane successive, i giornalisti fecero a gara per raccontare una storia straordinaria di sopravvivenza, umanità, tenacia, eroismo e amicizia, e una missione di salvataggio ai limiti del possibile. I protagonisti dei loro resoconti erano una caporale bella e decisa, un paracadutista forte e ostinato, e dei selvaggi con l'osso al naso e la fama di essere cannibali nonché temibili cacciatori di teste. Gli articoli raccontavano, poi, di un luogotenente coraggioso che piangeva la morte del gemello, di un sottoufficiale ironico e tagliente con una terribile ferita alla testa, e di un gruppo di soldati filippino-americani partiti volontari ad affrontare gli indigeni nonostante fossero consapevoli di essere nettamente inferiori dal punto di vista numerico, quasi mille contro uno. A completare il cast, un regista scappato da Hollywood dopo che era stato scoperto a rubare gioielli, un pilota che aveva dato il meglio di sé quando si era trovato ai comandi di un aereo con il motore in avaria e un colonnello-cowboy il cui piano di salvataggio sembrava destinato ad aumentare, invece che limitare, il numero delle vittime. Le prime pagine dei quotidiani dedicarono grande spazio all'incidente e a quel che seguì. Le radio riportarono le vicende dal principio fino alla rocambolesca conclusione.

Il mondo, però, era sull'orlo dell'Era Atomica, e una storia di vita e morte ambientata all'Età della Pietra era destinata a essere dimenticata velocemente. E così fu.

Anni fa, mentre scartabellavo tra gli archivi dei giornali alla ricerca di tutt'altro, mi imbattei in un articolo che raccontava dell'incidente. Al momento, lo accantonai. La vicenda, però, si insinuò nei miei pensieri e divenne quasi un'ossessione. Cominciai a raccogliere informazioni e a metterle insieme, tentando di ricavarne un quadro coerente.

Gli articoli e i documenti ufficiali narravano di vicende lontane nel tempo, relegate al passato. Dentro di me, sognavo di incontrare qualcuno che era stato lì, sul posto. Che potesse descrivermi i volti, i luoghi e gli accadimenti che aveva visto e vissuto in prima persona. Che andasse in profondità, e desse calore alle fredde parole delle ricostruzioni ufficiali.

Alla fine, dopo svariate ricerche e a più di sessant'anni dallo schianto, scovai l'ultimo superstite. Abitava in Oregon e conservava dei ricordi vividi di quell'esperienza. Mi raccontò una storia straordinaria. E mi consegnò un diario sul quale aveva annotato in modo minuzioso tutto quello che era accaduto nelle settimane intercorse tra lo schianto e il salvataggio. E numerose fotografie, tre album di ritagli di giornale e alcune scatole piene di documenti ufficiali, dichiarazioni giurate, mappe, bollettini militari, lettere e trascrizioni di conversazioni radio. Nel tempo, arricchii quel tesoro con ciò che mi consegnarono i parenti degli altri protagonisti e con alcuni video. Lentamente, raccolsi e intrecciai molti fili, fino a formare un arazzo compiuto.

A quel punto, non mi rimaneva che andare in Nuova Guinea: volevo scoprire cosa ne era stato di quel luogo e di quegli indigeni, ritrovare chi, al tempo dell'incidente, era appena un bambino, e salire in cima alla montagna dove tuttora si trovano i resti dell'aereo, insieme alle ossa e agli effetti personali di alcune vittime.

Mentre scrivo queste righe, qui, sulla scrivania, ho un pezzo dell'aereo, una lamiera fusa che ricorda una contorta forma umana. È la prova tangibile del fatto che, per quanto possa sembrare incredibile, ogni parola di questa storia è vera.

Mitchell Zuckoff

Capitolo 1

DISPERSI

In un giorno piovoso di maggio del 1945 un corriere della Western Union attraversò Owego, un tranquillo paese a nord di New York. Appena fuori dal centro, svoltò in McMaster Street, una strada di case modeste e ben tenute, all'ombra di olmi grandi e rigogliosi. Rallentò, poi si fermò di fronte a un edificio immerso nel verde, simile a una fattoria, con una piccola veranda e delle fioriere vuote. Mentre si avvicinava alla porta, il corriere si preparò alla parte più difficile del suo lavoro, la consegna di un telegramma del dipartimento di Guerra degli Stati Uniti d'America.

A una finestra, proprio di fronte ai suoi occhi, faceva bella mostra di sé una Sons in Service, una piccola bandiera bianca con il bordo rosso e una stella blu nel centro. Bandiere simili erano esposte alle finestre di tutto il paese: onoravano un giovane uomo o, in alcuni casi, una giovane donna, partiti per la guerra. La Seconda guerra mondiale era cominciata quattro anni prima e alcuni stendardi erano già stati sostituiti da bandiere simili, ma con una stella d'oro che significava una perdita incommensurabile, un sacrificio immenso e un posto vuoto al tavolo di una famiglia.

Nella casa davanti alla quale il corriere si era fermato

viveva Patrick Hastings, un vedovo di sessantotto anni. Con gli occhiali dalla montatura in metallo, i capelli grigi pettinati con cura e l'espressione seria, somigliava in maniera impressionante al presidente Harry S. Truman, che aveva assunto l'incarico il mese precedente, alla morte di Franklin Delano Roosevelt.

Figlio di immigranti irlandesi, era cresciuto in una fattoria al confine con la Pennsylvania. Dopo un lungo fidanzamento aveva sposato il suo grande amore, la maestra Julia Hickey, e si era trasferito a Owego per trovare lavoro e mettere su famiglia. Con il trascorrere del tempo, aveva fatto carriera nel reparto manutenzione di una fabbrica locale di proprietà della Endicott-Johnson Shoe Company, che sfornava scarpe e stivali da combattimento per gli ufficiali dell'esercito americano. Insieme a Julia, aveva cresciuto tre figlie vivaci e intelligenti.

Ora, però, era solo. Sei anni prima un'infezione aveva colpito il cuore della sua Julia, e se l'era portata via. Le fioriere vuote erano il segno tangibile della sua assenza. E della solitudine di lui. Le figlie più giovani, Catherine e Rita, si erano sposate e trasferite. Anche nelle loro case erano esposti gli stendardi con la stella blu, in onore dei rispettivi mariti. Quello di Patrick Hastings, però, non era per i generi, ma per la figlia maggiore, il caporale Margaret Hastings del Women's Army Corps, il WAC, una ragazza forte e decisa. Sedici mesi prima, nel gennaio del 1944, Margaret Hastings si era recata in un centro di reclutamento nella vicina città di Binghamton e si era offerta volontaria, entrando di fatto a far parte della prima generazione di donne arruolate nell'esercito americano. Margaret e migliaia di altre ausiliarie furono spedite in zone di guerra sparse in tutto il mondo. La maggior parte, però, lavorava in uffici lontani dal fronte. Ciononostante Patrick non riusciva a non preoccuparsi sapendo che la figlia era in Nuova Guinea, un'isola selvaggia e misteriosa a nord dell'Australia. Margaret era di stanza in una base militare americana nella parte orientale dell'isola, la Nuova Guinea Olandese.

Verso la metà del 1945, i militari avevano delegato ad altri il compito di comunicare le brutte notizie. Chi ne era stato incaricato era molto impegnato. All'epoca, i morti in combattimento erano circa trecentomila. Quelli morti non in combattimento centomila. E i feriti più di seicentomila. Per questo motivo, le famiglie che esponevano lo stendardo con la stella blu avevano ottime ragioni per preoccuparsi quando vedevano un corriere della Western Union avvicinarsi alla porta di casa.

Quel giorno, Patrick Hastings non fu il solo a preoccuparsi. E a provare dolore. Nello stesso istante in cui il corriere suonava il suo campanello, altri ventitré corrieri con altri ventitré telegrammi dello stesso tipo suonarono alle porte di altre ventitré case con altrettanti familiari di stanza in Nuova Guinea. I corrieri si dispersero in tutto il paese, dalle comunità rurali di Shippenville in Pennsylvania, Trenton in Missouri e Kelso a Washington ai grandi centri urbani, come New York, Philadelphia e Los Angeles.

Il messaggio, pressoché identico in tutti e ventiquattro i casi, esprimeva solidarietà e vicinanza nel tono secco e asciutto del linguaggio militare. Era firmato dal general maggiore James A. Ulio, funzionario amministrativo dell'esercito. Patrick Hastings strinse il telegramma giallognolo tra le mani callose. Lesse: «Il segretario di guerra desidera esprimere profondo rammarico perché sua figlia, il caporale Margaret Hastings, risulta dispersa nella Nuova Guinea Olandese dal tredici maggio 1945. Se ci saranno novità, la contatteremo immediatamente. Segue una lettera di conferma».

A un corrispondente del giornale locale, che era venuto a conoscenza della notizia, Patrick Hastings parlò dell'ultima lettera che Margaret gli aveva inviato, nella quale raccontava di avere volato sopra la costa della Nuova Guinea e che non vedeva l'ora di fare un altro viaggio. La situazione per Patrick era chiara: Margaret, con tutta probabilità, era morta in un incidente aereo. Il giornalista, però, non prese sul serio le sue preoccupazioni, e nell'articolo si concentrò su diversi, seppur superficiali, motivi di ottimismo: «La formula del telegramma,» aveva scritto «fa ben sperare i familiari».

Quando, però, Patrick Hastings telefonò alle figlie non fece giri di parole né addolcì la pillola. Fu diretto, non alimentò false speranze. Ancora più sintetico dei militari, ridusse il messaggio a tre parole: Margaret è dispersa.

Capitolo 2

HOLLANDIA

Undici giorni prima che il corriere si presentasse a casa di suo padre, Margaret Hastings si svegliò, come sempre, prima dell'alba. Il caldo e l'umidità tropicale si erano insinuati sotto i lembi della tenda angusta che divideva con altre cinque WAC. Margaret indossò l'uniforme color kaki che aveva stretto e cucito per adattarla al suo corpo minuto. «Le uniformi» aveva scritto a un'amica di Owego appena sbarcata in Nuova Guinea «mi stanno come sacchi.» Così, dopo vari tentativi, aveva messo le mani su un enorme paio di pantaloni da uomo, aveva recuperato la stoffa e aveva ottenuto, come scrisse in un'altra occasione, un ottimo risultato, «tutto sommato».

Era il 13 maggio 1945. Essendo domenica, il trombettiere non aveva suonato la solita sveglia alle 5.30 del mattino. Per Margaret, però, non faceva molta differenza. Alla Base G, un enorme campo costruito nei pressi della città di Hollandia, sulla costa settentrionale della Nuova Guinea Olandese, si lavorava sette giorni su sette. Alle otto avrebbe dovuto trovarsi alla sua scrivania di metallo a battere i tasti della sua macchina da scrivere: la guerra non era solo un inferno di sangue, ma anche un inferno di scartoffie!

Margaret aveva trent'anni ed era una bella ragazza. Aveva gli occhi azzurri e vivaci, la pelle di alabastro e i capelli castano chiaro raccolti in un elegante chignon. Era alta poco meno di un metro e sessanta e pesava quarantacinque chili. Era ancora perfetta per i vestiti delle superiori e per il soprannome di quando era adolescente, *Little Girl*, «bambina». Le sue dimensioni, però, traevano in inganno. Margaret aveva un portamento elegante, spalle erette e mento in su, eredità di recite, lezioni di violino e di quella che le sorelle minori chiamavano una natura coraggiosa e «responsabile». Affrontava gli sconosciuti con uno sguardo di traverso e un mezzo sorriso che le scavava le fossette sulle guance. Il suo sguardo, a metà tra il malizioso e il sexy, sembrava celare un segreto che non voleva svelare.

Ai tempi dell'infanzia a Owego, Margaret andava in bicicletta fino al laghetto, faceva l'autostop quando voleva spingersi al di fuori del villaggio, andava bene a scuola e leggeva nascosta sotto le coperte fino a notte fonda. A mano a mano che cresceva e diventava più carina, divenne una delle ragazze più ambite della città. Le attenzioni la lusingavano, ma non ne era schiava. Si considerava una giovane donna indipendente che, come era solita dire, «beveva alcolici, ma non troppo» e «apprezzava i ragazzi, ma non troppo». A differenza delle sorelle e della maggior parte delle ragazze, che si sposavano intorno ai vent'anni, restò felicemente single, e libera. Non era interessata ai ragazzi di Owego, ma non li disprezzava: «A dire il vero,» confessò a un'amica «non sono sicura di essere attratta dal tipo di uomo che poi sarà un perfetto maritino...».

Dopo il diploma e dopo aver cambiato diversi impieghi, cominciò a lavorare come segretaria in una fabbrica locale della Remington Rand, un'azienda che trasformava l'acciaio in qualsiasi cosa, dalle macchine da scrivere alle pistole calibro 45. Margaret amava quel lavoro, ma soffriva perché non si era mai allontanata da casa e, al massimo, era stata ad Atlantic City. Sembrava banale, ma voleva vedere il mondo, servire il proprio paese e scoprire di che stoffa era fatta. Arruolarsi nel Women's Army Corps le offriva l'opportunità di fare tutte e tre le cose.

Mentre in Nuova Guinea Margaret si preparava al lavoro, in America le famiglie si preparavano a celebrare la Festa della mamma, la quarta dallo scoppio della guerra. Questa volta, però, non si festeggiava solo la mamma. Cinque giorni prima la Germania si era arresa senza porre condizioni. Cominciavano a filtrare notizie secondo cui Adolf Hitler si era tolto la vita nel suo bunker sotterraneo. Altri leader nazisti erano finiti in prigione. Venivano aperti i campi di concentramento, rivelando gli orrori che avevano custodito. Dopo aver pagato un enorme tributo di «sangue, fatica, lacrime e sudore», l'Europa aveva finalmente vinto. Il 13 maggio 1945 era l'anniversario del giorno in cui, cinque anni prima, il primo ministro inglese, Winston Churchill, aveva pronunciato quelle fatidiche parole per incitare i suoi alla battaglia.

Per festeggiare la vittoria, che in certi momenti era parsa quanto meno improbabile, la cupola della Casa Bianca, dipinta di nero dopo Pearl Harbor, splendeva di nuovo alla luce dei fari. Il Congresso appoggiò all'unanimità la scelta del presidente Truman di celebrare quel 13 maggio non soltanto come Festa della mamma, ma anche come il Giorno della Preghiera: «Il mondo occidentale è stato liberato dalle forze del male che per cinque anni e più hanno imprigionato i corpi e distrutto la vita di milioni e milioni di persone nate libere».

Sam Rayburn, presidente della Camera dei rappresentanti, gioì alle notizie che provenivano dall'Europa, ma fece due considerazioni. Si rammaricò che il presidente Roosevelt fosse morto poche settimane prima della vittoria. E fece notare che la guerra non era finita: «Sono felice, ma al tempo stesso triste» disse. «Penso alle migliaia di ragazzi che stanno per sacrificare la propria vita in isole sperdute del Pacifico e nel lontano Oriente affinché la vittoria arrida ai nostri eserciti, la gloria dell'America sia ripristinata e si torni a vivere in un mondo di pace e ordine.»

Le notizie che provenivano dal Pacifico erano incoraggianti, anche se imperversavano ancora aspre battaglie. Nelle sei settimane precedenti l'isola di Okinawa era stata teatro di violenti scontri. I generali americani intendevano usarla come base per invadere il Giappone, qualora fosse stato necessario. Certo, non era una grande prospettiva. Ma il morale era alto, e quella mattina il «New York Times» aveva addirittura dichiarato che la vittoria finale era certa: o con una resa negoziata o con una sconfitta incondizionata. Il giornale annunciò ai lettori: «Sarà un'estate impegnativa per l'esercito giapponese, Hirohito può essere certo che a queste prime "schermaglie" seguiranno colpi letali». Per i redattori del «Times» e i politici di Washington quella fiducia sembrava ovvia e scontata. In realtà, la guerra nel Pacifico rimaneva impossibile da pianificare. Tra l'alba e il tramonto del 13 maggio 1945 oltre centotrenta caccia e bombardieri attaccarono truppe, treni, ponti e altri «obiettivi giapponesi sospetti» nella Cina meridionale e orientale. Dieci Liberator B-24 bombardarono un hangar sotterraneo su di uno sputo di terra chiamato Moen Island. Altri nove scaricarono le loro bombe su una base aerea a Marcus Island, un isolotto sperduto nel Pacifico settentrionale. Nel Borneo, i B-24 bombardarono due campi d'aviazione. A est, sull'isola di Tarakan, i B-25 Mitchell e i P-38 Lightning dettero supporto alle forze di terra. La 7ª divisione della marina americana sfondò le difese giapponesi a Okinawa e conquistò la Cresta di Dakeshi. Nelle Filippine, la 4ª divisione di fanteria occupò il campo d'aviazione Del Monte, mentre i bombardieri e i caccia centrarono alcuni obiettivi su Luzon Island.

Questi eventi, i principali di quella giornata, furono catalogati, analizzati e raccontati in innumerevoli film e libri. Il 13 maggio 1945, però, si verificò un altro fatto che sfuggì sia agli storici sia ai registi: un cargo C-47 che trasportava una ventina di ufficiali, soldati e ausiliarie del WAC scomparve mentre sorvolava la giungla montuosa della Nuova Guinea.

Dopo essersi arruolata, Margaret seguì un corso di addestramento di quasi un anno presso le basi di Fort Oglethorpe in Georgia e Mitchel Field a Long Island, New York. Imparò a marciare in formazione, abbandonare una nave, indossare una maschera antigas, leggere una mappa, pulire una latrina, mantenere l'igiene personale e vivere in accordo con le infinite regole militari. Nel dicembre 1944, dopo essere stata promossa da soldato semplice a caporale, venne spedita in Nuova Guinea, un luogo inimmaginabilmente diverso dalla sua Owego.

Situata tra l'Australia e l'equatore, la Nuova Guinea era un'isola tropicale in buona parte inesplorata, grande circa il doppio della California. Lunga 2.400 chilometri e larga 800, era la seconda isola più grande del mondo dopo la Groenlandia. Sulla mappa, somigliava a un uccello preistorico che spiccava il volo dall'Australia, o al pollo di gomma di un comico. Le analogie, però, possono essere fuorvianti: in quel luogo non c'era nulla di divertente.

L'isola era un insieme di habitat inospitali. Buona parte della costa era formata da terre basse a malapena abitabili, paludi e giungla. Al centro si innalzavano maestose montagne di calcare ricoperte da impenetrabili foreste pluviali e sormontate da neve o cumuli rocciosi.

Il terreno era talmente proibitivo che l'isolamento era una condizione normale per i suoi abitanti. Si erano create delle piccole sacche di umanità, che combattevano contro chiunque si avvicinasse e spesso anche tra loro. La conseguenza fu che l'isola divenne una moderna Babele.

I nativi parlavano oltre mille dialetti, circa un sesto di tutte le lingue del mondo, nonostante fossero una parte infinitesimale della popolazione globale.

Anche se era abitata da più di quarantamila anni, la Nuova Guinea fu ignorata dal resto del mondo per tutto quel tempo. Le vedette delle navi europee cominciarono ad avvistarla nel XVI secolo. Un esploratore poco sensibile alla questione razziale la battezzò con il nome di uno stato africano distante sedicimila chilometri, la Guinea, solo perché gli indigeni che aveva incontrato avevano la pelle scura. La Nuova Guinea fu lasciata al proprio destino per altri due secoli, anche se i cacciatori di animali da pelliccia presero a fermarsi sulle sue coste per raccogliere le piume dai colori brillanti degli uccelli del paradiso, che avrebbero adornato i cappellini delle donne alla moda dei vicini potentati dello Sri Lanka. Nel XVIII secolo l'isola divenne un punto di approdo abituale per gli esploratori francesi e britannici.

Il capitano Cook vi sbarcò nel 1770. Dopo di lui arrivarono scienziati e ricercatori da tutto il pianeta, desiderosi di compiere scoperte zoologiche, botaniche e geografiche.

Nel XIX secolo la Nuova Guinea attirò l'attenzione di cercatori e commercianti di materie prime rare e pregiate. L'isola non aveva riserve di minerali o metalli preziosi facilmente accessibili, ma l'aumento del valore dell'olio di cocco la rese appetibile. Le potenze europee la divisero a metà, e così accadde per l'area orientale. Nel corso degli anni ne rivendicarono la sovranità Spagna, Germania, Olanda e Gran Bretagna. Tuttavia, perfino gli occidentali più istruiti avevano difficoltà a individuare l'isola su una cartina geografica.

Al termine della Prima guerra mondiale, la metà orientale della Nuova Guinea era controllata dalla Gran Bretagna e dall'Australia. La parte occidentale era controllata dai Paesi Bassi, e da allora venne conosciuta come Nuova Guinea Olandese, con capitale Hollandia. La Seconda guerra mondiale attirò l'attenzione sull'isola come non era mai successo per la posizione privilegiata che occupava nel teatro di guerra del Pacifico.

Il Giappone la invase nel 1942 con l'obiettivo di usarla come base per gli attacchi che avrebbe dovuto portare all'Australia, distante circa centocinquanta chilometri. Nell'aprile 1944 le truppe USA lanciarono l'Operazione Reckless, una missione audace che sbaragliò l'esercito giapponese e portò alla conquista di Hollandia. Anche gli americani continuarono a usarla come base aerea e il generale Douglas MacArthur, comandante supremo delle Forze alleate nel Pacifico sud-occidentale, vi costruì il proprio quartier generale prima di trasferirsi nelle Filippine.

In Nuova Guinea, come altrove, Margaret Hastings e le altre WAC, fedeli al motto «libera un uomo per il fronte», occupavano solo ruoli di supporto, senza essere coinvolte in prima linea. Lo slogan precedente, «alleggerisci un uomo per la battaglia», era stato ritirato perché alimentava i sospetti di chi pensava che lo scopo delle ausiliarie fosse di offrire prestazioni sessuali ai soldati impegnati nei combattimenti. MacArthur non era tra questi. Amava ripetere che le ausiliarie erano i suoi «migliori soldati» perché lavoravano più duramente degli uomini e si lamentavano meno.

Durante la Seconda guerra mondiale si erano arruolate più di centocinquantamila donne, le prime, oltre alle infermiere, a servire l'esercito americano.

Margaret giunse a Hollandia otto mesi dopo il successo dell'Operazione Reckless. In quel periodo, quell'angolo del Pacifico non era stato ancora insanguinato dalla guerra. Migliaia di giapponesi restavano armati e nascosti sull'isola, ma si riteneva che fossero lontani dalla capitale. Le sentinelle, però, pattugliavano di continuo il mare di tende e gli edifici a un piano che costituivano la base statunitense. Le ausiliarie venivano scortate regolarmente da uomini armati e le loro tende erano circondate da filo spinato. Una di loro raccontò che alla donna di grado maggiore nella sua tenda era stata consegnata una pistola da tenere sotto il cuscino con l'ordine di uccidere le compagne e poi se stessa qualora i giapponesi avessero attaccato. I nativi della Nuova Guinea destavano qualche preoccupazione, anche se quelli che abitavano nei pressi di Hollandia erano diventati così familiari che si permettevano di apostrofare gli americani con frasi tipo: «Ehi Joe, hubba hubba, compra i titoli di guerra». I soldati australiani, che avevano ricevuto il loro aiuto durante gli scontri con i giapponesi, li avevano ribattezzati «Fuzzy Wuzzy Angels».

Alcune ausiliarie erano convinte che il vero scopo delle precauzioni usate nei loro confronti non fosse tanto di proteggerle dai nemici esterni o dagli indigeni, quanto dai centomila soldati, marinai e aviatori americani di stanza alla base, alcuni dei quali non vedevano una donna da mesi.

Margaret si rese ben presto conto di essere al centro di queste attenzioni: «Immagino che tu abbia sentito parlare dei *blanket party**» scrisse a un'amica di Owego nel febbraio 1945. «In Nuova Guinea sono molto frequenti. Tuttavia non sono così terribili come sembra e, in ogni modo, su di una coperta non si può fare nulla che non si possa fare sul sedile posteriore di una macchina. Non abbiamo poltrone e le jeep sono scomode,» continuava «così ti prendi una birra o, alla fine del mese, quando la birra è finita, dell'acqua, sali su una jeep e guidi finché non trovi un posto tranquillo. La sera si sta bene ed è bello stare sotto le stelle, bere, parlare, farsi una nuotata... E, poi, con il surplus di uomini che c'è, è impossibile non trovarne di belli. Da questo punto di vista non posso proprio lamentarmi.»

Lontana da casa, lasciava libero sfogo alla sua indole avventurosa: «Una sera» scrisse «siamo uscite in sei su una jeep senza tettuccio e abbiamo guidato per tutta l'isola. Abbiamo percorso ponti mezzi distrutti, abbiamo guadato torrenti, siamo salite su banchi di sabbia e abbiamo rischiato di ribaltarci almeno dieci volte». La lettera non rivelava segreti militari, bensì

* Nella sua accezione più comune, si tratta di rituali o forme di iniziazione che prevedono umiliazione, abusi (anche sessuali) o vessazione attuate nei confronti di un soggetto da ammettere in un gruppo, militare o non [N.d.T.].

solo fatti personali, perciò attraversò indenne la censura della base.

In Nuova Guinea, Margaret aveva trovato un'amica che portava sempre con sé in tutte le avventure, il sergente Laura Besley. Figlia unica di un trivellatore petrolifero in pensione e di una casalinga, Laura era originaria di Shippenville, in Pennsylvania, a 144 chilometri da Pittsburgh, un paesino così piccolo che sarebbe stato senza problemi dentro Owego. Laura aveva trascorso un anno al college, poi aveva lavorato come dattilografa per il Pennsylvania Labor Department prima di arruolarsi nel WAC nell'agosto 1942.

Laura era più alta e più in carne di Margaret, ma al di là dell'aspetto erano molto simili. Laura aveva trentun anni ed era single. In famiglia aveva la reputazione di essere una ragazza impertinente, che faceva quello che voleva.

Quando non lavoravano, non partecipavano a *blanket party* o non andavano in giro a divertirsi, Margaret, Laura e le altre WAC cercavano di rendere il dormitorio più elegante possibile: «È molto simile a una casa,» scriveva a un'altra amica «e sono fortunata a condividerlo con cinque ragazze molto gentili». Arredarono la tenda con dei piccoli tavolini da toelette ricavati da scatole e tela da imballaggio. Sedevano su delle sedie che erano state loro donate dagli ufficiali addetti ai rifornimenti, i quali speravano ardentemente di trasformare quei doni in altrettanti appuntamenti.

Un piccolo tappeto copriva il pavimento di cemento, le zanzariere pendevano sopra le loro brande e il tessuto di seta blu del paracadute decorava il soffitto. La tenda era illuminata da una sola lampadina, ma John McCollom, un luogotenente gentile che lavorava con il capo di Margaret, le donò una doppia presa. Questo aggeggio così ambito le permetteva di godere il lusso di avere la luce mentre di sera stirava le uniformi. Tranquillo e modesto, John McCollom aveva un gemello in tutto e per tutto identico. Erano originari del Missouri ed erano entrambi di stanza a Hollandia. John, che era single e non poteva non notare la bellezza di Margaret, non aveva secondi fini, le regalò la presa senza chiedere nulla in cambio. Margaret non poté che apprezzare.

La fauna della Nuova Guinea non era altrettanto discreta. Topi, lucertole e ragni pelosi, grandi quanto piattini da caffè, si spingevano senza timore nelle tende delle ausiliarie, mentre le zanzare banchettavano allegramente su ogni braccio o gamba che spuntava fuori dalla zanzariera. Ma anche quel che in teoria avrebbe dovuto proteggere i soldati, provocava, in realtà, seri effetti collaterali. Le pillole di Atabrine, dal gusto amaro, che tenevano alla larga la malaria, provocavano mal di testa, vomito e davano un colorito giallognolo alla pelle.

L'assenza di refrigerazione significava che la maggior parte del cibo era conservato in tre modi: in lattina, salato o disidratato. Una volto cotto, cambiava la temperatura ma non il gusto. Le WAC ci scherzavano su, come se fossero state mandate in quella recondita zona del Pacifico meridionale per tornare a casa pelle e ossa.

Come ciliegina sulla torta, Hollandia era il paradiso delle micosi. Il clima non dava tregua, era un mix costante di caldo, pioggia e umidità, che lasciava la pelle perennemente bagnata. Margaret faceva la doccia almeno due volte al giorno con l'acqua fredda convogliata da un torrente di montagna. Ma questo non le impediva, nell'intervallo di tempo, di infradiciare la sua uniforme color kaki. Il deodorante che le aveva dato sua madre, il talco, la polvere per i piedi e ogni altra diavoleria servivano a poco: «Rimanere pulite» scriveva «è uno sforzo continuo. Ci sono strade polverose, e quando piove si riempiono di fango». Un ufficiale descrisse la realtà del campo in modo vivido e impeccabile: «Ci sono cinque tipi di infezioni. Le prime tre sono interessanti per il paziente; le altre due sono interessanti per il medico e perlopiù fatali per il paziente. Elefantiasi, malaria, dengue, febbri di origine sconosciuta... la Nuova Guinea non si fa mancare niente. I virus e i batteri sono presenti nell'acqua con cui ti lavi e nel fogliame che tocchi. Qui è pieno di cose da evitare. Ma, in fondo, chi se ne cura? Abbiamo altro cui pensare, tipo i cadaveri dei cecchini nemici che penzolano dagli alberi sui quali si erano acquattati, i piranha che popolano i fiumi, i serpenti che strisciano accanto ai tuoi piedi. Per non parlare del nemico...».

Per fortuna, l'isola era di una bellezza innegabile e travolgente, che andava dalle montagne rigogliose alle onde che si frangevano con violenza sugli scogli, dal suono del vento che soffiava tra le foglie delle palme di cocco agli strani richiami e al piumaggio colorato degli uccelli. La tenda di Margaret si trovava circa quarantotto chilometri all'interno dell'isola, vicino al lago Sentani, uno specchio d'acqua suggestivo, quasi da togliere il fiato. La superficie cristallina era punteggiata da alcune piccole isolette, che parevano altrettante colline di velluto verde. Durante le lunghe giornate di lavoro, Margaret riposava gli occhi e l'anima sollevandoli dalla scrivania e posandoli sul monte Cyclops, con il fianco color smeraldo scavato dagli spruzzi incessanti di una piccola cascata. Quella vista bastava a rinfrescarla.

Per la maggior parte del tempo, però, Hollandia metteva lei e tutte le sue compagne a dura prova.

La storiografia ufficiale delle WAC classificò la base G come il posto peggiore per le donne impegnate in guerra: «L'ufficiale medico riportò che "si registra un numero crescente di casi di irritabilità e sfinimento" e raccomandò di assegnare al personale un intero giorno di riposo alla settimana per alleviare la "tensione nervosa"».

Il superiore di Margaret, il colonnello Peter J. Prossen, pilota esperto e responsabile del Far East Air Service Command, meglio noto come Fee-Ask, l'unità di logistica, fornitura e manutenzione cui Margaret era stata assegnata in qualità di segretaria, prese a cuore questa indicazione, e si ingegnò in tutti i modi per limitare lo stress dei suoi uomini e delle sue donne.

Tuttavia, alle prime ore del 13 maggio 1945, l'atmosfera che si respirava all'interno della grande tenda del quartier generale era piuttosto tranquilla. Prossen stava scrivendo una lettera a sua moglie Evelyn e ai loro tre bambini, due maschi e una femmina, Peter jr., David e Lyneve (il cui nome era un anagramma di quello della madre), a San Antonio, in Texas.

Il colonnello aveva trentasette anni, gli occhi blu, i capelli folti e scuri, il collo taurino e un fisico tarchiato. Originario di una ricca famiglia newyorkese, si era laureato in Ingegneria alla New York University nel 1930. Dopo aver lavorato per alcuni anni in un'industria privata, si era arruolato per coronare il suo sogno, per poter volare. Nonostante la guerra lo tenesse impegnato per gran parte del tempo, il figlio maggiore lo ricordava come un uomo affettuoso e allegro, con una grande passione per la fotografia. Quando era a casa, cantava a squarciagola, stonando, *Smoke Gets in Your Eyes*, mentre sua moglie, un'eccellente musicista, lo accompagnava al piano. Quando ripartiva, sorvolava casa muovendo gli alettoni dell'aereo in segno di saluto.

In una lettera spedita alla moglie il giorno prima dell'incidente, che cominciava, come sempre, con «mio carissimo amore», Prossen commentava le notizie ricevute da casa, le consigliava di ignorare le offese da parte della sorella e si lamentava di quanto dovesse attendere prima di ricevere le foto dei bambini. Le raccomandava di conservare i pupazzi di koala che aveva spedito fino al secondo compleanno della figlia e di fare attenzione con la posta perché le aveva spedito anche un'ascia locale come souvenir. I tanti anni trascorsi nell'esercito non avevano inficiato la tenerezza che provava per la famiglia. A San Valentino, per dire, spediva poesie d'amore e biglietti pieni di cuoricini. Non vedeva l'ora di essere di nuovo con loro. Nonostante le dure condizioni in cui si trovava, soffriva sinceramente per il razionamento del gas in America e per il fatto di non essere lì, con lei, a crescere e sostenere i loro figli.

La mattina del 13 maggio 1945, in occasione della Festa della mamma, le scrisse con la sua grafia minuta, per i più indecifrabile: «Amore mio, quando saremo di nuovo insieme saremo ancora più felici. Non preoccuparti per me... Sono contento che per te il tempo passi molto velocemente. Spero che continui così finché non torno a casa. Solo allora voglio che cominci a rallentare».

Più avanti, in quella stessa lettera, citò una poesia che parlava di due bambini. L'aveva letta poco prima di partire e, tornandogli in mente, gli aveva inflitto una grande nostalgia. La tristezza traspariva dalle sue parole mentre scriveva che, quel giorno, Peter jr. avrebbe fatto la prima comunione e lui non ci sarebbe stato: «Scommetto che è un bravo ragazzo,» disse «ma sta crescendo...». Concluse la lettera con queste parole: «Ti amo come sempre. Abbi cura di te. Fallo per me. Ti mando tutto il mio amore. Tuo, Pete».

In quel periodo, Prossen era preoccupato per ciò che la guerra stava significando, non solo in termini di vite umane. Cercava in ogni modo di alleviare le tensioni e alleggerire le responsabilità che gravavano sulle spalle degli oltre cento uomini e venti ausiliarie posti sotto il suo comando: «Molti soldati» scriveva «sono qui da molto tempo. Sono sottoposti a uno stress psicologico molto forte». Faceva di tutto per sostenerli e per mostrare che apprezzava i loro sforzi. Ai piloti che provenivano dall'Australia chiedeva di portare concentrato di Coca-Cola e frutta fresca. E, ogni volta che poteva, organizzava delle specie di voli turistici lungo la costa.

Quel giorno, il 13 maggio 1945, aveva organizzato il più prezioso e ambito, un viaggio a Shangri-La.

Capitolo 3

SHANGRI-LA

Un anno prima, nel maggio 1944, il colonnello Ray T. Elsmore aveva sentito la voce del suo copilota gracchiare attraverso l'interfono nell'angusta cabina di pilotaggio del loro cargo C-60. Elsmore, che comandava la 322ª Troop Carrier Wing dell'aeronautica militare americana, stava volando seguendo una rotta a zig-zag attraverso la catena montuosa della Nuova Guinea centrale. L'obiettivo di quella missione era localizzare una striscia di terra dove gli aerei avrebbero potuto atterrare e rifornirsi nei loro viaggi tra Hollandia, sulla costa settentrionale della Nuova Guinea, e Merauke, base alleata sulla costa meridionale. Nel malaugurato caso in cui non ne avessero trovata una, si augurava almeno di individuare un passaggio più diretto a bassa quota, attraverso i monti Oranje, per facilitare i collegamenti tra le due basi.

Il copilota, il maggiore Myron Grimes, indicò la montagna davanti a loro: «Colonnello, se superiamo quella cresta, entreremo nel canyon che si insinua nella Valle Perduta».

Appena una settimana prima, Grimes aveva compiuto un analogo volo di ricognizione e voleva mostrare a Elsmore la sua straordinaria scoperta. In seguito si diffuse la voce che il primo volo di Grimes sulla Valle Perduta fu assolutamente fortuito. Si diceva, infatti, che Grimes fosse in ritardo per un appuntamento piccante in Australia e che, per evitare il lungo volo costiero, avesse preso un'ardita scorciatoia. Era una bella storia, ma era falsa. Grimes era in ricognizione. Al ritorno da quel primo volo, Grimes affermò di aver trovato, a circa centocinquanta miglia aeree da Hollandia, una valle lussureggiante piuttosto piana, laddove le mappe usate dall'aeronautica militare mostravano solo una catena ininterrotta di vette impervie e di creste ricoperte dalla giungla. Per indicare le montagne, i cartografi, in genere, disegnavano una serie di V al contrario e contrassegnavano l'area come «sconosciuta» o «inesplorata». Un cartografo dalla vivida immaginazione sosteneva che il posto individuato da Grimes si trovasse su di una «vetta di circa 4.200 metri d'altezza». Chissà, forse avrebbe potuto anche scrivere: "Ed è abitata da draghi...".

Elsmore voleva vedere la Valle Perduta con i propri occhi, al di là di ogni ragionevole dubbio.

Al segnale di Grimes, Elsmore tirò la cloche verso di sé. Portò il bimotore sopra la cresta e iniziò la discesa. Gestendo i comandi con attenzione, ridusse la velocità rimanendo al di sotto delle nubi che avvolgevano le cime più alte. Era una situazione pericolosa, l'incubo di ogni pilota: c'era il rischio che «le innocenti mura bianche di nuvole», come le chiamava il colonnello, celassero una parete rocciosa. E che l'aereo la centrasse. Elsmore era un pilota esperto, uno dei migliori. Cinquantatré anni, energico e talmente in forma da dimostrarne dieci di meno, somigliava all'attore Gene Kelly. Figlio di un falegname, era stato istruttore di volo durante la Prima guerra mondiale, al termine della quale aveva trascorso più di dieci anni a consegnare posta aerea nelle Rocky Mountains. Aveva preso anche la laurea in Legge all'Università dello Utah e aveva lavorato come viceprocuratore distrettuale. Prima dello scoppio di Pearl Harbor, e del conseguente ingresso americano nel conflitto, si era di nuovo arruolato, ed era stato assegnato alle Filippine. Non aveva perso tempo a dimostrare il suo valore. Nel marzo 1942, quando il generale MacArthur, la sua famiglia e il suo staff ricevettero l'ordine di abbandonare l'isola assediata di Corregidor, a Manila Bay, Elsmore organizzò le operazioni di evacuazione e li portò in salvo in Australia. In seguito divenne direttore del trasporto aereo per il Pacifico sud-occidentale, movimentando truppe e consegnando forniture ovunque MacArthur ne avesse bisogno: in Nuova Guinea, nelle Filippine, nelle Indie Orientali Olandesi, nel Borneo, in Australia e nelle Isole Solomon occidentali.

A mano a mano che Elsmore e Grimes si addentravano nel canyon, le pareti di roccia si facevano strapiombanti, serrandosi sempre più attorno alle ali dell'aereo. Il colonnello virò per mantenersi al centro della gola, e lasciare quanto più spazio possibile tra le pareti e le ali, lunghe ben ventidue metri. Poi, all'improvviso, si trovò dinnanzi proprio ciò che aveva temuto, un'imponente parete verticale. Spinse in avanti le leve delle manette, cercando di guadagnare velocità per virare in alto, evitarla e allontanarsi. Grimes lo bloccò: «Prosegua,» lo esortò «la valle è proprio qui dietro». Elsmore valutò la situazione in una manciata di secondi. E decise di fidarsi del suo copilota. Seguendo le sue istruzioni, superò la cresta per un pelo, sfrecciando a oltre duecento miglia all'ora. Una volta al sicuro, vide un buco nelle nubi gonfie, che incorniciavano il panorama come una visione celeste. Davanti ai loro occhi si allungava un luogo che secondo le mappe non esisteva, una valle lussureggiante che, in seguito, il colonnello definì «un'esplosione di colori abbaglianti».

Il terreno, circondato da pareti rocciose a picco, la cui cresta frastagliata si spingeva fino alle nubi e oltre, era perlopiù pianeggiante. Era lungo circa cinquanta chilometri e largo una dozzina nel punto più ampio. Correva da nord-ovest a sud-est. All'estremità sud-orientale, un fiume si insinuava nella valle dopo aver formato una cascata lungo una parete di roccia. In alcuni punti, il fiume color cacao era largo oltre trenta metri. Nella parte nord-occidentale scompariva in un enorme anfratto della montagna, una sorta di grotta naturale, il cui arco si innalzava di circa novanta metri sul terreno circostante. Al di là di qualche albero, la valle era ricoperta dalla kunai, un'erba alta e tagliente che in alcuni punti arrivava fino al petto. La vera sorpresa, però, a prescindere dalla bellezza mozzafiato del luogo, era la gente che l'abitava: decine di migliaia di persone rimaste all'età della pietra.

Sbirciando dai finestrini dell'abitacolo, Elsmore e Grimes videro centinaia di villaggi indigeni circondati da appezzamenti di terreno coltivato, ben curati, irrigati con sistemi primitivi ma efficaci, tra cui dighe e canali di scolo. Gli orti erano rigogliosi e, a differenza della maggior parte dei paesi tropicali, i campi brulicavano letteralmente di uomini, donne e bambini.

I maschi giravano nudi, a parte una zucca vuota che ne copriva i genitali. Le donne e le ragazze indossavano delle lunghe gonnelline di fibra. Incantato dalla scena che si presentava ai suoi occhi, Elsmore osservò gli indigeni disperdersi alla vista e al rombo dell'aeroplano: «Alcuni» raccontò in seguito «andarono a nascondersi sotto i rampicanti delle patate dolci, altri si gettarono nei canali di scolo». I maiali vagavano liberi ed Elsmore vide alcuni cani scuri che oziavano beati.

Ai margini dei campi notò alcune torrette alte ed esili, costruite con pali legati insieme, che si ergevano sulla vallata per circa novanta metri. In cima a ogni torre c'era una piattaforma e su ogni piattaforma era di guardia una sentinella. Alcune torri erano munite di piccoli tetti d'erba, per proteggere dal sole.

Elsmore spinse in avanti i comandi per abbassarsi e poterle guardare con più attenzione: erano torrette di guardia, ne era certo. Al passaggio del C-60, il rumore assordante dei suoi motori da 1.200 cavalli vapore scosse il terreno della valle e i fianchi delle montagne. Le sentinelle terrorizzate abbandonarono le postazioni, scesero quasi saltando dalle torrette e corsero a rifugiarsi nelle capanne lì accanto, alle quali erano appoggiate delle lance appuntite lunghe più di quattro metri e mezzo.

Elsmore scattò alcune foto, concentrando l'attenzione sugli indigeni e sulle capanne. Alcune erano rotonde, simili a funghi o igloo con il tetto piatto, altre invece erano lunghe e strette, simili ai rimorchi dei camion: «Osservare dall'aria quelle centinaia di villaggi» scrisse Elsmore in seguito «è stata una delle esperienze più incredibili della mia vita».

Lui e Grimes, però, avevano una missione da portare a termine, perciò tirò indietro la cloche, riprese quota e uscì dal canalone. Puntò l'aereo in direzione sud-est e coprì altre duecento miglia in direzione di Ifitamin, un'altra potenziale pista di atterraggio.

Diversi giorni dopo scrisse una nota riservata al suo superiore, il generale George C. Kenney, il migliore pilota americano nel Pacifico durante la Seconda guerra mondiale. Il documento descriveva i voli di ricognizione e focalizzava l'attenzione, in particolare, sulla valle e la sua gente. Il maggiore Grimes l'aveva battezzata «Valle Perduta», ma nella nota Elsmore usò dei termini meno romantici, chiamandola Valle del Baliem, dal nome del fiume che vi scorreva.

Una delle preoccupazioni che sottopose all'attenzione del generale Kenney in merito alla costruzione di una pista di atterraggio riguardava la reazione degli indigeni: «Non c'è accesso a questa valle... se non dall'aria, e per questo motivo non abbiamo informazioni sui nativi» scrisse. «Sappiamo che nelle zone limitrofe vivono dei cacciatori di teste e sospettiamo che anche la popolazione della Valle del Baliem sia ostile.» Seguire quella rotta e percorrere quella traiettoria in mezzo alle nuvole, poi, non era un gioco da ragazzi, sarebbe potuto essere letale, specie per i piloti più inesperti.

Come si sarebbe compreso in seguito, la Valle Perduta o del Baliem, non aveva le caratteristiche per diventare una pista di atterraggio militare: situata a circa millecinquecento metri sul livello del mare, circondata da montagne che si ergevano per quattromila metri, se non di più, era troppo pericolosa e inaccessibile. Inoltre, esisteva un'alternativa migliore. Elsmore era venuto a sapere che un missionario australiano aveva incontrato gli indigeni Ifitamin e aveva raccontato che erano amichevoli e collaborativi, ben disposti a lavorare. Era una notizia perfetta, ideale per i piani statunitensi, che non volevano soltanto evitare problemi e inutili spargimenti di sangue, ma anche sfruttare o meglio impiegare la manodopera locale.

Anche se non si poteva sfruttare la valle per attività militari, la notizia della sua scoperta si diffuse rapidamente a Hollandia e oltre. L'interesse aumentò quando il colonnello rivelò che, a suo parere, i suoi abitanti fossero molto più alti della popolazione della Nuova Guinea. A differenza degli Ifitamin, che definì «pigmei».

Le voci presero a girare e ad arricchirsi di particolari più o meno inventati, divenendo quasi leggende. Si diceva, per esempio, che la Valle Perduta fosse popolata da una razza di giganti preistorici, che non avevano mai avuto contatti con nessuno e che nessuno aveva mai incontrato. Li chiamavano «supermen neri» e se li immaginavano belli e muscolosi, alti più di due metri. Presto iniziò a girare la voce che fossero cacciatori di teste e cannibali, selvaggi che praticavano sacrifici umani su altari di pietra. Si diceva che i maiali che allevavano fossero grandi quanto pony e che le donne girassero a seni nudi, con delle curve pari a quelle delle pin-up le cui foto popolavano le pareti delle baracche dei soldati. In particolare, si diceva che somigliassero a Dorothy Lamour, un'attrice dai lineamenti esotici che spopolava in quegli anni con film come *La figlia della giungla*. Le chiamavano le «Dorothy Lamour di pelle nera».

Con il trascorrere del tempo le storie si moltiplicarono a dismisura, soprattutto perché nessuno era in grado di smentirle o confutarle, indipendentemente dalla loro assurdità. Né alcuno pareva intenzionato a farlo, anche perché avrebbe significato affrontare una marcia di duecentoquaranta chilometri attraverso montagne, paludi e foreste, con il pericolo di essere attaccato dai giapponesi o da qualche indigeno bellicoso. In più, stando alla testimonianza di Elsmore e ai racconti che ne erano seguiti, nessun aereo sarebbe potuto atterrare in sicurezza: il terreno era troppo soffice, irregolare ed erboso per fungere da pista naturale. D'altronde, per via dell'aria rarefatta, gli elicotteri non avrebbero avuto la possibilità di elevarsi sopra le cime delle montagne.

E, soprattutto, i soldati alla Base G avevano una guerra da combattere: non avevano certo il tempo di organizzare una spedizione antropologica.

Elsmore, però, era colpito e affascinato dalla valle. Si informò con gli olandesi e gli australiani, che riteneva esperti di Nuova Guinea, e giunse alla conclusione che nessuno straniero ci avesse mai messo piede. Per l'esercito americano, Elsmore era il Cristoforo Colombo della Valle Perduta, mentre Grimes era stato declassato a semplice "co-scopritore".

Quanto più la storia si diffondeva tanto più le testimonianze si moltiplicavano e la curiosità e l'eccitazione si diffondeva. Gli ufficiali, le ausiliarie del WAC e i militari che avevano il privilegio di sorvolare la Valle Perduta tornavano al campo pieni di storie eccitanti, fatte di indigeni che scagliavano lance e frecce contro gli aerei e uno spettacolo naturale mozzafiato. I piloti che la attraversavano dovevano combattere con la tentazione di tentare un atterraggio di fortuna, di essere i primi a calpestare quel mondo misterioso: «Quando la sorvolo,» scrisse il luogotenente William Gatling jr. alla sua famiglia «mi sento come un bambino che ha una caramella a portata di mano, ma non può mangiarla». Gatling, come tutti, si meravigliava di quel popolo che con ogni probabilità era cresciuto e si era affermato nel più assoluto isolamento, separato da ogni insediamento civilizzato o sbocco sul mare da centinaia di chilometri di giungle e paludi proibitive. Concluse la sua lettera con questa riflessione filosofica: «Dopo la guerra, il governo olandese invierà una spedizione nella valle o vi arriveranno i missionari, perciò, fino ad allora, gli indigeni... non sapranno nulla dell'uomo bianco tranne che vola su di un grande uccello che fa un sacco di rumore. Chi lo sa, forse stanno molto meglio così. In ogni modo, sono sicuro che se solo sapessero quale inferno stiamo vivendo ora, sarebbero decisamente più felici di continuare a ignorare il “mondo civilizzato”».

Il colonnello Elsmore volò spesso sulla vallata, fotografandola da ogni angolazione e facendo osservazioni e ipotesi sui suoi abitanti. Nel corso di una ricognizione vide più di trecento indigeni raccolti su un pratone sterminato. Divisi in due gruppi, si fronteggiavano armati di lance, archi e frecce, con i colori della battaglia dipinti sui corpi. Elsmore spinse i comandi in avanti, si tuffò con l’aereo e sorvolò il campo a bassa quota. I guerrieri fuggirono, disperdendosi, sospendendo la battaglia, almeno temporaneamente.

La stampa venne a sapere della valle, ed Elsmore acconsentì a sorvolarla insieme a due esperti giornalisti di guerra, George Lait e Harry E. Patterson. Lait, in particolare, voleva dimostrare di che stoffa era fatto. Suo padre, Jack, era il combattivo editor del «New York Mirror» che, nel 1934, quando era ancora giornalista, firmò un’esclusiva in veste di testimone oculare sull’uccisione da parte dell’FBI di John Dillinger, il famoso e fascinoso rapinatore di banche. A 38 anni suonati, con un carattere spaccone, George Lait voleva dire la sua. Come corrispondente per l’«International News Service», era stato messo fuori combattimento da un proiettile che gli aveva colpito l’elmetto durante il Blitz di Londra ed era stato scaraventato fuori dalla sua macchina per l’esplosione di una bomba tedesca. Era andato a caccia di fagiani con Giorgio VI, re d’Inghilterra, aveva trascorso diciotto mesi con l’8ª armata britannica e aveva ottenuto la qualifica di paracadutista con l’11ª divisione aerotrasportata dell’esercito americano. Un collega disse di lui: «Come corrispondente di guerra, George era un bravo scrittore, un combattente, ma era anche un gran collezionista di souvenir. Gli altri giornalisti prendevano una pistola o un elmetto, lui, invece, prendeva mitragliatrici, bazooka, carri armati. Una volta faticarono a convincerlo a rinunciare a un aereo Messerschmitt. George ribatté che quella era una grande guerra e che voleva qualcosa di grande per dimostrarlo».

George, che aveva visto tutto, ammise tuttavia di non aver mai visto nulla come la valle. Una volta tornato dal volo con Elsmore, ne inviò una descrizione ricca, infarcita di considerazioni razziali e proto-culturali: «Volando radenti, a meno di trenta metri dal terreno, siamo riusciti a scorgere degli alberi di banano, una pianta acquatica, la *Crytosperma Merkusii*, ampie coltivazioni di patata dolce e un arbusto alto quanto un uomo, simile al tabacco. Abbiamo visto alcuni cani e dei maiali. I maiali, che sono un alimento fondamentale in tutta la Nuova Guinea e sono riveriti dalla maggior parte degli indigeni, sembravano particolarmente grandi e ben pasciuti. Ce n'erano di due varietà: una specie interamente marrone o nera, e una bianca e nera, quest'ultima di dimensioni ragguardevoli. Quando l'aereo ha rombato sul fondovalle, gli indigeni sono scappati dentro le capanne o si sono nascosti tra le coltivazioni o gli alberi. Ogni volta che ripassavamo, però, si facevano più curiosi e, come bambini, piano piano, sono emersi dai loro rifugi».

L'articolo di Patterson enfatizzava la suspense e il mistero: «Ancora oggi, settimane dopo la scoperta che ha scatenato mille ipotesi, nessun bianco e nessun altro indigeno ha messo piede nella Valle Perduta, dove probabilmente vivono cacciatori di teste e spietati cannibali».

Il colonnello, che dalla cabina di pilotaggio si dava arie da geologo e antropologo, ipotizzò che gli antenati degli indigeni fossero giunti nella valle «centinaia o migliaia di anni prima». Scriveva Patterson: «[Elsmore] ritiene che dopo essersi insediati in questo paradiso tra le montagne, siano rimasti intrappolati a causa di un terremoto o qualche altro tremendo evento naturale».

Impressionati da quanto avevano visto, Lait e Patterson rimasero stupiti dalla banalità del nome, Valle Perduta, con cui i soldati si riferivano a quel luogo. Decisero che doveva cambiare. E, per farlo, ripensarono a un vecchio film di Frank Capra, *Orizzonte perduto*, e al romanzo che lo aveva ispirato. James Hilton, l'autore, raccontava di un piccolo aereo che si schianta tra le montagne del Tibet e dei sopravvissuti, tra cui una donna, che vengono salvati da alcuni monaci, che li conducono in una valle incantevole, i cui abitanti vivono una vita lunga e felice, all'insegna della moderazione e della tolleranza. Con il trascorrere del tempo i sopravvissuti devono scegliere se rimanere lì per sempre o tornare nel mondo civilizzato, consapevoli che potrebbero non essere più in grado di ritrovare la strada. Spesso considerato un semplice racconto di avventura, in realtà offre profondi spunti di riflessione. Hilton descrive una civiltà cieca, avvinta in una rovinosa spirale autodistruttiva, in un ciclo di guerre, l'una più letale dell'altra, che la porterà all'estinzione. In una lunga conversazione tra i due protagonisti, *Orizzonte perduto* anticipava una guerra globale di proporzioni inimmaginabili. Più di dieci anni prima della bomba atomica, Hilton prospettava un futuro in cui «un uomo con una sola arma avrebbe potuto affrontare un intero esercito».

Descrivendo un personaggio particolarmente saggio, Hilton scriveva: «Previde un tempo in cui gli uomini, esultanti nella tecnica dell'omicidio, avrebbero messo a ferro e fuoco il mondo, così che ogni cosa preziosa sarebbe stata in pericolo; ogni libro, ogni quadro e armonia, ogni tesoro ammassato in due millenni, ciò che è piccolo, delicato, privo di difese, tutto sarebbe stato perduto».

La fosca predizione di Hilton non passò inosservata. Il presidente Roosevelt citò quel passaggio in un discorso che tenne a Chicago nel 1937, quattro anni prima di Pearl Harbor. Roosevelt usò la terribile visione di Hilton per ammonire che, per difendere la civiltà, l'America avrebbe potuto essere costretta a isolare e neutralizzare nazioni aggressive in procinto di scatenare una tempesta globale. Il monito di Roosevelt era stato profetico.

Nessuna meraviglia, quindi, che un paio di corrispondenti di guerra osservarono con aria pensosa quella valle fertile e isolata dal resto del mondo, i cui abitanti non sapevano nulla di nazisti e kamikaze. Immediatamente la loro mente corse al nome che Hilton aveva dato al suo paradiso, decidendo di ignorare le voci riguardanti cacciatori di teste e cannibali, frecce e lance, torrette di avvistamento, sentinelle e battaglie tra vicini. Non vollero nemmeno prendere in considerazione l'eventualità che il mondo osservato dal colonnello Elsmore e dal maggiore Grimes non fosse affatto pacifico, ma una finestra affacciata su di un'eredità umana comune, a riprova che la vera natura dell'uomo è la guerra.

Queste domande avrebbero dovuto aspettare, forse, fino al giorno in cui qualcuno non fosse riuscito a penetrare nella valle e a entrare in contatto con gli indigeni. Nel frattempo George Lait e Harry Patterson ribattezzarono la Valle Perduta della Nuova Guinea, che fu chiamata Shangri-La.

Capitolo 4

IL GREMLIN SPECIAL

Il nuovo nome venne accolto con favore.

Elsmore fondò la Shangri-La Society. I piloti e i passeggeri che erano così fortunati da sorvolare la vallata ricavavano un certificato su pergamena con una buffa cornice, tipo diploma con tanto di coccarda blu e gialla fissata con un sigillo d'oro. Il certificato, firmato da Elsmore e da uno dei suoi subordinati, era personalizzato con il nome del membro della società e la data del volo. Il documento riportava anche la latitudine e la longitudine della valle per permettere agli iscritti di tornarci, a differenza dei visitatori che lasciavano la Shangri-La di Hilton.

I giornalisti adoravano Elsmore (al punto che qualcuno arrivò a definirlo «l'autorità suprema della valle e della sua popolazione»), e il colonnello se ne beava. Dopo Lait e Patterson, accompagnò altri corrispondenti: tutti volevano sapere, tutti volevano vedere. E anche chi non ne aveva l'opportunità si faceva prendere la mano. Un reporter che, per dire, non si era mai staccato dalla scrivania, definì la vallata un «vero giardino dell'Eden». E riportò, calcando le mani, le parole del colonnello a proposito degli indigeni: «Paracadute-rei volentieri un missionario per mostrargli che siamo amici e non vogliamo fare loro alcun male. Temo, però, che finirebbe con il *perdere la testa...*».

Il colonnello confidò a un corrispondente dell'Associated Press che, alla fine della guerra, avrebbe voluto essere il primo bianco a mettere piede nella valle e a entrare in contatto con «gli indigeni, i giganti dai capelli lunghi». Sarebbe atterrato a bordo di un aliante «pieno di oggetti da barattare, di cibo e, nel caso, armi, e avrebbe predisposto una pista di atterraggio per gli aerei da trasporto.»

L'articolo dell'Associated Press comparve sui giornali americani il 13 maggio 1945, il giorno stesso in cui il colonnello Peter Prossen, il capo di Margaret, pianificò il viaggio a Shangri-La per alcuni membri del Fee-Ask. Non era la prima volta che organizzava voli sulla costa, ma era la prima che sceglieva quella destinazione. Ufficialmente, motivò il viaggio come una missione di «addestramento alla navigazione». La verità – ossia che si trattava di un volo di piacere organizzato nel giorno della Festa della mamma – non avrebbe fatto una buona impressione nel diario di volo dell'esercito.

Quando ricevette l'invito, Margaret era alla scrivania. Dopo il lavoro aveva un appuntamento con un soldato che frequentava con regolarità, un bel sergente della Pennsylvania di nome Walter Fleming. "Wally" era riuscito ad avere le chiavi di una jeep, e volevano andare in una spiaggia appartata per fare una nuotata nell'oceano. Ma da quando, cinque mesi prima, era arrivata al Fee-Ask, desiderava con tutta se stessa visitare o quantomeno vedere Shangri-La. Certa che sarebbe tornata in tempo per il suo appuntamento, accolse l'invito con gioia.

A quanto pare, la lettera che il colonnello aveva scritto quella mattina, lo aveva messo di buon umore. Raggiunse la scrivania di Margaret e si fermò a parlare. Le raccontò della sua famiglia e di quello che succedeva in America, a casa, dove, per esempio, il cane che avevano appena preso, un bastardino che suo figlio Peter jr. aveva chiamato Lassie, continuava a vincere premi alle gare canine.

Margaret fece di tutto per terminare il lavoro entro mezzogiorno. Divorò il pranzo: pollo e gelato, abbandonando l'abitudine di gustare con calma ogni cucchiaiata gelata.

Prossen mandò un camion per recuperare Margaret e altre otto ausiliarie del WAC, e trasportarle alla vicina pista militare Sentani, così chiamata in onore dell'omonimo lago. Gli uomini coinvolti, invece, giunsero a piedi o in autostop. All'arrivo, i passeggeri trovarono Prossen, il suo copilota e tre membri dell'equipaggio ad accoglierli fuori da un aereo da trasporto con il serbatoio pieno, i motori caldi e i propulsori accesi. In tempo di pace, era un Douglas DC-3. In guerra era diventato un C-47 Skytrain, il «mulo dei cieli». Ce n'erano più di diecimila nelle basi degli Alleati disseminate in tutto il mondo.

Lungo quasi 19 metri, con un'apertura alare di oltre 29 metri, volava tranquillamente a oltre 280 chilometri all'ora, ma poteva raggiungere i 330. Aveva un'autonomia di circa 2.600 chilometri, cinque volte il tragitto che avrebbe dovuto compiere quella mattina. La maggior parte dei C-47 aveva in dotazione due motori da 1.200 cavalli vapore Pratt & Whitney. Alcuni, non il loro, erano dotati di armi. I C-47 non erano particolarmente belli né particolarmente veloci, ma erano affidabili come una Buick e stabili in volo. Se bisognava trasportare da qualche parte truppe o materiale, si poteva star certi che i C-47 non avrebbero fallito. I piloti parlavano della loro puzza, un mix di cuoio e fluido idraulico, con passione.

La Consolidated Aircraft Corporation aveva costruito l'aereo di Prossen nel 1942 e lo aveva venduto all'esercito per 269.276 dollari. Al suo arrivo a Hollandia, l'aereo era stato riverniciato con colori mimetici per volare sulla giungla senza essere avvistato dall'alto da un caccia o un bombardiere nemico. L'unico problema era che, se fosse caduto nella fitta giungla della Nuova Guinea, questa colorazione lo avrebbe reso praticamente invisibile agli occhi dei soccorritori.

Il numero di serie dell'aereo era 42-23952. Nelle trasmissioni radio veniva identificato con gli ultimi tre numeri: 952. Specialmente in Europa, i C-47 erano chiamati «Gooney Birds», «Albatros», e i piloti e l'equipaggio li ribattezzavano con dei nomi particolari, con un significato che conoscevano soltanto loro. L'aereo di Prossen si chiamava *Merle*, anche se i più lo conoscevano come *Gremlin Special*. Il nome aveva una connotazione ironica, dal momento che, per gli aviatori, i Gremlin, antiche creature mitologiche, erano responsabili dei sabotaggi ai danni dei loro veicoli. Questo nome divenne popolare nel 1943, con la pubblicazione di un libro per bambini, *The Gremlin*, scritto da un giovane luogotenente della Royal Air Force destinato a diventare un autore famoso, Roal Dahl. Nella storia, queste piccole creature con le corna e la pelle ricoperta di spine sabotano gli aerei per un motivo preciso: si vendicano con gli uomini che distrussero la loro foresta per costruirvi una fabbrica di aeroplani.

Alle due del pomeriggio era tutto pronto per la partenza. Mentre i passeggeri si mettevano in fila davanti al portellone del *Gremlin Special*, Prossen li avvisò che il viaggio sarebbe durato tre ore: «Prima le ragazze,» concluse «poi i soldati semplici e gli ufficiali».

Un soldato, che non stava più nella pelle all'idea di vedere Shangri-La, borbottò acidamente: «Qui si fanno preferenze...». Prossen lo ignorò.

Una dopo l'altra le nove ausiliarie salirono sull'aereo dal portellone posteriore, vicino alla coda. Margaret fu la prima. Una volta dentro, scoprì che i sedili erano allineati lungo la parete, così che i passeggeri, disposti su due file, si sarebbero potuti guardare. Come se giocasse al gioco delle sedie, Margaret corse lungo il corridoio e si lasciò cadere sul sedile più vicino ai piloti, certa di aver scelto il posto giusto. Ma quando guardò fuori dal finestrino ebbe una delusione: i finestrini anteriori del C-47 guardavano direttamente sulle ali, per cui era difficile, se non impossibile, scorgere il panorama sottostante. Decisa a non lasciarsi sfuggire nemmeno un particolare di Shangri-La, Margaret balzò in piedi e si affrettò lungo il corridoio, verso la coda. Occupò l'ultimo sedile sul lato sinistro dell'aereo, proprio accanto all'ingresso. La visuale, da lì, era perfetta.

Al suo fianco si sedette Laura Besley, la sua amica e complice di scappatelle. Di fronte a lei, nell'ultimo sedile sul lato destro dell'aereo, prese posto il bel sergente. Il corridoio centrale era così stretto che le punte dei piedi quasi si toccavano. Margaret guardò Laura e le strizzò l'occhio. Al prossimo *blanket party* avrebbero avuto una bella storia da raccontare.

Accanto a Laura Besley c'era il soldato semplice Eleanor Hanna, una ragazza vivace dalla pelle chiara e i capelli ricci, originaria di una fattoria di Montoursville, in Pennsylvania. Aveva ventun anni. Il fratello maggiore era nell'aeronautica, il fratello minore in marina. Suo padre aveva prestato servizio sulle ambulanze durante la Prima guerra mondiale ed era stato prigioniero di guerra in un campo tedesco. Nel Fee-Ask tutti la conoscevano perché, ovunque andasse e si trovasse, cantava.

«Non è uno sballo?» urlò per sovrastare il rombo dei motori. Dal polso le pendeva un braccialetto decisamente non di ordinanza: delle monetine cinesi tenute insieme da un filo di ferro. Ne aveva altri due uguali.

A bordo c'era anche il soldato semplice Marian Gillis di Los Angeles, figlia dell'editore di un quotidiano. Pilota dilettante, aveva avuto una vita avventurosa: allo scoppio della Guerra Civile, per dire, si trovava in Spagna e fu costretta a fuggire insieme alla madre. Al suo fianco c'era il sergente Belle Naimer del Bronx, figlia di un industriale di camicie ormai in pensione. Era ancora in lutto per la morte del fidanzato, un luogotenente dell'aeronautica, il cui aereo era stato abbattuto alcuni mesi prima in Europa.

Il sergente Helen Kent di Taft, California, era ancora in piedi, alla ricerca del posto migliore. Vedova, aveva perso il marito nello schianto di un aereo militare. Nonostante il dolore, era una donna solare e positiva, e si era arruolata per fuggire dalla solitudine. Ruth Coster, la sua migliore amica alla base, avrebbe dovuto essere con lei, ma una marea di scartoffie, indispensabili per gli aerei che il generale MacArthur voleva far arrivare nelle Filippine, l'aveva costretta a desistere: «Vai pure senza di me,» le aveva detto «al ritorno mi racconterai ogni cosa. E presto entrerò anche io a far parte della Shangri-La Society».

Salirono altre tre ausiliarie del WAC: il sergente Marion W. McMonagle, vedova senza figli di 44 anni, originaria di Philadephia, il soldato semplice Alethia M. Fair, centralinista divorziata di 55 anni, di Hollywood, in California, e il soldato semplice Mary M. Landau, stenografa e single trentottenne, di Brooklyn.

Poi fu il turno dei soldati. Dopo Prossen salì a bordo il copilota, il maggiore George H. Nicholson jr. di Medford, Massachusetts. Nicholson aveva 34 anni, aveva studiato letteratura classica e si era laureato al Boston College, prima di prendere una laurea di secondo livello in storia dell'arte ad Harvard e una terza in pedagogia alla Boston University. Dopo diversi anni di servizio in patria nella riserva di fanteria, durante i quali si era dedicato all'insegnamento, Nicholson si era arruolato nell'aeronautica per ottenere le "ali d'argento" di pilota. Prima di essere trasferito nella Nuova Guinea Olandese era stato all'estero solo quattro mesi a servizio di Lord Mountbatten, comandante supremo degli Alleati nell'Asia sud-orientale. Quattro giorni prima della partenza, aveva rinunciato a una festa organizzata al club degli ufficiali per celebrare la vittoria in Europa per trascorrere la sera da solo nella sua tenda, e scrivere una bellissima lettera alla moglie, Alice, una collega insegnante che aveva sposato poco prima di iniziare il servizio attivo.

In bella grafia, con la percezione di uno storico e il tocco di un poeta, aveva festeggiato la vittoria degli Alleati sulla Germania scrivendo un resoconto di ben quindici pagine sulla guerra in Europa e in Africa. Le sue parole spostavano eserciti attraverso i continenti, marinai attraverso gli oceani e piloti nei cieli sconfinati. Raccontò delle emozioni e delle preghiere delle famiglie in patria, della paura e dell'eroismo dei soldati, dei marines e dei piloti in battaglia. Ripercorse l'evoluzione dell'esercito americano da una banda di ragazzini mangia-gelato a una forza travolgente di soldati orgogliosi e temprati. Spostò gli Alleati e i loro veicoli tra colpi devastanti a Dieppe, in Francia e al passo di Kasserine, in Tunisia. Raccontò della vittoria in Africa contro i carri armati tedeschi durante la battaglia di El Guettar e portò le truppe fino a Salerno e alla "maledetta Anzio", in Italia.

La narrazione di Nicholson prese slancio, proprio come gli Alleati, arrivando al D-Day sulle spiagge della Normandia. Descrisse gli eventi come se ne fosse stato testimone: «Poi la luce livida del giorno venne lacerata dal fuoco delle armi sparate dalle navi che martellarono la costa durante l'invasione; l'aria venne scossa dalle esplosioni dei proiettili e dalle bombe sganciate dagli aerei. I razzi tracciavano archi di fuoco nel cielo. Le acque mosse del Canale avevano fatto venire il mal di mare alle truppe nelle scialuppe d'assalto. I colpi dell'artiglieria tedesca piovevano nell'acqua tutto intorno a loro, colpivano a volte le imbarcazioni d'assalto e anche le navi più grandi, distruggendole. Le mine esplodevano con boati tremendi. Le barche si avvicinarono alla spiaggia. La paura attanagliò gli uomini, ma il coraggio non li abbandonò. Le passerelle furono calate, gli uomini guadarono fino a riva nell'acqua piena di ostacoli e raggiunsero la spiaggia. L'invasione era cominciata».

Quattro pagine dopo Nicholson descrisse le truppe americane che attraversavano il Reno per entrare in Germania, dove gli aerei americani scacciavano dai cieli i temuti piloti della Luftwaffe e le Forze alleate afferravano il Terzo Reich per la gola costringendolo alla resa: «In passato saremo anche stati deboli, ma ora siamo forti» scrisse. «La battaglia è la resa dei conti. Li abbiamo sconfitti e piegati.»

Solo alla fine della lettera Nicholson si aprì, e parlò di se stesso. Disse che si sentiva in colpa, vile, per non essere stato in Europa assieme all'8ª Forza aerea: «È illogico, lo ammetto, ma un uomo non è tale se non desidera dare il proprio contributo quando la battaglia coinvolge la sua patria e i suoi cari. Non pensare male di me. La prova è nell'azione; mi sarebbe piaciuto andare con l'8ª Forza aerea, ma non ho mai fatto domanda». Dopo essersi liberato da questo peso, firmò: «Mia adorata, ti amo». E, per la prima volta in quindici pagine, si ripeté: «Sì, ti amo».

Dopo fu il turno degli altri tre membri dell'equipaggio: il sergente maggiore Hilliard Norris, un ingegnere aeronautico di ventitré anni di Waynesville, North Carolina, e due soldati semplici, George Newcomer di Middletown, New York, operatore radio di 24 anni e Melvin Mollberg di Baudette, Minnesota, ingegnere aeronautico. Mollberg, che gli amici chiamavano «Molly», era un ragazzone di campagna di 24 anni, muscoloso, bello, con capelli biondi e un sorriso accattivante. Era fidanzato con una ragazza di Brisbane, in Australia, dove era stato di stanza fino al mese precedente prima di spostarsi a Hollandia. Era stato scelto all'ultimo minuto, sostituiva il suo migliore amico, il caporale James «Jimmy» Lutgring, con il quale aveva trascorso quasi tre anni nella 5ª Forza aerea nel Pacifico meridionale.

Lutgring e il colonnello Prossen non andavano d'accordo. Anche se non si capiva bene perché, a meno che Lutgring pensasse che il colonnello fosse responsabile della sua mancata promozione a sergente. Lutgring non aveva nessuna intenzione di trascorrere la domenica pomeriggio con Prossen e il suo staff, anche se questo significava rinunciare a Shangri-La. Mollberg capì. E si offrì volontario per prendere il posto dell'amico.

Cominciarono a salire gli uomini: due maggiori, due capitani, tre luogotenenti, due sergenti e un caporale.

Tra loro c'era il sottoufficiale Kenneth Decker di Kelso, Washington. Era un progettista dall'umorismo pungente, in servizio al dipartimento tecnico. Prima della guerra aveva lavorato nel negozio di arredamento di suo padre. Era in Nuova Guinea da diversi mesi, dopo essere stato in Australia per due anni. Il volo era un regalo speciale: festeggiava il suo trentaquattresimo compleanno. La presenza del caporale Hastings, però, lo metteva a disagio. Margaret, poco tempo prima, aveva rifiutato un suo invito in modo piuttosto brusco. Il volo su Shangri-La, separati solo da alcuni sedili, era l'unico modo che gli era rimasto per starle vicino.

Il capitano Herbert F. Good aveva 46 anni e veniva da Dayton, Ohio. Era sopravvissuto al servizio attivo nella Prima guerra mondiale, si era sposato ed era tornato a fare il rappresentante e capo della chiesa presbiteriana. La guerra, però, lo aveva richiamato alle armi, e ora eccolo lì, in quel posto sperduto del mondo.

Gli ultimi due a salire a bordo furono due gemelli, John e Robert McCollom, 26 anni, entrambi primi luogotenenti di Trenton, Missouri. Erano identici, quasi impossibili da distinguere: avevano i capelli biondissimi, gli occhi blu e la mascella squadrata. L'unica, quasi impercettibile differenza riguardava l'altezza: John era alto un metro e sessantasette, Robert poco di più, ma tanto bastava perché si rivolgesse al fratello chiamandolo «piccolo». I parenti e gli amici li chiamavano «gli inseparabili»: i gemelli si erano stretti l'uno all'altro sin da bambini dopo che la madre aveva abbandonato loro, il fratello maggiore e il padre. A otto anni si vestivano in modo identico e il loro idolo era Charles Lindberg per la traversata in solitaria dell'Atlantico. Quando i gemelli tornarono a casa dalla terza elementare e parlarono con entusiasmo della loro insegnante, miss Eva

Ratliff, il padre, capostazione, decise che doveva conoscerla. Ben presto John, Robert e il fratello maggiore ebbero una matrigna. I gemelli McCollom erano diventati insieme Eagle Scouts. Insieme avevano praticato sport, anche se erano migliori come tifosi che non come giocatori. Insieme si erano arruolati nel Reserve Officers' Training Corps e insieme avevano frequentato il corso di ingegneria aerospaziale all'Università del Minnesota, dove avevano lavorato sodo per pagarsi la retta, allenando la squadra studentesca di hockey e studiando sugli stessi libri perché non potevano permettersi di acquistarne due copie.

Tra i due, Robert era quello tranquillo e chiuso, John l'estroverso. Robert non aveva soprannomi, John sì, «Mac».

La prima volta che si divisero fu due anni prima, il 5 maggio 1943, quando Robert sposò una ragazza che aveva conosciuto a un appuntamento al buio, Cecelia Connolly, meglio nota con il suo secondo nome, Adele. In una foto del matrimonio, pubblicata su un giornale locale, entrambi i McCollom sono in uniforme; l'unico modo per distinguerli è il sorriso di Adele, rivolto a Robert. Dopo il matrimonio, Robert, Adele e John divennero un trio. Trascorrevano le serate al Club degli Ufficiali. Poi presero il brevetto di pilota e vennero spediti insieme in diverse basi negli Stati Uniti. Sei mesi prima del volo a Shangri-La erano stati trasferiti in Nuova Guinea. E, sei settimane prima di quel volo, Adele McCollom aveva dato alla luce una bambina che chiamarono Mary Dennise, Dennie. Robert non l'aveva ancora vista.

I gemelli McCollom volevano vedere Shangri-La attraverso lo stesso finestrino del *Gremlin Special*, ma non riuscirono a trovare due sedili vicini liberi. Robert occupò un sedile in avanti, vicino alla cabina. John prese posto accanto a Margaret, sul penultimo sedile libero sul lato sinistro dell'aereo, vicino alla coda. Margaret lo conosceva perché frequentava regolarmente l'ufficio del colonnello Prossen. E alcuni mesi prima le aveva dato una presa doppia per la tenda.

«Posso dividere questo finestrino con lei?» chiese.

Margaret urlò di sì cercando di sovrastare il rumore dei motori.

Il *Gremlin Special* era al completo. A bordo c'erano ventiquattro membri dell'esercito americano, la maggior parte dei quali apparteneva alla squadra dei manutentori del Fee-Ask. Nove erano ufficiali, nove erano ausiliarie del WAC e sei erano soldati semplici. Quando si chiuse il portellone, Margaret notò che il soldato che aveva borbottato quando Prossen aveva dato precedenza alle donne non era riuscito a salire a bordo.

Capitolo 5

EUREKA!

Alle 14.15 il *Gremlin Special*, con il colonnello Prossen ai comandi, rullò accanto alle palme che costeggiavano la pista Sentani e decollò nel cielo azzurro. Quando l'aereo sorvolò l'omonimo lago, i passeggeri si girarono sui sedili per ammirare le acque blu e le collinette verdi che ne punteggiavano la superficie. Prossen fece rotta verso i monti Oranje, puntando direttamente verso la valle. Tramite l'interfono annunciò che sarebbero arrivati a destinazione dopo cinquantacinque minuti.

Un'ausiliaria che sedeva accanto alla cabina, esclamò: «Oh, cosa c'è di più raro di un giorno di giugno a maggio?». I suoi versi riprendevano lo stato d'animo, se non le esatte parole del poema epico *The Vision of Sir Launfal* di James Russell Lowell, che recitava «*And what is so rare as a day in June?*» («E cos'è di altrettanto raro di un giorno di giugno?»).

Anche gli altri versi erano molto belli:

Joy comes, grief goes, we know not how;
Everything is happy now,
Everything is upward striving;
'Tis as easy now for the heart to be true,
As for grass to be green or skies to be blue.

Incollata al finestrino, Margaret guardò in basso attraverso le nuvole bianche e soffici, e pensò che la giungla, lì sotto, sembrava fatta di piume verdi che avrebbero ammortizzato una caduta anche da quell'altitudine. In lontananza i passeggeri potevano scorgere il monte Wilhelmina, chiamato così in onore della regina olandese, con la vetta ricoperta di neve. Con i suoi 4.750 metri di altezza era la cima più alta di quella catena.

John McCollom, invece, era incuriosito dall'altitudine e dalla rotta del *Gremlin Special*. Calcolò che stavano volando a circa 2.100 metri d'altezza e l'equipaggio gli comunicò che la rotta era di 224 gradi, in direzione sud-ovest rispetto alla base. Avrebbero raggiunto l'estremità nord-occidentale di Shangri-La, e avrebbero attraversato lo stretto passaggio tra le montagne scoperto l'anno prima dal maggiore Grimes.

Mentre erano in volo verso la valle, il colonnello Prossen prese una decisione che si sarebbe rivelata fatale: sganciò la cintura, lasciò i comandi e si recò nella cabina passeggeri. Lo scopo di quella gita, in fin dei conti, era far capire ai suoi quanto tenesse a loro e al loro morale. Era l'opportunità di creare un legame, l'opportunità di vedere Shangri-La insieme. In una zona di montagne non cartografate, con un tempo estremamente variabile e un copilota inesperto, la sua scelta fu decisamente sbagliata.

Prossen e Nicholson erano al primo volo su Shangri-La. Tutto ciò che sapevano sull'ingresso insidioso del passo era quel che avevano letto o sentito raccontare dagli altri piloti. Lasciando la cabina di pilotaggio e affidando la parte più difficile del volo al suo copilota, Prossen aveva sottovalutato i rischi, o non li aveva presi nella giusta considerazione. Inoltre, poiché Prossen era molto impegnato in mansioni amministrative e Nicholson era arrivato da poco in Nuova Guinea, non è chiaro se avevano mai volato insieme, e in caso affermativo, quante volte. Forse l'aspetto più inquietante fu che Prossen ignorò l'ammonimento fatto dal colonnello Elsmore dopo il suo primo volo a Shangri-La, relativo ai pericoli che avrebbe dovuto affrontare un pilota, specie se inesperto.

Il C-47 disponeva di cinture di sicurezza per i passeggeri, i quali, però, subito dopo il decollo le avevano sganciate. La maggior parte erano membri della divisione di manutenzione di Prossen al Fee-Ask, quindi si conoscevano e iniziarono a chiacchierare. Prossen si unì a loro, rimanendo in piedi nel piccolo compartimento radio che separava la cabina di pilotaggio da quella dei passeggeri. John McCollom notò che il sergente Helen Kent si era spostata più avanti. La formosa ausiliaria del WAC si era seduta al posto di Prossen per godersi il panorama da quella postazione privilegiata. Accanto a lei, il copilota, il maggiore Nicholson, era solo ai comandi.

Dopo circa un'ora di volo, il *Gremlin Special* passò radente su una cresta, discese per diverse centinaia di metri, ed entrò in una stretta valle secondaria che era una diramazione della valle principale, la loro destinazione.

L'aereo volava a poco meno di duemila metri d'altezza sul livello del mare, a circa quattrocento metri dal fondovalle, tra montagne ricoperte da una giungla fitta e misteriosa. Nicholson spinse i comandi in avanti, abbassando gli stabilizzatori sulla coda del C-47. La coda si alzò e il muso dell'aereo si abbassò. Portò il *Gremlin Special* a un'altitudine di circa trecento metri dal fondo valle. La discesa continuò. Ben presto si trovarono a volare a meno di centoventi metri dal terreno.

«Wow!» urlò una WAC in preda all'euforia.

I passeggeri si accalcarono ai finestrini e videro un minuscolo villaggio: un agglomerato di capanne a forma di fungo con tetti ricoperti di paglia, circondati da campi ben delimitati e ben tenuti, coltivati a patate. Margaret era eccitata, ma c'era qualcosa che non la convinceva, mancava qualcosa. Si rese conto che il villaggio sembrava vuoto. Dov'erano gli indigeni? Non capendo che si trattava di un piccolo insediamento di una valle laterale – l'enorme valle di Shangri-La si trovava una ventina di chilometri più avanti – si sentì delusa.

Voltandosi verso John McCollom disse: «Voglio tornarci!».

McCollom non l'ascoltava. Aveva la testa completamente voltata a sinistra, lo sguardo fisso alla cabina di comando. Guardando attraverso il finestrino del pilota, vide che stavano attraversando una grande nube. Attraverso il bianco, scorse delle macchie di giungla che ricoprivano la montagna, che stimò essere alta circa quattrocento metri. I piloti, in questi casi, erano soliti dire che la «nuvola ha una roccia». McCollom si irrigidì: «Dai gas, riprendi quota e usciamo fuori di qui» urlò verso la cabina.

Margaret e gli altri passeggeri pensavano che scherzasse. Ma il maggiore Nicholson sapeva che non era così, ed era perfettamente consapevole del pericolo.

McCollom, che aveva il brevetto di pilota, sapeva che la regola numero uno, quando si vola in montagna, è avere spazio a disposizione per effettuare una virata. La valle, però, era troppo stretta perché Nicholson potesse fare una simile manovra. Restava una sola opzione. Il pilota afferrò i comandi, li tirò bruscamente all'indietro e puntò il muso dell'aereo verso il cielo, nel disperato tentativo di superare la cresta che si avvicinava rapidamente. McCollom lo osservò spingere con forza le manette in avanti, dando gas per riprendere quota. Di scatto si voltò per guardare fuori dal finestrino: sotto di lui, attraverso le nuvole, vide gli alberi: i rami più alti arrivavano quasi a toccare la pancia del *Gremlin Special*. Era certo che le nuvole impedissero la visuale dalla postazione del pilota. Il che significava non soltanto che stava volando senza l'aiuto del suo superiore, che aveva maggiore esperienza, ma anche che volava totalmente al buio, contando solo sulla strumentazione. Su quella e sull'istinto di sopravvivenza.

A esclusione dei passeggeri, nessuno può sapere con certezza cosa avesse messo il *Gremlin Special* e il suo carico umano in un simile pericolo. Forse era stato un guasto meccanico causato dai Gremlin. Più probabilmente una combinazione di più fattori: Prossen che aveva abbandonato il suo posto di comando, l'oggettiva difficoltà di volare sulla valle di Shangri-La e gli errori di Nicholson che, con un'esperienza di volo di soli tre anni, poteva aver perso l'orientamento per un istante o valutato la situazione in modo errato. Forse entrarono in gioco altri fattori, indipendenti dalla sua imperizia. A quel punto sarebbe bastata una raffica di vento particolarmente intensa per travolgere il C-47 e farlo spiaccicare al suolo. Nei canyon e nelle valli strette le turbolenze sono molto comuni. I venti soffiano sopra la cresta e precipitano a fondovalle creando correnti discendenti, poi risalgono velocemente sull'altro versante, e creano correnti ascendenti. Questi fenomeni repentini, violenti e di breve durata compaiono spesso, senza alcun preavviso. E in Nuova Guinea, visto il terreno sconnesso e l'escursione termica rapida e improvvisa, sono particolarmente impressionanti. Se in quel momento una corrente discendente avesse coinvolto l'aereo, i suoi ventiquattro passeggeri avrebbero potuto dire addio al sogno di vedere la Valle Perduta e, soprattutto, di rivedere casa loro, indipendentemente da chi fosse ai comandi.

Mentre Nicholson lottava e McCollom si preoccupava, Margaret non si sentiva affatto in pericolo. Era stata talmente assorbita dalla vista delle capanne degli indigeni, che non aveva nemmeno notato che Helen Kent sedeva al posto di Prossen e il colonnello non era più ai comandi. Si rese conto che l'aereo puntava verso l'alto, ma ignorava sia il perché sia chi lo stesse pilotando. O ci stesse provando, almeno. L'aereo, infatti, non obbediva ai comandi. E iniziò a strusciare la cima di giganteschi sempreverdi tropicali, i cui rami e le foglie raschiarono, colpirono e si frantumarono contro il metallo della carlinga dipinta con colori mimetici. Anche se Prossen capì cosa stava succedendo, come sicuramente fu, non ebbe il tempo materiale di tornare al suo posto, scacciare Helen Kent e riprendere il controllo.

Margaret continuava a rimanere calma. La fiducia nel suo capo era tale che, per un attimo, pensò che stesse semplicemente eseguendo delle manovre ardite. Pensò che avesse voluto sfiorare le cime degli alberi, volare «piatti sul tetto», come dicevano i piloti, per regalare loro un brivido.

John McCollom invece capì. Le afferrò il braccio: «Sarà un atterraggio maledetto, ma possiamo farcela».

Sbagliava. Poco dopo le tre del pomeriggio di domenica 13 maggio 1945, la lotta dell'aereo per riprendere quota terminò, e il maggiore George Nicholson fu sconfitto. La distanza tra il C-47 e il terreno si ridusse fino a scomparire del tutto. Con il rumore assordante del metallo che si deforma, del vetro che si frantuma, dei motori che gridano, dei rami che si spezzano, del carburante che prende fuoco, dei corpi che battono e delle vite che terminano, il *Gremlin Special* si tuffò tra gli alberi e si schiantò nella fitta giungla che ricopriva il fianco della montagna.

La cabina passeggeri si accartocciò in avanti, contro quella di pilotaggio. Le pareti della carlinga crollarono, come fossero risucchiate. Entrambe le ali si spezzarono. La coda si staccò come fosse un giocattolo di legno. Le fiamme avvolsero il relitto. Alcune piccole esplosioni risuonarono come colpi di pistola. Del fumo nero riempì l'aria, resa irrespirabile dalla puzza di metallo che bruciava, di pelle che bruciava, di gomma che bruciava, di cavi che bruciavano, di combustibile che bruciava, di abiti che bruciavano, di capelli che bruciavano, di carne che bruciava.

Una piccola fortuna, se così si può chiamare, fu che Nicholson, nel tentativo di superare la cresta, era riuscito a puntare il muso dell'aereo verso il cielo, così il C-47 colpì la montagna con un'angolazione verticale, anziché a testa in giù. Perciò, anche se il fuoco avvolse la cabina passeggeri, il *Gremlin Special* non esplose all'impatto con il suolo. Tutti coloro che non erano morti sul colpo o che non erano feriti in modo grave, avevano una possibilità.

Quando l'aereo si infilò tra gli alberi, John McCollom venne scaraventato attraverso il corridoio centrale, dal lato sinistro a quello destro, e rotolò diverse volte in aria prima di ricadere. Restò privo di sensi per alcuni istanti. Quando si riprese, era a carponi a metà della carlinga, verso la cabina di pilotaggio avvolta dalle fiamme. D'istinto, cercò una via di fuga. Vide il bagliore di una luce bianca dove prima c'era la coda. Il tetto della cabina era collassato come una lattina calpestata, perciò non poteva mettersi in piedi. Strisciò verso la luce e cadde sul terreno bruciato della giungla, disorientato, ma quasi miracolosamente illeso.

McCollom si rese conto con orrore di ciò che era successo. Pensò a suo fratello e agli altri ventidue passeggeri, tutti intrappolati, quasi certamente morti. Mentre si rimetteva in piedi, poco distante dall'aereo, o da ciò che ne rimaneva, si disse con amara ironia: "Sono in un cazzo di posto a duecentosessanta chilometri dalla civiltà, da solo e di domenica pomeriggio...".

Quando il *Gremlin Special* colpì la montagna, Margaret venne scagliata come una palla di gomma attraverso la cabina passeggeri. Il suo primo impulso fu di pregare. Ma pregare significava arrendersi e Margaret non era il tipo. Si arrabbiò. Sapeva che non era razionale, ma mentre cadeva prese la cosa come un affronto personale. Era indignata che la sua gita a Shangri-La fosse stata rovinata dallo schianto, e senza nemmeno avere avuto l'occasione di vedere un selvaggio!

Quando smise di rotolare e riprese i sensi, Margaret si ritrovò distesa sul corpo immobile e senza vita di un uomo. Quel corpo l'aveva salvata, attutendo la caduta. E ora le impediva di muoversi e fuggire. Prima di morire, l'uomo l'aveva stretta in un abbraccio. Forse lo aveva fatto per salvarla, forse si era aggrappato alla prima cosa che aveva trovato. Fatto sta che ora la stringeva, e la imprigionava in una morsa letale. Sentì le fiamme lambirle il volto, i piedi, le gambe. L'aria era satura dell'odore acre di capelli e peli bruciati. Margaret pensò ancora una volta di arrendersi, di gettare la spugna. Ma tornò la rabbia e, con essa, la forza. Riuscì a liberarsi dall'abbraccio e prese a strisciare. Non aveva nessuna idea di chi si stesse lasciando alle spalle o in quale direzione stesse muovendosi: verso la coda spezzata o verso la cabina di pilotaggio e, quindi, l'inferno? Mentre avanzava verso quella che sperava fosse la salvezza, non vide nessuno muoversi, né sentì qualcuno parlare o lamentarsi all'interno della cabina in fiamme. Per un colpo di fortuna o un intervento divino, scelse la direzione giusta.

Cadde dalla parte posteriore squarciata della fusoliera e si ritrovò sul terreno della giungla.

«Mio Dio! Hastings!» urlò John McCollom, che era uscito un minuto prima.

Prima che potesse rispondere, udì una WAC urlare all'interno dell'aereo: «Tiratemi fuori di qui!».

Il *Gremlin Special* era completamente avvolto dalle fiamme. McCollom dubitava che potesse esplodere, ma non era sicuro. Senza esitare risalì nel veicolo e strisciò cercando di ignorare ed evitare il fumo e il calore. Avanzò con prudenza, seguendo la voce che lo implorava.

«Dammi la mano!» ordinò.

Un attimo dopo, Margaret lo vide comparire all'esterno del rottame infuocato con in braccio la sua amica Laura Besley. McCollom la depose sul terreno bruciato, si voltò e, senza dire una parola, tornò nella carlinga. Raggiunse il soldato semplice Eleanor Hanna, che durante il volo era seduta accanto a Laura, di fronte a lui e Margaret. Era gravemente ustionata, ben più delle sue compagne. I capelli, pieni di brace, continuavano a sfrigolare.

Dopo aver tratto in salvo le due donne, McCollom aveva le mani ustionate e i capelli bruciati. Per il resto e per miracolo, era completamente illeso. Purtroppo, però, non poté tornare indietro per una terza missione di recupero: l'incendio era ormai divampato e all'interno del relitto rimbombava un'esplosione dopo l'altra. Dubitava che qualcuno potesse ancora essere vivo.

Sorpreso da un movimento, McCollom alzò gli occhi e vide un uomo che camminava stordito verso di lui lungo il fianco destro dell'aereo. La speranza che potesse essere suo fratello svanì immediatamente. Riconobbe il sottoufficiale Kenneth Decker, di cui supervisionava il lavoro di progettazione al Fee-Ask. Decker era in piedi, ma sembrava stordito, oltre che ferito in modo grave. Margaret notò un taglio insanguinato lungo diversi centimetri sul lato destro della fronte, tanto profondo che si vedeva l'osso del cranio. Da un altro taglio, sul lato sinistro, il sangue sgorgava copioso. Aveva ustioni sulle gambe e sulla schiena. Il braccio destro, in una posizione innaturale, era rotto all'altezza del gomito. Ciononostante Decker stava in piedi e, seppur simile a uno zombie, camminava verso di loro.

«Mio Dio, da dove arrivi?» gli chiese McCollom.

Decker non riuscì a rispondere. Probabilmente era fuggito attraverso un buco sul fianco destro della fusoliera oppure era stato catapultato fuori dal finestrino della cabina di pilotaggio. Fatto sta che non ricordava, e non avrebbe mai più ricordato, cosa era successo dal momento del decollo a quello dello schianto nella giungla. Mentre camminava con passo incerto verso McCollom e Margaret, continuava a borbottare «Che razza di modo per festeggiare il compleanno...». Margaret pensava che stesse vaneggiando. Non sapeva che era effettivamente nato il 13 maggio 1911 e che, quindi, quel giorno compiva davvero gli anni.

Per un attimo, McCollom vacillò. Si sentì solo, abbandonato. Provò un dolore immenso, indescrivibile, che quasi gli tolse il fiato. Reagì. Dei cinque sopravvissuti era quello messo meglio e, anche se era solo luogotenente, il suo grado era comunque superiore sia a quello di Decker sia a quello delle tre donne. Si fece coraggio, prese il comando. Guardò Margaret: era in piedi, apparentemente sotto shock: «Hastings,» gridò «non puoi fare qualcosa per queste donne?».

Laura ed Eleanor erano sdraiate una accanto all'altra, nel punto in cui McCollom le aveva adagiate. Margaret si scosse, e si piegò su Eleanor. Anche se non sembrava soffrire, il suo destino era comunque segnato. Il fuoco le aveva divorato gli abiti e aveva lasciato ustioni orribili su tutto il corpo. Aveva risparmiato soltanto il volto, angelico e chiaro. Eleanor la guardò con occhi imploranti, le sorrise debolmente. Sussurrò: «Cantiamo».

Provarono, ma nessuna delle due riuscì a emettere una sola nota.

Laura, lì vicino, piangeva ininterrottamente, in modo quasi disperato, ma Margaret e McCollom non riuscivano a capirne il motivo, visto che sembrava avere solo ustioni superficiali.

All'improvviso, McCollom sentì un urlo. Si guardò intorno, tese le orecchie e, alla fine, si inerpicò lungo il fianco destro dell'aeroplano. Adagiato alla fusoliera, riconobbe il capitano Herbert Good. Si sentì subito e terribilmente colpevole: era colpa sua se Good, membro dello staff del capitano MacArthur, era finito in quella situazione. Quella mattina, infatti, lo aveva incontrato alla base, a Hollandia, e dopo avere scambiato quattro chiacchiere, gli aveva chiesto se avesse programmi per il pomeriggio. Non ne aveva, perciò McCollom lo aveva invitato a unirsi al viaggio per Shangri-La.

Il capitano non sembrava ferito, perciò McCollom lo

chiamò e, con voce ferma, lo esortò ad alzarsi, a seguirlo e a raggiungere gli altri sopravvissuti. Good, però, sembrava non sentire. McCollom non perse tempo e iniziò a farsi largo tra la vegetazione bruciacchiata e incandescente. Intanto, alle sue spalle era comparso Decker. Non sembrava del tutto lucido. Probabilmente aveva reagito d'istinto per aiutare un compagno in difficoltà o per restare vicino a quello più in forze, oppure per entrambi i motivi. A mano a mano che avanzavano, la temperatura, l'adrenalina e la determinazione crescevano. Poi, d'un tratto, ci fu un botto. I serbatoi delle ali, spezzate accanto alla fusoliera, esplosero. Ci fu una grande fiammata. Appena si spense, McCollom corse verso Good: troppo tardi, era morto. McCollom si chiese se a ucciderlo fosse stata l'esplosione o le ferite riportate durante lo schianto. Ma si rese conto che non lo avrebbe mai saputo. Quando lo raggiunse, scoprì perché non si era mosso: aveva il piede impigliato nella radice di un albero.

Non potevano far nulla per lui, veterano della Prima guerra mondiale. Lasciarono il corpo là dove era caduto, sul terreno, tra i cespugli e i rami spezzati, ad alcuni metri di distanza dal relitto, con la testa ruotata in maniera innaturale da un lato. Il braccio destro, piegato all'altezza del gomito, affondava nel terreno umido.

Dal relitto del *Gremlin Special* non uscì più nessuno.

Capitolo 6

CARAMELLE CHARMS

Non era il momento di piangere i morti. Mentre McCollom e Decker erano in piedi accanto al corpo del capitano Good, l'esplosione soffiò le fiamme ancora più vicino alle tre superstiti, minacciando di intrappolarle in un cerchio infuocato.

Margaret si rese conto da subito del pericolo: «Luogotenente,» urlò in direzione dei due uomini «dobbiamo andarcene via da qui! Il fuoco è sempre più vicino!».

McCollom, che lottava con tutte le sue forze per mantenere la calma e perché gli altri facessero lo stesso, rispose con tono fermo e deciso: «Hai ragione, spostiamoci».

Margaret vide una piccola cornice di roccia sul margine di una rupe, a circa venti metri dal relitto, lungo un fianco della montagna ricoperto da una fitta vegetazione. Era lì che dovevano andare, anche se non sarebbe stato facile: vista dall'alto, la foresta pluviale le era sembrata un cuscino verde e invitante, ma ora che c'era in mezzo si rendeva conto di essersi sbagliata, e di grosso: era il sogno di un botanico o l'incubo di un sopravvissuto.

Il terreno, un misto sconnesso di fango e pietra, era

ricoperto da un groviglio di felci giganti, rampicanti, cespugli, rami spezzati, tronchi caduti e muschi umidi e spugnosi. Le spine, gli aculei e i bordi dentellati di alcune foglie le graffiavano i vestiti e le laceravano la pelle. La luce filtrava qua e là attraverso le foglie di enormi rododendri. Sulla sua testa si allungavano alberi di tutti i tipi: eucalipti giganti, banani, palme, bambù, araucaria, casuarina sempreverde e centinaia di altre specie, alcune alte più di trenta metri. Fitti grovigli di liane legnose, pesanti barbe di licheni, rampicanti affusolati e ficus legavano gli alberi tra loro e pendevano dai rami come tende frangiate. Le orchidee spuntavano ovunque, con dei colori sgargianti e delle strane forme erotiche. La flora rigogliosa creava un bouquet lussureggiante destinato a perire in un ciclo infinito di nascita, crescita, avvizzimento, morte e rinascita.

Il cielo e gli alberi erano popolati da avvoltoi, gufi, pappagalli, ralli, rondoni, acchiappamosche, silvia e dalla creatura più bella di tutta Shangri-La: l'uccello del paradiso, in tutti i suoi scintillanti colori. Nella giungla non esistevano mammiferi predatori, ma il sottobosco era popolato da roditori e marsupiali di piccola taglia. Oltre che da rettili: c'erano salamandre, lucertole e serpenti, tra cui un pitone che poteva raggiungere i quattro metri e mezzo di lunghezza, se non di più.

La maggior parte di queste meraviglie erano note solo agli indigeni. In pratica, ogni volta che avesse posato lo sguardo su qualcosa Margaret avrebbe fatto una scoperta. Ma era troppo preoccupata a fronteggiare gli infiniti tentacoli della giungla per incuriosirsi o anche solo apprezzare lo spettacolo.

Mentre stava arrampicandosi su un grande tronco abbattuto dall'aereo, si rese conto di non avere le scarpe, che, se non erano bruciate, erano comunque volate chissà dove. Raggiunse una posizione stabile e si fermò: doveva fare il punto della situazione. Si tolse la calza destra, sporca e lacerata: il piede destro aveva un brutto taglio e continuava a sanguinare. Il calzino sinistro, invece, non aveva segni, ma la pianta del piede, in compenso, era ustionata: il calore aveva attraversato la stoffa, bruciando soltanto la pelle. Le gambe erano entrambe ustionate. La mano destra era lacerata e perdeva sangue. La parte sinistra del volto era coperta di bolle causate dal calore.

Margaret si tolse la camicia color kaki. Tolse anche il reggiseno di cotone. Per un attimo rimase a seno nudo, come le indigene che aveva sperato di vedere. Poi rindossò la camicia e l'abbottonò fino al collo, come se stesse preparandosi per un'ispezione durante l'addestramento a Fort Oglethorpe. Strappò il reggiseno a metà cercando di bendarsi i piedi, ma non servì a molto. Si sbottonò i pantaloni, li fece scivolare sulle gambe ustionate e li mise da parte. Si chinò e si sfilò le mutande di ordinanza: erano marroni, quelle bianche erano state vietate per timore che, stese ad asciugare, potessero attirare i bombardieri nemici. Margaret rimise i pantaloni senza le mutande. Voleva usarle per fare delle bende per sé e gli altri sopravvissuti.

Quando finì di vestirsi, vide McCollom che scendeva lungo il sentiero che lei stessa aveva percorso qualche istante prima, portando Eleanor sulla schiena, con le braccia strette alle sue spalle. Gli abiti erano bruciati, ma stranamente dal polso pendeva ancora il braccialetto con le monete cinesi. Durante la discesa McCollom perse l'equilibrio, scivolò e atterrò malamente contro un piccolo albero. Si rialzò, si ripulì e si rimise di nuovo la ragazza sulle spalle. Il luogotenente, che era uscito incolume dall'incidente, si era procurato la prima ferita: una costola rotta. Fece finta di niente, trattenne il dolore. Ripartì. Decker e Laura lo seguivano a breve distanza. Nonostante si sforzasse di essere presente, Margaret era ancora confusa, al punto che, una volta che gli altri sopravvissuti la raggiunsero, si dimenticò di essersi tolta le mutande e chiese a McCollom un fazzoletto per bendare la mano e fermare l'emorragia. Avanzavano a fatica, tra cadute, graffi e ossa rotte. Quando raggiunsero la cresta, si misero a sedere, uno dopo l'altro. Ripresero fiato. Si guardarono intorno. Ripensarono a quello che era successo. A loro, ai loro amici e, nel caso di McCollom, al suo adorato gemello. Si trovavano a circa 2.700 metri sul livello del mare e la temperatura cominciava a calare. E, d'un tratto, arrivò la pioggia. Una pioggia fredda, cattiva. Provarono a ripararsi sotto qualche albero ma non servì. Dopo pochi istanti avevano gli abiti fradici e provavano un freddo che non faceva che acuire la sofferenza.

Fu in quel frangente che il corso di sopravvivenza da Eagle Scout di McCollom rivelò la sua utilità. Dopo aver ripreso fiato, lui e Decker lasciarono le tre donne sulla cresta e ripercorsero il tragitto in salita per tornare al relitto, dove il luogotenente sperava di trovare il necessario per costruire un riparo, magari anche cibo, vestiti e armi. Aveva un accendino e un temperino che portava sempre con sé, ma che non gli sarebbe stato molto utile se avessero incontrato i giganti, gli indigeni armati di lancia che si vedevano dal cielo.

Si ricordò che un membro dell'equipaggio aveva una pistola, una calibro 45. Inoltre, sull'aereo era sicuro di avere visto coperte, scorte d'acqua e casse di razioni K grandi come scatole di biscotti. Al loro interno avrebbero potuto trovare prosciutto, formaggio, carne di maiale e manzo, gallette, cracker, dadi, caffè solubile, bibite liofilizzate al limone, barrette di cioccolata resistente al calore, caramelle, gomma da masticare, sigarette e fiammiferi. Alcune razioni K avrebbero potuto contenere carta igienica, un vero lusso per i militari.

Quando raggiunsero l'aeroplano, però, scoprirono che non si poteva recuperare nulla. La cabina di pilotaggio e buona parte di quella passeggeri erano ancora in fiamme. Alimentato dal combustibile, il fuoco avrebbe continuato a bruciare almeno fino a metà del giorno seguente. E avrebbe divorato ciò che era miracolosamente scampato a un impatto a più di trecento chilometri all'ora. Mentre McCollom analizzava la scena, comprese che, da un certo punto di vista, potevano considerarsi fortunati. Sul fianco del relitto si ergeva un masso di quasi cinque metri: se lo avessero centrato, non sarebbe sopravvissuto nessuno.

Un'altra notizia relativamente buona era che la coda del *Gremlin Special*, staccatasi all'impatto, non aveva preso fuoco né era esplosa. Poggiava con un'angolazione anomala vicina a un burrone, schiacciata contro il tronco di un albero e ricoperta da liane. Il bordo dentellato dello squarcio dove la coda si era strappata dal resto dell'aereo puntava verso il cielo, come la bocca di un uccellino affamato.

McCollom si arrampicò fino all'apertura e si calò all'interno. Trovò un borsone che conteneva una zattera di salvataggio gialla autogonfiabile, due pesanti cerate che avrebbero dovuto servire come tetto della zattera e alcune provviste essenziali. Buttò fuori il borsone e scese. Gonfiò la zattera e fece un inventario delle scorte. Contò parecchie lattine di acqua e un kit di primo soccorso con bende, alcune fiale di morfina, vitamine, acido borico per disinfettare le ferite e pastiglie di sulfatiazolo per combattere le infezioni. L'unica cosa commestibile erano le Charms, caramelle alla frutta dure e zuccherate, immancabili nella dieta dei soldati. McCollom trovò uno specchietto per fare segnalazioni e, ancor meglio, una pistola lanciarazzi da utilizzare per attirare l'attenzione delle squadre di soccorso. C'era solo un problema: mancavano i razzi.

McCollom e Decker trascinarono zattera e provviste fino alla cornice di roccia. Lungo la strada la zattera urtò contro qualcosa di appuntito e si sgonfiò. Quando raggiunsero le ausiliarie, ne pulirono e bendarono le ferite e dettero loro le pillole e alcuni sorsi d'acqua per mandarle giù. McCollom mise la zattera ormai sgonfia sotto i corpi di Laura ed Eleanor e le coprì con un telo. Quando le avvolse, Eleanor gli sorrise e, con un filo di voce, ripeté: «Cantiamo...». McCollom le somministrò la morfina, sperando che l'aiutasse a dormire.

La sporgenza era troppo stretta perché potessero stendersi tutti quanti, così Margaret e i due soldati si spostarono qualche metro più in là, su uno sperone di roccia che svettava nella fitta vegetazione. Sfiniti, si avvolsero nel secondo telo. Lo schianto aveva risparmiato il pacchetto di sigarette che McCollom teneva nel taschino. Ne accesero una e aspirarono alcune boccate, rimanendo in silenzio. Le fiamme dell'aereo, nonostante la pioggia, illuminavano un'oscurità che si faceva sempre più densa. Più volte, nel corso della notte, sentirono l'eco lontano di un aereo accompagnato da alcune scie luminose. I sopravvissuti, però, non avevano modo di comunicare o segnalare la loro posizione.

McCollom, Margaret e Decker si strinsero per farsi coraggio. Dovevano prepararsi a una notte umida, fredda e infinita.

Il mattino successivo, il 14 maggio, McCollom si svegliò per primo e andò subito a controllare le condizioni di Eleanor e Laura. Non fu sorpreso di quello che vide. Tornò sulla sporgenza dove aveva dormito e parlò con voce apparentemente fredda: «Eleanor è morta». Dopodiché tornò dalla ragazza e ne avvolse il corpo senza vita nel telo. Lo fece con attenzione, con cura. Non avevano attrezzi per seppellirla, e nemmeno energia per farlo, perciò lo adagiò ai piedi di un albero.

Il silenzio venne rotto da Laura, che era stata seduta accanto a Eleanor sull'aereo e che ci aveva dormito accanto tutta la notte: «Non riesco a smettere di tremare» disse. Feriti e sotto shock, gelati e bagnati, affamati e assetati, dolenti e stanchi, Margaret e Decker si resero conto che anche loro stavano tremando.

Non potevano far nulla per Eleanor, e potevano fare ben poco per se stessi o per gli altri. McCollom decise di razionare l'acqua, perciò ciascuno di loro prese un sorso con una pillola di vitamine e alcune caramelle Charms per recuperare un po' di energie. Continuavano a tremare.

Dopo questa lauta colazione, McCollom e Decker tornarono all'aereo. Nella sezione della coda trovarono due brande, un'altra zattera, una pesante tuta da volo in cotone, altri kit di pronto soccorso, un altro specchio per le segnalazioni e diciassette lattine d'acqua. Decker rovistò in una scatola porta attrezzi e trovò un rotolo di nastro isolante e un paio di pinze. Portarono questo tesoro alla sporgenza.

Laura continuava a piangere e tremare, anche se non accusava dolori. McCollom le dette la tuta da volo per riscaldarsi e le disse di stendersi su una brandina. Aveva sete e voleva bere, ma ogni volta che lo faceva vomitava. Visto che non presentava ferite visibili, McCollom temeva che il problema fosse all'interno, che si fosse rotto qualcosa. Margaret si controllò con attenzione le gambe, e scoprì che attorno ai polpacci c'erano dei cerchi di pelle bruciata larghi una decina di centimetri. Fu una sorpresa perché, per quanto brutte, quelle ferite non le facevano poi tanto male. Il piede fasciato, invece, era un tormento. Ogni passo era una sofferenza. Temeva di non poter proseguire camminando con quei piedi ustionati, coperti solo dalle bende di cotone. Così chiese a Laura di prestarle le scarpe, almeno fino a quando fosse rimasta sdraiata. Laura acconsentì. Nel diario, scritto su pezzi di carta e cartoncini ricavati dalle provviste, Margaret confessò che non avrebbe voluto restituirgliele: «Mi chiedevo come avrei potuto seguire gli altri a piedi scalzi, avvolti da mezzo calzino e dalle bende di cotone. Con i tagli e le ferite, su quel maledetto terreno accidentato».

I superstiti si facevano forza all'idea che, non appena alla base si fossero accorti che il *Gremlin Special* non era rientrato come da programma, avrebbero mandato degli aerei per cercarli. La notte prima ne avevano sentito uno ronzare sopra le loro teste. Dovevano avere fiducia.

Ma McCollom, però, sapeva che lì, dove si trovavano, non erano visibili. L'aereo, ricoperto di pittura mimetica, era un puntino inesistente nel fitto groviglio di vegetazione. Sulla sezione della coda staccata era ancora ben visibile la stella bianca a cinque punte, marchio inconfondibile degli aerei militari americani. Ma il fogliame lo nascondeva, e si riusciva a scorgere solo a breve distanza. Dall'aria, quella stella era visibile quanto il petalo di un fiore nell'oceano.

Il fumo che saliva dal relitto avrebbe potuto essere

utile, a condizione che i soccorritori arrivassero sul luogo dell'incidente in tempo, quando ancora il fuoco non aveva smesso di bruciare. A complicare le cose, c'era il fatto che, nonostante il piano di volo di Prossen avesse come destinazione Shangri-La, il *Gremlin Special* si era schiantato contro una montagna a chilometri di distanza dal passo che permetteva di entrare nella valle. Nessuno, a Hollandia, avrebbe potuto saperlo. Solo ai controlli, e impegnato fino allo spasimo nel tentativo di riprendere quota, Nicholson non aveva lanciato nessun Mayday. A dire il vero, dopo il decollo non c'era stata nessuna comunicazione radio tra l'aereo e i controllori di volo alla base.

L'orologio da polso di Decker stava decisamente meglio del suo cranio, perciò avevano la possibilità di sapere con esattezza che ore fossero. Quanto tempo fosse passato dallo schianto. E quanto ne sarebbe passato prima di essere salvati.

Alle undici di mattina e qualche minuto, a meno di ventiquattro ore dallo schianto, udirono chiaramente il motore di un aeroplano.

McCollom afferrò lo specchietto e lo mosse freneticamente per inviare segnali verso il cielo. Inutilmente. Il rumore dell'aereo si perse nell'aria e si fece sempre più lontano.

Il soldato provò a darsi fiducia, a considerarlo un segnale positivo: «Non preoccupatevi» disse ai suoi compagni. «Non so come, ma ci tireranno fuori di qui. Ne sono sicuro.»

A metà pomeriggio la nebbia avvolse la montagna, e con la nebbia arrivò anche una fitta pioggia. I sopravvissuti furono costretti a ripararsi in un anfratto roccioso. Accompagnati dal rumore della pioggia, si persero nei loro pensieri. Margaret non osava immaginare la reazione di suo padre quando gli avrebbero comunicato che l'aereo sul quale viaggiava sua figlia si era schiantato, e che risultava dispersa: «Sono sollevata» scrisse nel diario «che a mia madre sia risparmiata un'angoscia simile». Fu la prima volta che non soffrì al pensiero della sua morte. Il secondo nome di Margaret era Julia, quello della madre. Cosa che faceva imbestialire di gelosia la sua sorellina. La mamma, scrisse in un'altra occasione, era «la persona più dolce, gentile e adorabile sulla faccia della terra. Era il fulcro della nostra esistenza. Ed era bellissima: a cinquant'anni aveva i capelli color argento e la pelle chiara e delicata, era più bella di tutte noi figlie». Quando il dottore le comunicò che era molto malata e le restava al massimo un anno di vita, Margaret rimase senza fiato. Si chiedeva perché lo avesse detto proprio a lei, solo a lei. Si chiese cosa fare: doveva dirlo al padre, alle sorelle e agli altri parenti o doveva tenerselo per sé? Furono giorni difficili, e molto dolorosi. Alla fine, decise pensando al bene della madre, a cosa avrebbe preferito lei. Scelse di non coinvolgere le sorelle, che chissà come avrebbero reagito e, di certo, non avrebbero saputo fare finta di niente, rovinandole quell'ultimo tratto di vita, e lo disse al padre. Non sapeva se era la scelta migliore, di sicuro l'aveva presa con il cuore. E, quando tre mesi dopo mamma morì, non se ne pentì.

Alle tre di pomeriggio i quattro superstiti erano sfiniti per le ferite, la mancanza di cibo e il sonno. Montarono le due brandine. Margaret e Laura ne divisero una, coprendosi con un telo e abbracciandosi strette per impedirsi di cadere. Margaret era sdraiata, cercando sì, di dormire, ma con l'orecchio teso nella speranza di sentire il rombo di un aereo. Laura non smetteva di agitarsi. McCollom le somministrò della morfina e la rimboccò per bene. Gli occhi di Margaret bruciavano per la stanchezza, era sfinita. Ma le contorsioni di Laura, che continuarono anche dopo la morfina, erano una vera tortura. Margaret pensava e ripensava a ciò che era successo, a come avrebbero dovuto comportarsi.

Alla fine, esausta, crollò in un sonno agitato. Quando si svegliò, intorno a mezzanotte, avvertì una quiete sospesa, inaspettata. Laura aveva smesso di agitarsi. Le poggiò la mano sul petto. Nulla. Cercò il battito sul collo, sul polso. Nulla, nemmeno lì.

«Ti prego McCollom,» urlò «corri! Laura è morta!»

McCollom sussultò, interrompendo quel sonno che gli pareva così necessario. Ancora con gli occhi chiusi, pensò che stesse esagerando: Laura era ferita, è vero, e il fatto che non trattenesse l'acqua era un brutto segno, tuttavia non era a rischio di vita, non subito almeno.

«Non fare la stupida, Hastings» gracchiò. «Sta bene...»

Poi si alzò e a fatica raggiunse la brandina. Toccò le mani di Laura. Il dubbio gli si insinuò nella mente. Cercò il battito invano. Margaret aveva ragione.

Senza profferire parola, sollevò il corpo senza vita dalla brandina. Lo avvolse in una cerata e lo depose accanto a quello di Eleanor, ai piedi dell'albero.

Nella loro sofferenza, Margaret e McCollom erano consapevoli della propria fortuna. Margaret aveva cambiato posto all'ultimo momento e McCollom era salito a bordo troppo tardi per stare accanto al fratello. Erano stati miracolati. Erano sopravvissuti.

«Avrei dovuto piangere» scrisse Margaret nel suo diario. «Avrei dovuto provare una sofferenza indicibile per la morte di una mia cara amica. Ma l'unica cosa che riuscivo a fare era stare seduta sulla brandina e tremare. Non riuscivo nemmeno a pensare che Laura fosse morta. Me ne stavo lì, seduta, e pensavo solo: "Ora le scarpe sono mie".»

A quel punto le vittime erano salite a ventuno. I sopravvissuti erano rimasti in tre: John McCollom, tosto primo luogotenente del Midwest che aveva appena perso il suo gemello; Kenneth Decker, sottoufficiale del Northwest che aveva riportato orribili ferite alla testa e aveva appena compiuto 34 anni, e Margaret Hastings, caporale del WAC, 30 anni, del Northeast, che aveva dato buca a un appuntamento galante per ritrovarsi in quel posto sperduto. John era il più giovane, ma il più alto in grado. Ed era quello che stava decisamente meglio. Questo, e le sue competenze, ne fecero il capo naturale del gruppo.

A Hollandia, i tre sopravvissuti si conoscevano, ma non erano amici. Erano compagni, conoscenti, che ora erano costretti a condividere un'esperienza terrificante. All'inizio, seguirono il protocollo chiamandosi per grado o con il cognome oppure con entrambi: «sottoufficiale», «Decker» o «sottoufficiale Decker», per dire, invece che Kenneth o Ken. Inoltre, la presenza di una donna, per giunta soldatessa, era una novità. E ai soldati veniva spontaneo chiamarla per cognome. Presto, però, negli ordini di McCollom o nelle pungolature di Decker il «caporale Hastings» divenne «Maggie». A dire il vero lei preferiva essere chiamata Margaret (detestava Maggie!). Ma non si lamentò mai, né mai li corresse.

Dopo aver posato il corpo della Besley, John tornò da Margaret, rimasta impietrita sulla brandina. Accese una sigaretta, gliela porse. Poi si sedette al suo fianco. Pensò: “Nessuna notte sarà più lunga di questa”.

Le ore passavano lente e scure, ed erano illuminate solo dalla punta incandescente delle sigarette del soldato. Rimasero in quella posizione fino all’alba. Senza dirsi una parola.

Capitolo 7

TARZAN

Mentre camminava in direzione del relitto, McCollom si arrampicò su un albero per esaminare la zona dall'alto. Ad alcuni chilometri di distanza gli parve di vedere una radura. Usando una bussola trovata nella coda dell'aereo determinò la rotta per raggiungerla. Con le ferite dei suoi compagni che peggioravano, con poca acqua e senza cibo, a esclusione delle caramelle, dovevano arrivarci il più in fretta possibile.

In genere, ai superstiti degli schianti aerei si consiglia di rimanere nei pressi del relitto per aumentare la possibilità di essere trovati. Ma le normali regole non valevano in Nuova Guinea. McCollom si rese conto che se fossero rimasti lì, nascosti sotto la tenda di vegetazione, sarebbero morti di sicuro. Ma anche se avessero raggiunto la radura, le possibilità di venire salvati erano comunque esigue. Le foreste della Nuova Guinea erano cimiteri sconfinati, piene di corpi di militari abbandonati. Le condizioni atmosferiche, la presenza di montagne aguzze e sconosciute, e la vegetazione fitta e sconfinata rendevano pressoché inutili le missioni di salvataggio. Dall'inizio della guerra si erano schiantati sull'isola più di seicento aerei americani: alcuni in combattimento, molti a causa del maltempo, di guasti meccanici, errori dei piloti, montagne non cartografate celate dalle nubi o per la combinazione di tutti questi fattori. Si erano schiantati anche altre centinaia di aerei: giapponesi, australiani, britannici, neozelandesi e olandesi. Alcuni vennero individuati subito dopo l'incidente, molti furono inghiottiti dal verde smeraldo della foresta pluviale. Nel 1945 la Nuova Guinea contava il maggior numero di aerei dispersi rispetto a qualsiasi altra nazione sulla Terra.

Due anni e mezzo prima, nel novembre 1942, una forte corrente discendente aveva centrato un C-47 che trasportava truppe e rifornimenti da una zona dell'isola a un'altra. L'aereo si era schiantato contro una montagna a oltre 2.700 metri di altezza, in condizioni analoghe a quelle del *Gremlin Special.* Gli aerei di ricerca decollarono uno dopo l'altro, ma non trovarono traccia del C-47, che chiamarono *Flying Dutchman*, l'Olandese volante. Diciassette dei ventitré uomini a bordo sopravvissero, anche se alcuni erano gravemente feriti. Quando si resero conto di non poter contare sui soccorsi, otto, che si sentivano sufficientemente forti, decisero di attraversare la giungla a piedi. Si separarono, lasciando il luogo dell'incidente in due gruppi da quattro. Il quinto giorno, il primo gruppo giunse nei pressi di una stretta gola attraversata da un torrente impetuoso. Non potendo attraversarlo, cercarono di scendere le rapide su dei tronchi. Due annegarono. Gli altri due incontrarono degli indigeni non ostili che li guidarono da un villaggio all'altro. Dopo trentadue giorni, giunsero alla base alleata. Il secondo gruppo ebbe maggior fortuna. Dopo dieci giorni ricevettero l'aiuto di altri nativi e, nell'arco di un mese, fecero ritorno sani e salvi. La loro comparsa rimise in moto le ricerche degli altri sopravvissuti, ma anche queste fallirono.

In un ultimo e disperato tentativo, l'esercito offrì una ricompensa a chiunque avesse notizie del relitto. Più di sessanta giorni dopo lo schianto, un gruppo di indigeni si imbatté in un groviglio di corpi in decomposizione e un solo sopravvissuto, un cappellano militare cieco a causa della malnutrizione e, dissero, leggero «come un bambino». Attorno a lui c'era un semicerchio di vegetazione spoglia: alla fine del suo calvario si era alimentato mangiando il muschio che trovava a portata di mano. Gli indigeni gli offrirono della banana cotta, ma l'uomo spirò tra le loro braccia. Lasciarono lì il corpo, ma riportarono indietro la Bibbia per dimostrare che avevano trovato il *Flying Dutchman*.

Molto tempo dopo i ricercatori tornarono al relitto e trovarono il portellone posteriore dell'aereo sul quale i sopravvissuti avevano tenuto una sorta di diario usando del carbone. Le prime annotazioni erano semplici rapporti in stile militare. Frasi scarne, poche parole, che annotavano l'orario dello schianto e la data in cui ciascun gruppo dei superstiti era partito. Raccontava gli sforzi di chi era rimasto nei pressi del velivolo, il tentativo di lanciare un pallone aerostatico per segnalare la loro presenza, il razionamento del cibo... Per cinque giorni si nutrirono di cioccolato e succo di pomodoro. Quando le scorte, e le sigarette, finirono, i messaggi scritti sul portellone avevano cambiato tono, diventando più personali. Contenevano speranze, paure e, di tanto in tanto, pure un humour macabro. Venerdì 27 novembre 1942, diciassette giorni dopo lo schianto, qualcuno scrisse: «Secchi pieni di acqua questa mattina... ancora a testa alta». Due giorni dopo: «Ragazzi ci stiamo indebolendo». Ma la stessa mano aggiunse: «Abbiamo ancora la speranza». Il giorno dopo: «Continuiamo a nutrirci di pasti immaginari». Lunedì 7 dicembre, anniversario di Pearl Harbor, era stato annotato: «Un anno fa è cominciata la guerra. Ragazzi, chi se lo sarebbe immaginato, questo!». Due giorni più tardi, un mese dopo lo schianto: «Sono passati esattamente trenta giorni. Possiamo farcela, ma sarebbe bello se venissero a prenderci». Una settimana dopo, quando si cominciava a pensare al Natale: «Abbiamo finito anche i pranzi immaginari. I ragazzi dovrebbero tornare, ora [sic]». Sei giorni dopo: «Stasera è la Vigilia. Signore, fa' che a casa siano felici». E sei giorni più tardi: «Oggi è morto Johnnie». Le annotazioni terminavano due giorni dopo, a sette settimane dallo schianto. La vigilia di Capodanno. I tre sopravvissuti apposero la propria firma: Pat, Mart e Ted. Alcuni giorni dopo gli indigeni trovarono il relitto. L'ultimo a morire, il cappellano cieco e malnutrito che si era ridotto a mangiare muschio, era il capitano Theodore Barron, Ted per gli amici.

All'alba di martedì 15 maggio 1945, secondo giorno dopo lo schianto del *Gremlin Special*, McCollom annunciò di aver cambiato idea: non potevano aspettare che Margaret e Decker si riprendessero, dovevano cominciare la marcia verso la radura. Le ustioni e le ferite coperte da bende sporche e bagnate avrebbero potuto solo peggiorare. Ed erano già abbastanza lenti. Provati dalla fatica, dalla mancanza di sonno e cibo e dall'aria rarefatta, si muovevano lenti, come se nuotassero nel miele. Certo, per un indigeno la foresta tropicale era un gigantesco banchetto pieno di frutta, radici, uccelli e piccoli mammiferi dal quale servirsi liberamente. Per loro, invece, era un grande enigma. E l'unica cosa di cui potevano fidarsi erano le Charms, le caramelle.

McCollom radunò la maggior parte delle provviste in una delle ultime cerate gialle rimaste. Ne fece una più piccola per Decker e consegnò a Margaret un secchio che aveva trovato nella coda dell'aereo. All'interno sbatacchiava, facendo rumore, la razione del giorno: due lattine d'acqua e alcune caramelle avvolte nella plastica.

Poi tornò da Laura. Lo attendeva un compito macabro, ma necessario. Srotolò la cerata e le sfilò la tuta da pilota. Con il temperino, tagliò trenta centimetri di tessuto da ciascun pantalone, per permettere a Margaret di indossarla senza inciampare. Quando gliela porse, Margaret sapeva che proveniva dal corpo dell'amica, ma accettò felice. Sapeva che, proprio come le sue scarpe, avrebbe potuto fare la differenza, avrebbe potuto salvarla, e fare sì che il suo sacrificio non fosse vano. Recuperò le mutande di rayon che si era tolta dopo lo schianto e le strappò in due, usando la stoffa per proteggere la pelle ustionata dal contatto con il tessuto. Era pronta. Per un attimo pensò che prima di muoversi sarebbe stato giusto recitare una preghiera, costruire una croce o lasciare almeno un qualche ricordo in onore dei ventuno caduti. La voce di McCollom la fece desistere: «Avanti,» disse «è ora». E si incamminò senza voltarsi verso il luogo che aveva inghiottito il suo gemello. Margaret lo seguì, Decker chiudeva la fila.

Per prima cosa dovettero attraversare il relitto. La vegetazione era così fitta che gli conveniva avanzare carponi. Mettere il piede nel posto sbagliato avrebbe potuto significare una caduta in un burrone o un volo letale. Per superare la ventina di metri della lunghezza del velivolo ci misero più di mezz'ora. Fu durissimo.

Margaret cercò di legarsi i capelli che le arrivavano a metà schiena, ma non servì a molto. Continuava a rimanere impigliata nelle liane e nei rami che li avvolgevano. Dovettero fermarsi più volte nella loro lentissima marcia per liberarla. Esasperata, si sciolse i capelli: «Per favore,» disse rivolgendosi a McCollom «me li tagli».

Il luogotenente impugnò il temperino e la accontentò, lasciando cadere a terra una ciocca dopo l'altra. Cercando di non fare danni, realizzò una specie di caschetto a dire il vero molto, molto triste. Non bastava. I capelli rimasti continuavano a impigliarsi: «Per l'amor del cielo,» strillò «tagli anche questi!». McCollom non poté che eseguire.

Le ustioni le rendevano doloroso ogni passo. Decker, che stava ancora peggio e non si era ancora del tutto ripreso dalla ferita alla testa, si muoveva a fatica, ma non si lamentò in nessuna occasione. Finalmente, mentre si erano spinti sempre più addentro alla foresta, tra il fango, i cespugli e le radici, si imbatterono in quello che Margaret considerò un miracolo: il letto asciutto di un torrente che scendeva lungo la montagna. Certo, era un canale angolato, difficile da calpestare. In alcuni punti li costringeva ad arrampicarsi, a scivolare o saltare lungo il pendio. Le pietre che rotolavano rendevano i passi instabili anche nei tratti più pianeggianti. Ma era pur sempre un sentiero, una via di fuga.

Ogni mezz'ora i sopravvissuti dovevano fermarsi e riprendere fiato. Durante una pausa notarono dei rigagnoli di acqua ghiacciata che sgorgava da minuscole fenditure nella montagna. Esultarono. Margaret e Decker, terribilmente assetati, dissero che non appena fosse stato possibile se ne sarebbero riempiti lo stomaco. McCollom li mise in guardia dai rischi delle infezioni. I due, però, erano troppo eccitati per ascoltarlo. Via via che scendevano, poi, i rigagnoli erano sempre più grossi e profondi, fino a quando si trovarono in mezzo a molta più acqua di quanta ne avessero desiderata. Nei punti più ripidi formava delle cascate alte dai sessanta centimetri ai tre metri. I tre le affrontavano attaccandosi ai rami che dai confini della foresta si allungavano sopra il torrente. Altrimenti, se non trovavano appoggi, McCollom andava per primo, scendendo lungo la parete con attenzione, un passo dopo l'altro, mentre l'acqua gli colava sulla testa. Giunto sul fondo, rimaneva lì, sotto lo scroscio, finché Margaret non gli saliva sulle spalle. La faceva scivolare tra le braccia e la posava in un posto tranquillo. Dopodiché tornava ad aiutare Decker.

Giunsero, poi, a una cascata alta tre metri e mezzo: troppo alta e troppo a picco anche per superarla in quel modo. Margaret e Decker si fermarono a riposare accanto alla corrente, mentre McCollom si faceva largo a fatica nella giungla per cercare un'alternativa. Ma la vegetazione in quel punto era particolarmente fitta, perciò tornò indietro. Con un'idea. Afferrò una liana spessa e robusta che pendeva da un albero lungo la cascata. Dopo averne saggiato la resistenza con un paio di strattoni, la strinse, prese la rincorsa e si lanciò. Superato il muro d'acqua, si lasciò scivolare fino in basso. Buttò indietro la liana ed esortò gli altri a seguirlo.

Margaret non esitò. Afferrò la liana e si lanciò. Decker fece lo stesso. Quando li raggiunse, tutto bagnato, fece un'espressione strana, quasi stupita: «Che sia dannato» disse strascicando le parole «se ho mai pensato di prendere la parte di Johnny Weissmuller», l'attore di Tarzan. Margaret sorrise, era la prima volta dall'incidente. Non si rese conto che, a quel punto, a lei sarebbe toccata quella di Jane.

Il dolore al piede, però, aumentava a ogni passo. Aveva freddo e male dappertutto. Era fradicia e sfinita. Se non fosse stato per l'orgoglio, non avrebbe trattenuto le lacrime che le arrossavano gli occhi.

Di tanto in tanto sentivano passare sopra la loro testa gli aerei di ricerca. Ogni volta che il rombo dei motori si avvicinava, McCollom muoveva freneticamente lo specchietto per segnalare la loro posizione anche se era consapevole che il fitto fogliame vanificava ogni sforzo. Tuttavia sperava. Quel rumore gli dava fiducia: li stavano cercando, li avrebbero trovati.

McCollom voleva camminare fino alle prime ore del pomeriggio e montare un campo quando la nebbia e la pioggia fossero sopraggiunte. Ma la vegetazione lungo il torrente era talmente fitta che non trovarono un posto ampio a sufficienza per potersi stendere tutti assieme. Continuarono a camminare finché fu possibile e, alla fine, si sistemarono in un punto tutt'altro che ideale.

John distese una cerata sul terreno fradicio e ne pose una sopra le loro teste per coprirle alla meno peggio. Mangiarono alcune Charms, poi si strinsero per tenersi al caldo durante il sonno. McCollom si sistemò nel mezzo, per potersi prendere cura di entrambi. Decker pensò che mostrava «l'istinto della chioccia», ma gliene fu grato e non aprì bocca.

Il campo era inclinato verso la corrente, e diverse volte, quella notte, i tre scivolarono nell'acqua gelida. Ogni volta tiravano su le cerate e, bagnati fradici, cercavano di rimettersi a dormire.

Ma il loro sonno era disturbato anche da qualcosa che avevano visto durante il giorno. Camminando lungo il torrente, infatti, avevano avuto la certezza di non essere soli: nel fango avevano riconosciuto chiaramente l'impronta fresca di un piede umano. Mentre si preparavano a dormire sotto la cerata, ebbero ulteriori prove della presenza degli indigeni: udirono, infatti, strani versi in lontananza.

Per quanto ne sapevano, erano i primi stranieri a esplorare quella parte di foresta. Si sbagliavano. Quel primato apparteneva a un ricco zoologo dilettante americano che, sette anni prima, aveva organizzato una spedizione in Nuova Guinea per scoprire nuove piante e nuovi animali. Purtroppo, nel corso di quella spedizione, c'era scappato un morto. Il problema era se il ricordo di quell'episodio avrebbe rappresentato una minaccia per i tre superstiti del *Gremlin Special.*

Capitolo 8

ESPLORATORE GENTILUOMO

Per tutto l'anno precedente allo schianto il colonnello Elsmore si vantò di aver scoperto la Valle, di essere stato il primo. Non poteva sapere, come non lo sapeva nessun membro dell'esercito, che si sbagliava, e stava facendo lo stesso errore di Robert Falcon Scott con l'Antartico. Scott, infatti, si era illuso di essere il primo ad avere attraversato il Polo con le racchette da neve. Non sapeva che Roald Amundsen, suo grande rivale, lo aveva anticipato di pochi mesi. In altre parole, Elsmore non era il primo straniero a vedere Shangri-La. Era il secondo. Anzi, il terzo se contiamo il maggiore Grimes.

Il vero scopritore, infatti, fu Richard Archbold, un giovane che godeva dell'innegabile vantaggio di provenire da una famiglia straordinariamente ricca e che, a differenza dei due militari, aveva davvero attraversato la vallata.

Archbold doveva il suo immenso patrimonio al nonno, John D. Archbold, presidente della Standard Oil nonché socio di John D. Rockefeller. La famiglia era così ricca che Richard non avrebbe mai avuto bisogno di lavorare. E questo era un bene, visto che già come studente non era granché. Era un ragazzino magrolino, timido e introverso, con degli occhi taglienti e dei modi bruschi. Cambiò numerose scuole e seguì dei corsi all'Hamilton College, nella parte settentrionale dello stato di New York, e alla Columbia University di Manhattan, ma non rimase abbastanza da conseguire la laurea.

La sua materia preferita, se così si può dire, era senza dubbio la vita all'aria aperta. Nel 1929 suo padre, sperando di indirizzarlo verso un'attività produttiva, accettò di finanziare una spedizione nel Madagascar cui avrebbero preso parte inglesi, francesi e americani. Pose solo una condizione: insieme al denaro avrebbero dovuto prendere anche suo figlio, allora ventiduenne. Gli organizzatori accettarono di buon grado, anche se non avevano idea di quali compiti affidare a quel ragazzo alto e magro, con i capelli e i baffi neri e una spiccata predilezione per i papillon. All'inizio pensarono di usarlo come fotografo, poi, però, uno degli scienziati più esperti gli propose di recuperare e catalogare gli animali che avrebbero incontrato. Archbold accettò e, simile a un cacciatore che si allena per un safari, si esercitò nella tenuta di famiglia in Georgia, imparando e lavorando duro sugli errori.

L'esperienza in Madagascar fu dura e dolorosa: Archbold sopportò in modo stoico i morsi delle sanguisughe e delle zanzare, i disagi della vita a stretto contatto con la natura e lo stigma di essere il rampollo di una famiglia ricca. Il ritorno, però, fu ancora più doloroso: non appena mise piede in America, gli comunicarono che suo padre era morto. Il giovane non si fece prendere dallo sconforto, al contrario: reagì. Raccolse l'eredità e si trasferì in un appartamento vicino a Central Park. Cominciò a lavorare come ricercatore presso il Museo di Storia Naturale, del quale il nonno era stato un grande finanziatore. Era un mestiere umile, modesto, al quale si dedicava con grande passione. Ernst Mayr, un giovane ornitologo tedesco che lavorava in una stanza vicino e che, in breve, sarebbe diventato una leggenda della biologia evoluzionistica, gli consigliò e lo incoraggiò a dedicarsi alla fauna selvatica della Nuova Guinea, dove aveva trascorso parecchi mesi a studiare la vita degli uccelli. Archbold fece proprio il consiglio e sfruttò la propria eredità organizzando, sovvenzionando e guidando diverse spedizioni importanti in quel paese. Il suo obiettivo, stando alle sue stesse parole, era compiere «un'esplorazione biologica completa di tutta l'isola». A differenza di Mayr, che aveva svolto il proprio lavoro assieme a pochi esploratori e scienziati, raccolse attorno a sé un piccolo esercito di ricercatori: l'obiettivo era ambizioso, andava sostenuto in ogni modo.

Le prime due spedizioni, nel 1933 e nel 1936, furono dei grandi successi. Archbold e le sue squadre, attrezzate di tutto punto, si spinsero in territori inesplorati e rifornirono il Museo di New York di nuove specie di piante e animali.

Il giovane esploratore, però, non era soddisfatto. Voleva spingersi oltre, pur essendo consapevole dei limiti e delle difficoltà che avrebbe dovuto affrontare: la Nuova Guinea era un territorio immenso e inospitale, molto difficile da attraversare anche perché privo di bestie da soma autoctone. Archbold ricordava le parole di Napoleone: «Gli eserciti» aveva detto il leggendario condottiero «marciano sul loro stomaco». Lo stesso poteva dirsi per le grandi spedizioni scientifiche nei paesi esotici. Il successo o meno dipendeva da una linea di rifornimento efficace, il che significava che qualcuno o qualcosa avrebbe dovuto trasportare tonnellate di provviste agli esploratori isolati per mesi e mesi dalla civiltà.

In assenza di cavalli, muli, buoi o cammelli, e di fronte all'evidente impossibilità di usare camion all'interno di un paese sprovvisto di strade, i portatori restavano l'unica opzione possibile. Quelli della Nuova Guinea, però, non erano molto affidabili, al contrario. Una delle ragioni era il timore, non tanto degli esploratori, quanto degli uni verso gli altri. Le innumerevoli tribù e i clan dell'isola erano spesso in guerra, perciò nel momento stesso in cui un portatore lasciava il suo territorio, aveva tutti i motivi per temere per la propria vita.

Archbold giunse alla conclusione che il modo migliore per conquistare la Nuova Guinea, almeno dal punto di vista scientifico, sarebbe stato avvalersi di un supporto aereo. Prese il brevetto da pilota e iniziò a comprare aeroplani. All'inizio del 1938 acquistò l'aereo privato più grande del mondo, la prima versione commerciale di un pattugliatore/bombardiere della marina americana, meglio noto come PBY. Con un'apertura alare di oltre trenta metri, una stiva enorme e un'autonomia di oltre seimila chilometri, il PBY era perfetto per i suoi scopi. In più, e questa era la cosa più importante, era un idrovolante. Dotato di galleggianti, poteva decollare e atterrare sugli specchi d'acqua, i laghi e i fiumi di alta montagna dell'isola. Archbold aggiunse una speciale strumentazione sia per la navigazione sia per la comunicazione e, infine, lo battezzò *Guba*, che nel dialetto locale significava qualcosa tipo "tempesta". Questa meraviglia dei cieli poteva trasportare provviste, personale e campioni ovunque ci fosse bisogno, rendendo possibile, e sempre più ambiziosa, la terza spedizione.

Il giovane americano ottenne l'approvazione e il sostegno del governo olandese, che ambiva a ottenere maggiori informazioni su quell'area che, almeno formalmente, controllava.

Nell'aprile del 1938 il team di Archbold montò un campo base a Hollandia, abitato da circa duecento persone, tra cui scienziati del Museo di Storia Naturale, settantadue portatori della tribù Dyak della vicina isola del Borneo, due cuochi, un secondo pilota, un navigatore, un operatore radio e due meccanici. Il governo olandese contribuì con quasi sessanta soldati, tra i quali un capitano e tre luogotenenti. A disposizione, per gentile concessione delle autorità olandesi, c'erano anche trenta prigionieri politici, perlopiù attivisti anticolonialisti ai lavori forzati.

La spedizione raccolse mammiferi, uccelli, piante e insetti catturati a diverse altitudini, dal livello del mare ai 3.500 metri delle Snow Mountains, una delle aree meno conosciute lungo il versante settentrionale dell'isola.

Grazie al *Guba*, ai portatori Dyak e ai prigionieri addetti al trasporto delle provviste, Archbold e il suo team di scienziati raccolsero un tesoro notevole, che constava, tra l'altro, di alcuni canguri, di topi lunghi novanta centimetri e di un uccello canterino mai visto, con un becco adatto a catturare mosche e altri insetti. Nulla, però, fu più sorprendente di quello che la spedizione scoprì la mattina del 23 giugno 1938.

Al termine di un volo di ricognizione, Archbold stava pilotando il *Guba* verso la base, a Hollandia. D'un tratto, si aprì un varco tra le nuvole che circondavano il monte Wilhelmina. Al di là del varco, si palesò una valle ampia e pianeggiante, densamente popolata, che non era segnata su nessuna delle sue mappe, sconosciuta a tutti, tranne che, ovviamente, ai suoi abitanti. Calcolò che fosse lunga più o meno sessantacinque chilometri e larga sedici. In seguito, adottando la nonchalance aristocratica e il linguaggio distaccato della scienza, minimizzò lo stupore e definì la propria scoperta «una piacevole sorpresa». Un soldato olandese a bordo del *Guba* la battezzò Groote Vallei, o Grand Valley, e Archbold dichiarò che quello sarebbe stato il suo nome.

In un primo momento stimò che fosse abitata da circa sessantamila persone, anche se, compresi gli indigeni che popolavano le aree adiacenti, si sarebbe trattato probabilmente del doppio. Questo, comunque, gli bastava per decretare che quella valle fosse la zona a maggiore densità della Nuova Guinea Olandese. Roba da non credere. La Nuova Guinea era remota, ma non certo sconosciuta. Gli esploratori l'avevano attraversata, gli scalatori l'avevano scalata: possibile che nessuno avesse mai visto quell'area?

A dire il vero, alcune spedizioni, nel 1907, nel 1921 e nel 1926, ci erano andate molto vicino, entrando in contatto con alcuni indigeni. E probabilmente qualche aviatore l'aveva sorvolata. Nessuno, però, l'aveva mai trovata.

La spedizione Kremer del 1921 raggiunse un'area poco distante, la Swart Valley. L'antropologa Denise O'Brien che quarant'anni dopo studiò la Swart Valley, scrisse che quando incontrarono per la prima volta Kremer e il suo team, gli indigeni erano «perplessi per il fatto che gli uomini dalla pelle chiara, che dovevano essere realmente spiriti o fantasmi, non avevano donne con sé. Alla fine giunsero alla conclusione che le donne degli spiriti venivano trasportate in contenitori, gli stessi che gli spiriti usavano per trasportare il cibo e cucinarlo. A volte le donne-spiriti uscivano dai contenitori e agli indigeni sembravano serpenti che strisciavano sul terreno, ma agli spiriti uomini sembravano donne». La reazione generale degli indigeni, scrisse O'Brien, fu di timore, accompagnato da una forma di dissenteria, scoppiata alla partenza degli esploratori.

Anche se nessun ricognitore con base a terra vide mai la valle, di sicuro un pilota commerciale o militare avrebbe dovuto scorgere un'area di circa 780 chilometri quadrati, abitata da centinaia di uomini, donne e bambini, per non parlare dei maiali. Eppure alcuni dei piloti più famosi non la videro. Nel luglio 1937, un anno prima della scoperta di Archbold, Amelia Earthart passò in volo sopra parte della Nuova Guinea nel tentativo di circumnavigare il globo. L'ultima fermata di cui si ha notizie fu su una pista di atterraggio nella città di Lae, nell'estremità orientale della Nuova Guinea. Dopodiché il suo aereo scomparve in un punto imprecisato del Pacifico. Nemmeno lei vide mai la Grand Valley.

Alla fine degli anni Trenta la maggior parte degli antropologi riteneva fosse stato scoperto e mappato ogni importante centro abitato sulla faccia della Terra, e che entro certi limiti, fosse anche stato modernizzato da missionari, capitalisti, colonizzatori o da una combinazione di queste tre categorie. Nessuno dubitava del fatto che sacche di aborigeni mai toccati dalla civiltà vagassero ancora nelle foreste tropicali dell'Amazzonia o altrove. Ma la popolazione della Grand Valley di Archbold era stanziale: agricoltori-guerrieri che vivevano in villaggi ben delimitati, in un'area aperta, coperta solo dalle nuvole. Un centinaio di migliaia di persone che si nascondevano in bella vista. Sessant'anni dopo, Tim Flannery, un'autorità sulle meraviglie naturali della Nuova Guinea, dichiarò che la scoperta di Archbold rappresentava «l'ultima volta nella storia del pianeta che una civiltà così vasta, precedentemente sconosciuta, è entrata in contatto con l'Occidente».

Una spiegazione plausibile è che un'insolita combinazione di forze tenne la valle lontana dalle mappe.

Quando Archbold descrisse la propria scoperta al «National Geographic», un redattore cercò di darle un senso scrivendo che «la vegetazione della foresta è talmente fitta e il terreno così scosceso che i precedenti esploratori sono passati a piedi a pochi chilometri dalla valle, senza sospettare l'esistenza di una civiltà». Anche le montagne circostanti giocavano un ruolo fondamentale, fungendo da deterrente, scoraggiando voli di ricognizione e incursioni commerciali via terra. E, indubbiamente, anche lo stile di vita degli indigeni aveva il suo peso. Erano agricoltori autosufficienti, a differenza dei cacciatori-raccoglitori che dovevano viaggiare in lungo e in largo per nutrirsi e ottenere le merci di cui avevano bisogno. La tendenza stanziale era cementata dalle guerre, che assicuravano che la maggior parte di loro si allontanasse di poco dalle proprie capanne, a una distanza relativamente sicura.

Quando Archbold vide per la prima volta la valle, il maltempo gli impedì di cambiare rotta o di scendere a bassa quota. Nelle settimane che seguirono, però, effettuò diverse missioni di ricognizione, fotografando e spaventando gli abitanti e i maiali che correvano a nascondersi: esattamente la stessa reazione che notò il colonnello Elsmore sei anni dopo.

L.J. Brass, capo botanico della spedizione, raccontò ciò che vide con queste parole: «Le persone vivevano in villaggi compatti, molto ordinati e puliti, circondati da mura o recinzioni. I più piccoli erano composti da solo tre o quattro case, i più grandi anche da cinquanta. Le abitazioni erano di due tipi, costruite con mura di legno, ricoperte di erba e senza pavimento. Quelle degli uomini erano rotonde, con un diametro variabile tra i tre e i quattro metri e mezzo, e con i tetti a forma di cupola. Le case delle donne erano lunghe e strette. Gli uomini si coprivano i genitali con una zucca e alcuni usavano una retina che si attaccava alla fronte. Le donne portavano gonnellini corti fatti di cordicelle pendenti, consumate all'altezza delle natiche, o una serie di cordicelle attorno alle cosce e, immancabilmente, una o più retine da trasporto che pendevano dalla testa e ricadevano sulla schiena. Avevano archi e frecce di diverso tipo, lance e asce di pietra».

Archbold sembrava poco interessato alle persone, ma era affascinato dai loro metodi di coltura. A differenza di tutte le altre tribù conosciute della Nuova Guinea, gli indigeni coltivavano le patate dolci in appezzamenti di terreno delimitati da muretti e canali di scolo. Gli ricordavano le fattorie che aveva visto durante una vacanza nell'Europa centrale.

Gli assistenti di Archbold montarono un campo a circa ventiquattro chilometri a ovest della valle, sulle sponde del lago Habberna, sul quale il *Guba* poteva atterrare e da cui poteva decollare. Pochi giorni dopo, due indigeni si presentarono agli stranieri: «Di sicuro, uno era un pezzo grosso, un membro importante della tribù» scrisse l'americano nel suo resoconto. «L'altro, più giovane, con tutta probabilità gli faceva da guardia del corpo. Si accovacciarono con la schiena rivolta al villaggio, con arco e frecce a portata di mano. Ci sedemmo di fronte».

Archbold donò loro due conchiglie di ciprea grandi come bottoni, usate comunemente in Africa e altri paesi remoti come moneta di scambio. Offrì zucchero, sigarette e pesce essiccato. I due accolsero i doni, ma, dopo poco, li restituirono. L'americano pensò che volevano mostrare la loro indipendenza. In compenso, l'anziano accettò di fare alcuni tiri dal sigaro di un ufficiale olandese, il capitano C.G.J. Teerink. Dopo una quindicina di minuti, lasciarono il campo.

In seguito, Archbold spedì due squadre, formate da soldati olandesi, prigionieri politici e indigeni Dyak, a raccogliere materiale e testimonianze di quel luogo sconosciuto. Le squadre, guidate rispettivamente dal capitano Teerink e dal luogotenente J.E.M. Van Arcken, mossero dalle estremità opposte della valle, contando di incontrarsi più o meno al centro. In quell'agosto del 1938 i due gruppi marciarono spediti tra vallate erbose e piccoli villaggi. Gli stranieri, in genere, non erano ben visti dagli indigeni, abituati a combattersi e pronti a difendere la propria terra con lance e frecce. Gli esploratori e i portatori, però, con la loro pelle chiara e quei vestiti bizzarri, venivano salutati con curiosità dagli uomini e timidezza dalle donne e dai bambini. Nel corso della marcia notarono segni inequivocabili di cannibalismo, ma, armati di tutto punto, si sentivano al sicuro. A volte, alcuni indigeni cercavano di scoraggiarli, di impedire loro di proseguire. Mettevano dei bastoni lungo il cammino, mimavano una pioggia di frecce, gesticolavano oppure si prendevano sotto braccio formando una sorta di muro umano. Le barriere linguistiche impedivano al capitano Teerink e al luogotenente Van Arcken di comprendere il motivo di quel comportamento, ma era come se volessero difenderli, e impedire loro di entrare in contatto con un'altra tribù, dalla quale, immaginavano, sarebbero stati attaccati.

Andò avanti così, con gli indigeni che sbarravano la strada nel tentativo di rallentare l'avanzata delle spedizioni, fino a quando la squadra di Van Arcken venne coinvolta in un incidente. Il 9 agosto, mentre si dirigeva verso il fiume Baliem, al centro della valle, si trovò di fronte a un folto numero di indigeni armati di arco e frecce: «Apparentemente non si fidavano di noi perché provenivamo dal territorio nemico» annotò Van Arcken nel suo diario. Smorzò la tensione offrendo alcune conchiglie. Poi si allontanò e tornò al campo che avevano improvvisato. La notte stessa quattro indigeni si presentarono chiedendo di dormire insieme ai soldati. La risposta fu chiara e svelta: «Cacciammo via quei gentiluomini dopo aver sparato un colpo in aria per spaventarli». Il giorno successivo van Arcken scoprì che il sentiero era stato «bloccato con rami intrecciati, dietro ai quali si nascondevano alcuni ragazzi armati di lance». I suoi uomini mostrarono i fucili e i giovani se la diedero a gambe. Mentre i soldati avanzavano, due di loro, tra cui il caporale Pattisina, chiudevano la colonna. Van Arcken scrisse che, all'improvviso, due uomini, sbucati chissà da dove, lo afferrarono alle spalle. Quando il compagno tentò di soccorrerlo, l'indigeno fece, come scrisse il caporale nel suo rapporto, per «attaccarlo con la lancia». A quel punto Pattisina non aveva scelta. Per "legittima difesa" sparò un colpo di pistola. E uccise l'aggressore.

Teerink, il militare più esperto nonché il più alto in grado di tutta la spedizione, non credette a questa versione. Il capitano, che guidava l'altra squadra, scrisse una nota critica al rapporto di Van Arcken, in cui trapelava una considerazione diversa, molto più umana, dei presunti "selvaggi": «A mio avviso, il caporale Pattisina avrebbe dovuto sparare prima un colpo di avvertimento. Nella mia esperienza con queste tribù, in genere, un colpo di avvertimento è più che sufficiente. È necessario che il caporale dia istruzioni in tal senso ai suoi uomini».

Anche prima di tornare negli Stati Uniti, Archbold pubblicò degli articoli che raccontavano della spedizione sul «New York Times» e altri giornali. Nel marzo 1941 ne scrisse uno per il «National Geographic», nel quale descriveva una serie di incontri avuti con la popolazione autoctona, la maggior parte dei quali erano stati di natura amichevole, anche se alcuni avevano avuto momenti di tensione. Sembrò particolarmente sorpreso quando la sua spedizione attraversò i villaggi e la popolazione locale prestò loro poca attenzione: «Qui gli indigeni sembravano dare per scontata la nostra presenza. Alcuni se ne stavano in piedi e osservavano la lunga fila di portatori mentre altri, che stavano scavando terra nera ricca e fertile negli orti, non sollevarono nemmeno lo sguardo».

Ma in nessuno di questi articoli Archbold menzionò l'accaduto, la morte e il dolore che la spedizione aveva causato.

Quattro anni dopo, nel giugno 1942, ammise finalmente che accanto al fiume si era verificato un incidente tra i nativi e la pattuglia di Van Arcken. Ma il modo in cui ne parlò, lo rese trascurabile, quasi insignificante. Oltre che, per certi versi, inevitabile. Scrivendo sul «Bulletin of the American Museum of Natural History», raccontò che il 10 agosto la spedizione capitanata da Van Arcken era giunta in prossimità di un sentiero bloccato e controllato da uomini armati di lancia: «Qui si verificò l'unico incidente di tutta la spedizione, e fu necessario qualcosa di più che una semplice dimostrazione di forza». Punto. Non spiegò cosa successe né, tantomeno, pose in dubbio la correttezza dell'approccio del militare. Andò oltre, come se nulla fosse. Non gli interessava dell'indigeno, e di ciò che la sua uccisione avrebbe significato per la popolazione locale, ma della scoperta e di ciò che avrebbe rappresentato per lui e la sua carriera.

Van Arcken, se possibile, fu ancora più scorretto. Quando realizzò la mappa della valle, la prima di cui si ha notizia, disegnò una freccia nel punto in cui si era verificato il tragico confronto e scrisse: «Luogo in cui un indigeno armato di lancia è morto nel corso di un attacco». A meno che chi consultasse la mappa non avesse altre informazioni, si sarebbe potuto credere che gli esploratori fossero stati testimoni di un duello fatale tra due indigeni.

Altrove, nel rapporto che Archbold fece al museo, questi delineò la propria filosofia generale riguardo agli indigeni. Lì non parlò affatto dell'incidente: «Quando ci si avventura in una zona sconosciuta è impossibile prevedere il tipo di accoglienza riservata dalla popolazione autoctona. È certo, in generale, che i nativi tendono a essere più amichevoli nei confronti di un gruppo grande e ben armato che non nei confronti di uno più piccolo e debole. Le nostre spedizioni nell'interno erano generalmente del primo tipo e nei nostri contatti con la popolazione non si sono verificati incidenti spiacevoli degni di nota». A quanto pare Archbold non aveva alcun interesse a stabilire se i nativi consideravano il primo colpo sparato nella Grand Valley come "spiacevole" o semplicemente come "incidente degno di nota".

Il colonnello Elsmore non sapeva niente delle spedizioni, di Archbold e dei suoi articoli. Né vi prestò attenzione nemmeno quando ne venne informato all'indomani della scomparsa del *Gremlin Special*. Era certo che la sua Valle Perduta, la sua Shangri-La, non fosse la

Grand Valley di Archbold. In fin dei conti la Nuova Guinea era così vasta e inesplorata: chi poteva sapere quante valli isolate potessero ancora celarsi al suo interno?

Ma la Grand Valley e Shangri-La erano la stessa cosa. E il primo contatto di cui si aveva notizia tra gli indigeni e il mondo esterno era stato bagnato dal sangue.

Capitolo 9

SENSO DI COLPA E CANCRENA

Dopo aver notato l'impronta del piede, i tre superstiti trascorsero, stando alle parole di Margaret, «una notte terribile, piena di sofferenza» sulla riva pendente e fangosa del torrente. Bagnati fino all'osso e stremati dalle continue cadute nell'acqua ghiacciata, si svegliarono mercoledì 16 maggio nella luce livida che precede l'alba per riprendere la marcia verso la radura che McCollom aveva scorto a valle.

Quando Margaret cercò di mettersi in piedi, il dolore si diffuse in tutto il corpo, e con esso la paura. Durante la notte le articolazioni si erano irrigidite e la pelle bruciata sulle gambe si era serrata attorno ai muscoli. Le ustioni bloccavano il flusso del sangue, facendo morire la carne sana. Si sentiva male al solo pensiero di camminare e di dover resistere alla corrente. Le gambe erano così rigide che facevano male soltanto a vederle. L'infezione si era ormai diffusa. Nel suo diario minimizzò i dettagli più cruenti, tipo la continua fuoriuscita di pus e il colore nero-bluastro del tessuto necrotizzato, ma non poté fare a meno di menzionare, né tantomeno prendere sul serio, le piaghe grandi e maleodoranti che si erano formate.

La Nuova Guinea brulicava di microrganismi che

banchettavano sul sangue stagnante delle ferite disinfettate in malo modo. Ustioni, scarsa igiene e batteri erano gli ingredienti perfetti per la cancrena che, se non fosse stata curata, avrebbe significato la morte della parte del corpo colpita e, eventualmente, dell'intero organismo.

La cancrena si presenta in due forme: umida e secca. Entrambe sono terribili. Quella umida di più. La cancrena secca, in genere, compare gradualmente quando il flusso di sangue nelle arterie è bloccato. Decenni di fumo possono causare una cancrena secca e la morte lenta dei piedi del fumatore. Ma non era certo questo il caso di Margaret. Le ferite infette erano il terreno ideale per la cancrena umida, rapida e letale. Più a lungo le ferite non venivano curate, maggiore era il rischio di dover amputare. Ma anche un passo così drastico avrebbe potuto non bastare. La cancrena umida può diffondere la sepsi, un'infezione del sangue. Nella giungla, non lascia scampo. L'unico dubbio è quanto tempo impiegherà per uccidere, se poche ore o pochi giorni.

Margaret si fece forza e lottò per raddrizzarsi sul piede sano. Camminava avanti e indietro, sulla riva del fiume, con dei dolori atroci. Cercava di sgranchire le articolazioni per poter proseguire la marcia. Lanciò uno sguardo a Decker, consapevole che anche lui doveva avere gli stessi dolori. Ne ammirò lo stoicismo.

McCollom osservò i suoi compagni. Si sentiva responsabile per loro, ma provava anche un profondo rispetto. L'ammirazione cresceva di ora in ora. E anche l'affetto. Dal momento in cui si erano allontanati dai resti del velivolo, Decker non si era lamentato nemmeno una volta. E quello scricciolo di caporale del WAC, Maggie, si era rivelato molto più forte di quanto si fosse aspettato. Combatteva con decisione non solo contro le ferite in cancrena alla gamba e alla mano, ma anche contro le ustioni che le scurivano il lato sinistro del volto. Non poté fare a meno di pensare che altre WAC che aveva conosciuto, per non parlare di altri soldati, non sarebbero sopravvissuti alla metà di quello che lei aveva già superato.

Tuttavia, con le ferite che peggioravano e l'infezione che avanzava, McCollom si rese conto che le loro forze erano destinate a disperdersi, e a infiacchirsi minuto dopo minuto: se i soccorsi non li avessero recuperati in tempi brevi, la cancrena se li sarebbe portati via e lui, nel migliore dei casi, sarebbe stato l'unico superstite.

Non lo avrebbe mai confessato ai suoi compagni di sventura, ma, dentro di sé, in fondo all'animo, aveva una paura folle. E stava combattendo una battaglia quasi disperata per mantenere il controllo. Si trovavano in un territorio sconosciuto, abitato probabilmente da cacciatori di teste. Non avevano medicine. Non avevano cibo. Non avevano un riparo. Erano dispersi in mezzo al nulla, senza possibilità di comunicare. Aveva perso il suo migliore amico e alleato, il suo gemello. In più doveva prendersi cura di due feriti. Era dura. Ci mise tutto se stesso. E si fece una promessa: se le squadre di salvataggio avessero gettato la spugna, avrebbe trovato un fiume navigabile e avrebbe costruito una zattera o, nel caso peggiore, avrebbe continuato a camminare. E avrebbe navigato o camminato fino all'oceano, a oltre duecento chilometri di distanza. Sarebbe tornato a Hollandia e infine a casa, dalla sua famiglia. Non aveva potuto salvare suo fratello, ma era ben deciso a salvare se stesso e a proteggerne la figlioletta appena nata. Avrebbe fatto tutto quello che era in suo potere per aiutare Margaret e Decker. Ma se la cancrena avesse avuto la meglio, sarebbe andato avanti comunque. Anche da solo.

Per colazione bevvero un po' d'acqua e mangiarono qualche Charms, che al terzo giorno dall'incidente continuavano a essere il loro unico sostentamento. Separarono le caramelle in base al colore: mangiarono le rosse finché non ne furono stufi, poi passarono alle gialle e così via. Decker, scherzando, definì l'approccio «colore-per-colore» un buon modo per variare la dieta. Avevano delle sigarette, ma l'accendino di McCollom era scarico e i fiammiferi bagnati. Mentre si preparavano a riprendere la marcia, avvolgendo le provviste nel telo, pensarono al caffè: «Come mi piacerebbe» sospirò Decker in tono ironico «essere in mensa e bere un po' di quel delizioso acido di batteria...».

«Anche a me!» esclamò Margaret, che nonostante non mangiasse niente da tre giorni, da quell'ultimo pranzo a base di pollo e gelato, non aveva fame.

La riva del fiume era troppo ripida, non potevano calpestarla. E il fogliame della giungla non offriva nessuna possibilità. Scesero con attenzione giù dalla riva, alta circa due metri e mezzo, e si immersero nell'acqua. Come avevano fatto il giorno prima, avanzarono servendosi di tronchi e rami, e lasciandosi scivolare lungo le cascate.

Era un incubo.

Margaret, con i piedi infetti e il taglio sulla mano, lottava per non restare indietro. Le veniva da piangere. Decker, al suo fianco, le faceva forza, per quanto gli fosse possibile. McCollom andava avanti, ansioso di raggiungere la radura. A un certo punto, lo persero di vista.

Margaret barcollò in preda al panico: «Se n'è andato! Ci ha lasciati!» urlò. «E si è portato via le scorte, moriremo di fame!» Era esausta. Stanca. Impaurita. Si lasciò cadere nell'acqua. Da quando l'aereo si era schiantato, non era mai stata così vicina ad arrendersi.

Decker, in genere, vuoi per carattere vuoi per il trauma e la ferita, era piuttosto tranquillo. In quel momento, però, decise che ne aveva abbastanza. Si girò, la costrinse a tirarsi su e le urlò in piena faccia, come un sergente inferocito: «Finiscila di lamentarti! Non fare la stupida! Non arrenderti!».

Sia che lo fece per rabbia sia per stimolarla, trovò la chiave.

«Ero talmente furiosa che avrei voluto ucciderlo» scrisse Margaret nel suo diario. «Gli ho dato le spalle e ho ripreso a marciare. Sono caduta e mi sono rialzata. E così fino a quando, poco dopo, ho raggiunto McCollom.»

Margaret non era il tipo da ammettere facilmente di essersi sbagliata, ma quasi subito si pentì di quel che aveva pensato. McCollom era stato forte e risoluto, e li aveva guidati e aiutati nonostante il dolore che con tutta probabilità provava per la morte del fratello. Un dolore molto più forte di quello fisico.

Intanto, il quartier generale del Fee-Ask, a Hollandia, era in subbuglio. Il fatto che il *Gremlin Special* non avesse fatto ritorno alla base e, soprattutto, non avesse dato comunicazioni via radio era un pessimo segnale. Con tutta probabilità, si era schiantato. Non restava che organizzare una missione di salvataggio. L'obiettivo era chiaro, al di là di ogni ragionevole dubbio: non si trattava di recuperare delle salme e restituirle alle famiglie, ma di ritrovare i sopravvissuti e soccorrerli.

Il Fee-Ask, che lavorava all'interno della grande base aerea, aveva un accesso quasi illimitato ad aerei e piloti.

Oltre che il sostegno pieno da parte dei superiori, che non si rassegnavano a perdere in quel modo colleghi e, in alcuni casi, amici. La presenza delle ausiliarie, poi, complicava ogni cosa: durante la Seconda guerra mondiale gli aerei da trasporto si schiantavano con una certa frequenza, senza per questo attirare particolare attenzione. Il colonnello Elsmore e gli altri ufficiali, che conoscevano bene i giornalisti, erano consapevoli che la presenza delle WAC a bordo del *Gremlin Special* avrebbe fomentato un interesse del tutto speciale, che andava assolutamente evitato. Anche per difendere il morale della truppa.

Pochi mesi prima, nel febbraio 1945, una soldatessa semplice originaria della Virginia era annegata mentre nuotava nel Pacifico. Il giorno prima del funerale, le amiche, devastate dal dolore, decisero di renderle onore sventolando la bandiera delle WAC, uno stendardo di raso verde e oro, con una frangia e nel mezzo il profilo di Atena, la dea greca della guerra. Quella bandiera, però, in Nuova Guinea era introvabile. E il materiale di cui avevano bisogno per fabbricarne una era impossibile da reperire almeno quanto una manciata di cubetti di ghiaccio. Rifiutando di arrendersi, un gruppo di ausiliarie rimase in piedi tutta la notte, cucendo alcune lenzuola e "colorandole" con le pillole gialle di Atabrine, un antimalarico, e di Merthiolate rosso, un antisettico rubato all'infermeria. Per il profilo della dea usarono un inchiostro verde brillante in dotazione al dipartimento tecnico. Per la frangia recuperarono delle vecchie corde di paracadute. Con gli occhi arrossati, riuscirono a finire la bandiera in tempo per il funerale. Senza preoccuparsi dei colori non uniformi, della forma irregolare, della frangia improbabile e dei bordi tutt'altro che perfetti, la fecero sventolare durante la cerimonia, onorando la memoria della compagna. E condividendo una profonda tristezza.

All'inizio, visto che il *Gremlin Special* tardava a rientrare, ci fu un giro di telefonate tra gli aeroporti alleati sparsi in tutta la regione nella speranza che il colonnello Prossen e il maggiore Nicholson avessero deciso o fossero stati costretti ad atterrare da qualche altra parte. Visto, però, che i tentativi si rivelarono infruttuosi, gli ingegneri del Fee-Ask tirarono fuori le loro mappe, ovviamente inadeguate, e divisero l'isola in settori in cui i piloti avrebbero potuto compiere quello che eufemisticamente si chiamava un «atterraggio forzato».

Anche se ostacolati dalla pioggia incessante, i ricercatori sorvolarono quelle zone per tre giorni consecutivi. Le ricerche coinvolsero in totale ventiquattro aerei: uno squadrone di C-47, un aereo da trasporto C-60 e un gruppo di bombardieri, tra cui dei B-24 Liberator, dei B-25 Mitchell e un Flying Fortress B-17. Il caporale James Lutgring, che sperava di salvare Melvin Mollberg, l'amico che lo aveva sostituito sul *Gremlin Special*, si offrì volontario. Il colonnello Elsmore, che conosceva la zona intorno a Shangri-La meglio di chiunque altro, supervisionava le operazioni.

Intorno alle undici di mattina di mercoledì 16 maggio, dopo essere avanzati nella corrente per circa cinque ore, McCollom si arrampicò sulla riva: «Venite,» spronò i compagni «ci siamo!».

Decker lo raggiunse trascinandosi letteralmente dietro Margaret. La donna, giunta in cima, crollò sul terreno pianeggiante, a faccia in giù, incapace di proseguire. I tre rifiatarono. Poi, senza perdere tempo, ripartirono. I due soldati marciavano decisi, quasi rabbiosi. Maggie li seguiva trascinandosi a fatica, rimanendo carponi. Mezz'ora dopo li raggiunse: erano a terra, anche loro stremati, su una piccola collinetta a meno di cinquanta metri dal fiume. In mezzo a una radura. Sotto i raggi di un sole caldo. E un cielo finalmente limpido, libero dalla vegetazione.

Rimasero così, immobili ed esausti, per qualche minuto. Fino a quando udirono il rombo di quattro motori. Guardarono in alto, fremettero: un B-17, con la sua sagoma inconfondibile, passava proprio sopra le loro teste. I tre si alzarono, si sbracciarono, cercarono in ogni modo di attirare l'attenzione. Il pilota della Fortezza Volante proseguì, non li degnò di una virata.

Margaret, McCollom e Decker si guardarono negli occhi, incerti se essere delusi per non essere stati visti o rincuorati per essere cercati. Poi si sedettero, e si cibarono di Charms.

Passò un'ora e il B-17, lo stesso o uno identico, sorvolò di nuovo la radura.

McCollom non volle lasciare nulla di intentato e con Decker corse a srotolare la cerata gialla che raccoglieva le provviste e la stese a terra.

Il B-17 del capitano Baker stava volando a una quota piuttosto elevata sopra la giungla. Oltre al suo normale equipaggio, trasportava, tra gli altri, un passeggero insolito per un bombardiere, il maggiore Cornelius Waldo, cappellano cattolico della base di Hollandia.

Margaret temeva che i soccorritori non li avrebbero notati nemmeno quella volta e, visto che non c'era traccia del relitto né degli eventuali sopravvissuti, avrebbero abbandonato le ricerche in quell'area. Proprio quando sembrava che il B-17 stesse andando via, il capitano Baker fece inversione e compì un ampio giro sulla radura. Tuttavia non fece nessuno dei segnali tradizionali per segnalare che li aveva visti. McCollom urlò al cielo: «Scendi! Riduci la velocità! Abbassa gli alettoni!».

Margaret ripeteva come fosse una cantilena: «So che ci vedono, so che ci vedono...».

Decker ne era certo: «Ci hanno visto! Ci hanno visto!».

Anche se Baker volava ad alta quota, non avrebbe potuto scambiarli per indigeni. La prima differenza era che tutti e tre indossavano dei vestiti. La seconda, inequivocabile, era che disponevano di una cerata.

Il pilota dette gas, abbassò gli alettoni.

Ormai era certo, erano stati individuati.

Il piano di McCollom si era rivelato vincente: un conto era un aereo che scompariva nel mare verde della foresta, un conto era un telo giallo che spuntava in mezzo a una radura. Era stato duro, faticoso, ma avevano fatto la scelta migliore. E una zattera progettata per sopravvivere in mezzo al mare li stava salvando nel cuore della giungla.

Margaret, McCollom e Decker, che fino a qualche attimo prima riuscivano a malapena a stare in piedi, cominciarono a saltare. Danzarono, ballarono e agitarono le braccia stanche. Per la prima volta da quando erano saliti a bordo del *Gremlin Special* risero di cuore.

I tre non lo sapevano, ma in realtà non erano affatto soli. Nascosto nella vegetazione, lì vicino, c'era un gruppo di uomini e ragazzi che abitavano in un villaggio poco distante. E li guardavano stupiti.

Baker mosse ancora gli alettoni del B-17 per essere certo che lo avessero visto. Segnò la posizione indicando longitudine e latitudine, e fece gettare due zattere quanto più vicino possibile alla radura, in modo che servissero come indicatori. Poiché un violento temporale stava avvicinandosi alla valle, non avrebbero potuto effettuare altri voli fino al mattino seguente. Allontanandosi, inviò un messaggio radio alla pista di Sentani: «Tre persone vestite color kaki avvistate in una piccola radura circondata dalla giungla sul versante di una montagna, a circa dieci miglia aeree dal fondovalle».

Decker, intanto, si lasciò cadere a terra: «Secondo me,» disse trattenendo a stento l'emozione «tra tre o quattro giorni saremo alla base...».

«Hollandia...» sussurrò Margaret, che già si vedeva su un letto d'ospedale, con Walter "Wally" Fleming che le teneva la mano e si prendeva cura di lei, ripetendole quanto era stata coraggiosa.

Decker, ignaro dei suoi pensieri, si rivolse a McCollom: «Immagino che ora uno di noi due debba sposarla e dare a questa avventura una bella fine romantica».

McCollom stette al gioco. Dopo avere lodato il suo coraggio e la sua determinazione, aggiunse: «Se vuole interessarmi, però, deve mettere su un po' di carne...».

«Non ti sposerei nemmeno se fossi l'ultimo uomo sulla faccia della Terra!» ribatté Margaret fingendosi offesa. «Sposerò Decker.» Questi, che era stato rifiutato da Margaret poche settimane prima, non volle concederle l'ultima parola: «Col cavolo!».

Sollevati, sedettero nuovamente a terra e si domandarono quanto tempo ci sarebbe voluto perché altri aerei tornassero con le provviste. Avevano voglia di cibo vero, e di chiudere per sempre con quelle maledette e al tempo stesso benedette caramelle.

D'un tratto, mentre chiacchieravano in modo rilassato e, finalmente, ottimista, Margaret si scosse: la giungla, in quel punto, non poteva aver smesso di crescere in modo spontaneo. Qualcuno aveva tagliato gli alberi ed estirpato i cespugli. Guardò con attenzione e si rese conto che erano distesi su un piccolo orto di patate dolci, le camote, e rabarbaro selvatico.

Prima o poi, il proprietario o i proprietari del terreno sarebbero venuti a raccogliere gli ortaggi. E ci sarebbero potuti essere dei problemi. Tuttavia non avevano molta scelta. Di certo, non potevano tornare al fiume. E, soprattutto, non potevano allontanarsi dal luogo in cui erano stati avvistati.

Dovevano stare quieti, calmi, e pregare che tutto andasse per il verso giusto. Forse i contadini vivevano lontano, forse non si recavano di frequente nel terreno. Non avevano altra scelta: dovevano aspettare.

Non passò molto.

Circa un'ora dopo il passaggio del B-17, la giungla si animò. Udirono dei guaiti, delle specie di latrati. I tre si scambiarono uno sguardo stupito, impaurito. I rumori ripresero più forti, sempre più vicini. Decker disse: «Sembrano cani...». E, in fondo, lo sperava: meglio cani o bestie selvagge che indigeni alti due metri, cannibali e tagliagole dediti ai sacrifici umani. Si guardarono attorno. Si guardarono tra loro. Capirono di essere nei guai. Un sottoufficiale con una ferita alla testa tanto profonda quanto impressionante, un'ausiliaria minuta con le gambe ustionate e incancrenite, un luogotenente affamato, con una costola rotta e un coltellino da boyscout: come avrebbero potuto reagire? Come avrebbero potuto difendersi?

Margaret ebbe l'impressione di sentire delle voci. Forse, si dissero, sono dei bambini che giocano con i loro animali. Forse qualche cacciatore. Il suono, ormai, era molto vicino. Proveniva dal margine più distante della radura, a una ventina di metri.

La vegetazione della giungla frusciò e tremò. Mentre i superstiti fissavano impotenti in quella direzione, i loro timori assunsero forma umana: decine di uomini neri e seminudi uscirono dal fogliame. I loro occhi brillavano, i loro corpi erano lucidi di fuliggine e grasso di maiale. Tra le mani stringevano asce di legno e pietre affilate.

Capitolo 10

EARL WALTER, JUNIOR E SENIOR

Le buone notizie si diffusero tra i ranghi del Fee-Ask.

Il fatto che il capitano Baker avesse individuato alcuni superstiti nella giungla vicino alla valle di Shangri-La sollevò il colonnello Elsmore e i suoi uomini. Baker aveva scorto solo tre persone vestite color kaki, ma aveva sorvolato l'area soltanto per pochi minuti e a quota elevata. Non aveva comunicato con i sopravvissuti e non aveva visto alcun relitto. Si poteva essere ottimisti: se tre erano vivi, perché non tutti e ventiquattro? Forse il colonnello Prossen era riuscito a compiere un atterraggio di emergenza. Forse i tre facevano parte di una piccola spedizione, mentre gli altri passeggeri erano feriti, ma ancora vivi, sul luogo dell'incidente. O forse si erano separati, come i superstiti del *Flying Dutchman*, e qualcuno aveva preso un'altra direzione per cercare aiuto. Queste speranze si trasformarono rapidamente in azioni concrete. La squadra di Elsmore raggruppò del materiale, «sufficiente,» disse qualcuno «a rifornire un piccolo negozio di campagna». I soldati attaccarono dei piccoli paracadute a decine di casse piene di razioni K, coperte, tende, kit di primo soccorso, ricetrasmittenti, batterie e scarpe. Poiché l'equipaggio dell'aereo aveva creduto di riconoscere un'ausiliaria tra i superstiti, inclusero del materiale meno convenzionale, tra cui del burro di cacao e delle mollette per i capelli. Ignorando il numero esatto dei sopravvissuti, i soccorritori misero insieme provviste sufficienti per nutrire, vestire e proteggere tutti e ventiquattro i passeggeri.

A quel punto, si poneva la questione più importante: come li avrebbero raggiunti? E, soprattutto, come li avrebbero riportati a Hollandia? Se ci fosse stato un modo per atterrare e decollare in condizioni sicure, Elsmore sarebbe già partito per Shangri-La, portando con sé schiere di fotografi e giornalisti: lo avrebbero ripreso mentre stringeva la mano agli indigeni. O li sottometteva. O faceva entrambe le cose, piantando, magari, una bandiera con lo stemma di famiglia per reclamarne il possesso.

Le autorità australiane e olandesi, con cui era stato in contatto durante le ricerche, offrirono sostegno pratico e logistico per aprire una strada via terra. L'ipotesi, però, fu subito scartata. Innanzitutto, avrebbe coinvolto troppi uomini e li avrebbe esposti a numerosi pericoli, primo fra tutti le popolazioni indigene e i soldati giapponesi nascosti nella selva. In secondo luogo, avrebbe richiesto troppo tempo: ci sarebbero volute settimane per raggiungere la vallata. Nel frattempo i sopravvissuti avrebbero potuto morire per le ferite, per mano degli indigeni o dei nemici. E anche se avessero retto all'attesa, con tutta probabilità non sarebbero stati in grado di affrontare un mese di marcia tra montagne, giungla e paludi per tornare a Hollandia.

Anche l'ipotesi di usare gli elicotteri venne subito bocciata. Secondo gli uomini del Fee-Ask, non sarebbero stati in grado di volare a quell'altitudine: l'aria era troppo rarefatta perché le pale generassero la spinta necessaria per trasportare il carico umano al di là dei monti Oranje.

L'ipotesi più concreta consisteva nel coinvolgere i piloti di soccorso della marina americana, che avrebbero potuto atterrare con un idrovolante sul fiume Baliem. Sul grande tavolo del quartier generale, davanti al colonnello Elsmore, c'erano progetti degni di Jules Verne, che prevedevano l'impiego di aerei leggeri, dirigibili, alianti e barche veloci PT della marina, in grado di operare in acque basse e risalire lungo il fiume. Mancava soltanto che qualcuno proponesse di utilizzare un sottomarino!

Ogni soluzione, però, presentava dei punti deboli, perciò il piano di salvataggio avrebbe dovuto aspettare: la priorità di Elsmore era di aiutare i sopravvissuti nell'immediato. E, considerando le storie che circolavano sugli indigeni, era altrettanto urgente proteggerli. Una soluzione fattibile avrebbe potuto essere paracadutare una squadra attrezzata di tutto punto, composta da soldati e medici, ai quali non fosse importato – o che almeno non avessero temuto – di trovarsi in svantaggio numerico rispetto ai "selvaggi", presumibilmente cannibali.

La difficoltà, in questo caso, sarebbe stata trovare dei volontari. Il problema maggiore sarebbe stato la disponibilità. Il reggimento fanteria paracadutisti era impegnato in battaglia. Per quel che ne sapevano Elsmore e i suoi non c'erano altri paracadutisti a Hollandia o in basi vicine.

La regione del Pacifico sud-occidentale ospitava due leggendarie unità aviotrasportate: il 503° e il 511° reggimento fanteria. Entrambe avevano svolto una funzione importante nella guerra del Pacifico, in particolare nelle Filippine. Tre mesi prima, nel febbraio 1945, il

503° reggimento aveva riconquistato l'isola di Corregidor e aveva aiutato il generale MacArthur a mantenere la promessa di tornare nelle Filippine. Quello stesso mese, nell'isola di Luzon, il 511° reggimento aveva condotto un raid fulmineo spingendosi di quasi quaranta chilometri all'interno delle linee nemiche, liberando oltre duemila civili, uomini, donne e bambini, rinchiusi nel campo di Los Banos.

Entrambi i reggimenti erano ancora impegnati nelle Filippine, e vincere la guerra aveva di certo la precedenza sull'andare a recuperare un gruppo di superstiti, vittime di un incidente aereo occorso durante un volo di piacere nella giungla della Nuova Guinea.

Quando anche l'opzione dei paracadutisti sembrava esclusa, uno dei progettisti di Elsmore, John Babcock, un giovane e brillante ufficiale, ebbe un'idea. Prima della guerra, Babcock era un'insegnate di biologia ed era a capo del dipartimento di scienze presso un liceo militare di Los Angeles. Quando nel dicembre 1941 gli Stati Uniti entrarono in guerra, barattò il gessetto con il grado di luogotenente colonnello. Il suo background scientifico gli garantì l'assegnazione al Fee-Ask come ufficiale per la guerra chimica.

Alcune settimane prima dello schianto, Babcock era venuto a sapere che un suo ex studente, C. Earl Walter jr., era di stanza a Hollandia. Di lui sapeva due cose: che era stato espulso da scuola perché creava problemi e che ora era un paracadutista di fanteria frustrato perché costretto e bloccato a Hollandia.

La sua adolescenza era ruotata tutta intorno alla figura del padre, Cecil Earl Walter senior. Earl trascorse buona parte della sua infanzia nelle Filippine, dove il papà, dirigente di un'azienda che produceva legname, si era trasferito per lavoro. Prima che il piccolo Earl compisse nove anni, sua madre si ammalò di malaria. Tornò negli USA per curarsi, ma le mancavano talmente tanto il marito e il figlio, che rientrò subito nelle Filippine. Dove, pochi mesi dopo, morì.

Così C. Earl Walter senior e junior rimasero soli. A nessuno dei due piaceva il nome Cecil, perciò entrambi si facevano chiamare Earl. In piena Depressione, padre e figlio vivevano insieme nella parte meridionale dell'isola di Mindanao, in una grande casa con un cuoco e un paio di camerieri nativi che si prendevano cura dei loro bisogni ventiquattr'ore su ventiquattro. Il piccolo Earl aveva un cavallino, una barchetta e un sacco di amici che vivevano nel barrio vicino a casa. Era intelligente, ma con tutte queste distrazioni e un padre molto impegnato, la scuola non era certo tra le sue priorità. Infatti per ben due anni non la frequentò. Preferiva di gran lunga andare con suo padre nelle zone più remote dell'isola a cercare legname: «Avevamo camminato tutto il giorno. Nella foresta trovammo un piccolo acquitrino, dove un torrente aveva formato una pozza» amava ricordare. «Gettammo via i vestiti e ci immergemmo nell'acqua per toglierci il sudore di dosso. Eravamo entrambi nudi e quando uscimmo dall'acqua fu buffissimo, perché alcuni indigeni erano in piedi attorno alla pozza. Mio padre chiese alla nostra guida cosa stesse succedendo e la sua risposta fu: "Sono solo curiosi di vedere se siete bianchi dappertutto".»

A quattordici anni, il ragazzo bianco, alto e bello, con i capelli castani e gli occhi grigio-azzurri e il padre ricco, era molto popolare, in particolare tra le ragazze del posto. E viceversa: «A quell'età sei abbastanza grande da pensare alle donne» raccontò Walter. «Abbastanza da chiederti come sono.»

Suo padre capì cosa stava succedendo e si preoccupò.

Soprattutto del fatto che il suo unico figlio non ricevesse un'istruzione adeguata. Dopo la morte della moglie si era risposato. La nuova suocera, che viveva a Portland, in Oregon, si era offerta di prendersi cura di Earl jr. Tra gli altri benefici, questo trasferimento gli avrebbe dato la possibilità di rimettersi in pari con la scuola. Non è da escludere che Earl sr. nutrisse timori ben peggiori. Anche prima di Pearl Harbor, infatti, temeva un'invasione giapponese: «Quando ero piccolo, mio padre diceva spesso: "Metterò una mitragliatrice qui e una mitragliatrice là, così quando arriveranno i giapponesi sarò pronto ad accoglierli"».

Fu così che Earl jr. ritornò negli Stati Uniti, prima dalla nonna acquisita, e poi dalla nonna paterna, che fece del suo meglio per viziarlo. Il padre decise che c'era bisogno di una mano più ferma: «Fu allora che si convinse che una scuola militare sarebbe stata l'ideale».

Earl jr. partì alla volta del Black-Foxe Military Institute di Los Angeles, un'accademia privata molto esclusiva, con tanto di squadra di polo. Situato tra il Wilshire Country Club e il Los Angeles Tennis Club, il Black-Foxe era il posto ideale per piazzare i figli fannulloni delle star di Hollywood. In periodi diversi, infatti, si vantò di avere tra i suoi alunni i figli di Buster Keaton, Bing Crosby, Bette Davis e Charlie Chaplin. Sydney, il figlio di Chaplin, descrisse l'istituto come un «parcheggio per ragazzini ricchi e viziati».

Lì, Earl jr. crebbe fino a raggiungere la ragguardevole altezza di un metro e novantadue e divenne un eccellente nuotatore: la sua specialità era il dorso e finì in una squadra che collezionava record e medaglie. Amava le lezioni di biologia del professor John Babcock. Questo, però, significava solo che le saltava meno di quelle di altre materie.

In sostanza, il piano di Earl sr. per raddrizzare il figlio fallì. Earl jr. non era cattivo, ma ogni scusa era buona per non studiare: «La scuola militare non mi raddrizzò affatto. A dire il vero, acquisii un sacco di cattive abitudini: più lì che altrove».

La sua matrigna aveva commesso l'errore di fargli una generosa donazione per facilitargli l'inserimento nel nuovo istituto. Gli amministratori del Black-Foxe controllavano il denaro, ma Earl trovò un modo intelligente per aggirare l'ostacolo. Ritirava il denaro dal proprio conto e lo spendeva e spandeva al negozio della scuola, acquistando quaderni e altro materiale di cancelleria che poi rivendeva a metà prezzo agli altri studenti, per avere liquidità.

«In che razza di guaio mi andai a mettere? Be', a dire il vero ero sempre in cerca di compagnia femminile. Avevo un caro amico, Miller, e andavamo insieme a Los Angeles, a bere nei bar. Se avevi denaro ed eri abbastanza alto, ti servivano gli alcolici. Prendevo sempre un paio di gin. C'era una zona di Los Angeles dove c'erano i burlesque. Io e Miller ci andavamo ogni volta che ne avevamo l'opportunità.»

Alla fine, il Black-Foxe dichiarò che aveva «una cattiva influenza» sugli altri ragazzi e lo cacciò. Earl tornò a casa della nonna e finì il liceo a Portland. Aveva quasi vent'anni. E una pessima fama di donnaiolo.

Una ragazza con la quale usciva gli presentò un'amica, Sally Holden. A sua madre Earl non piaceva, a Sally sì, da morire. Ed era ricambiata: «Era bellissima e ci innamorammo pazzamente. Grazie a lei persi interesse per tutte le altre».

Earl si iscrisse all'Università dell'Oregon prima di essere chiamato alle armi nell'agosto del 1942. Aveva ventun anni. Andò alla scuola per ufficiali e chiese di diventare paracadutista. Lo mandarono a Fort Benning, in Georgia. Poco prima di essere inviato sul fronte europeo come giovane ufficiale di fanteria, il luogotenente C. Earl Walter ricevette delle strane notizie sul conto di suo padre. L'ultima volta che lo aveva sentito era stato l'anno precedente, poco prima di Pearl Harbor. Earl Walter sr. gli aveva annunciato che «nel caso la guerra avesse raggiunto l'isola, non se ne sarebbe andato».

In quanto colonia americana, le Filippine inviarono un proprio commissario a Washington, al Congresso, per rappresentare i propri interessi. Il commissario, che non aveva facoltà di voto, era Joaquin Miguel "Mike" Elizalde, membro di una delle famiglie più ricche del paese. Gli Elizalde avevano interessi nell'azienda di legname della quale Earl Walter sr. era dirigente. Mike venne a sapere che Earl Walter sr. aveva tenuto fede alla sua scelta. Era rimasto nelle Filippine a combattere. Anziché arrendersi e affrontare prigionia o morte, oppure fuggire in Australia o negli USA, si era nascosto nella giungla di Mindanao e aveva guidato un gruppo di resistenti filippini. Il suo coraggio gli fece guadagnare onori, medaglie e il rango di maggiore dell'esercito americano, tappa fondamentale per divenire luogotenente colonnello.

Walter, che aveva circa cinquant'anni, era un combattente lucido, duro, diretto. Capace di agire e, nel caso, fare a pugni. Lui e i suoi soldati organizzarono quella che qualcuno definì «l'azione di fanteria più serrata e sorprendente mai combattuta»: tendevano imboscate ai giapponesi lungo la strada costiera e pattugliavano le strade delle loro guarnigioni di notte.

Mike Elizalde raccontò a Walter che suo padre era vivo, stava bene e continuava a combattere. Il giovane si sentì rassicurato e inorgoglito. E sentì che non aveva più il minimo interesse a combattere contro gli italiani e i tedeschi, sul fronte europeo. Anche se non sapeva nulla di preciso, provò invidia per suo padre e la battaglia che stava portando avanti.

Grazie all'intervento di Elizalde, il luogotenente Walter si unì al 5217° Reconnaissance Battalion, un'unità di intelligence composta quasi interamente da volontari filippino-americani. L'idea era che i soldati raggiungessero in sottomarino o in paracadute un'isola occupata dai giapponesi, che si infiltrassero confondendosi tra i civili, e organizzassero operazioni di guerriglia e sostegno ai partigiani filippini.

C. Earl Walter jr., che era cresciuto nell'isola e conosceva sia la cultura sia il dialetto viasyan, era l'ufficiale perfetto per il 5217° e per quella missione. Essendo, poi, un paracadutista qualificato, avrebbe potuto creare una scuola di lancio per il battaglione che si trovava nei pressi del Camp X, a Brisbane, in Australia. E, soprattutto, una volta arrivato nelle Filippine, avrebbe potuto combattere al fianco del padre.

Questo era il piano, almeno in teoria.

Walter sposò Sally e poco dopo partì. A partire dai primi mesi del 1944 iniziò a trasformare i membri del 5217° in paracadutisti qualificati. Certo, a volte con risultati esilaranti. L'esercito americano, per dire, usava dei paracaduti molto grandi, ma la maggior parte dei soldati filippino-americani pesava meno di 54 chili. Una volta lanciatisi, fluttuavano in balia delle correnti. Per evitare che rimanessero sospesi in aria per troppo tempo, con tutto quello che avrebbe significato, furono costretti a indossare delle cinture pesanti, piene di munizioni, a mo' di zavorra.

Nel luglio 1944, al suo arrivo nel Pacifico meridionale, Walter compilò un modulo di servizio per ufficiali. Chiese di essere inviato in "missione speciale" nelle Filippine prima della prevista invasione alleata. Spiegò le sue motivazioni in una nota lunga e ardita indirizzata al suo superiore. Raccontò che aveva vissuto nelle Filippine, che conosceva le isole e le lingue. Parlò di suo padre, delle sue ambizioni e delle sue avversioni: «In breve,» scrisse «nutro un profondo odio nei confronti dei giapponesi e sono venuto in questo teatro di guerra nella speranza di unirmi ai paracadutisti e fare la mia parte nella loro sconfitta». Certo, aggiunse, se non gli fosse stata concessa l'opportunità di agire, avrebbe accettato di compiere una missione di intelligence o propaganda: «La priorità, però, rimane l'azione».

Anche se non aveva mai sparato un colpo, era convinto che, se ne avesse avuto l'occasione, lo avrebbe saputo fare. Nonostante la formazione che aveva ricevuto, dubitava, invece, di sapersi comportare in altri contesti, dove non avrebbe dovuto combattere: «Il mio unico desiderio» aggiunse «è confrontarmi con il nemico, guardarlo negli occhi e affrontarlo».

Nonostante il suo desiderio, l'unità di Walter non venne impiegata nell'invasione delle Filippine e nel ritorno di MacArthur in quelle isole nell'ottobre 1944, eventi che si verificarono appena tre mesi dopo la sua richiesta. Anche se la battaglia per le Filippine continuava, Walter e i suoi uomini non vennero coinvolti. Con loro grande delusione.

Mentre cercava di tenere a freno la propria frustrazione e sperava di ricevere un incarico importante, affiancava i battaglioni che operavano in gran segreto sulle diverse isole occupate dall'esercito nipponico. Un giorno, raggiunse Mindanao in sottomarino. Aprì la botola, uscì e rimase senza fiato: in piedi, davanti ai suoi occhi, c'era suo padre. Walter gioì e si emozionò, in fondo non lo vedeva da sette anni, da quando era stato spedito negli Stati Uniti per terminare gli studi. La felicità, però, fu di breve durata. Earl Walter sr. gli comunicò che non voleva che prendesse parte a missioni segrete, sia con il sottomarino sia con altri mezzi di trasporto. Aggiunse che ne avrebbe parlato direttamente con i vertici dell'esercito. Per quel che lo riguardava, gli Alleati avrebbero dovuto vincere la guerra senza l'aiuto di C. Earl Walter jr.

Capitolo 11

UWAMBO

Quando il capitano Baker e l'equipaggio del B-17 annunciarono di aver avvistato tre sopravvissuti in una radura nella giungla non fecero menzione degli indigeni presenti nelle vicinanze. Ma se anche avessero visto gli uomini della tribù avvicinarsi a Margaret, McCollom e Decker non avrebbero potuto comunque aiutarli. Non potevano sparare né atterrare, e non avevano armi da lanciare. I sopravvissuti del *Gremlin Special* erano soli, abbandonati a se stessi.

Margaret, McCollom e Decker si erano schiantati in un mondo che il tempo non aveva dimenticato: semplicemente ne ignorava l'esistenza. Nel suo isolamento, la gente della cosiddetta Shangri-La seguiva una via idiosincratica. Aveva domato il fuoco, ma non conosceva la ruota. Aveva archi e frecce, ma non ciotole e utensili. Si ricopriva il corpo di argilla in segno di lutto, ma non conosceva la ceramica. Parlava lingue complesse (il verbo «colpire» o «uccidere» poteva essere declinato in duemila modi diversi), ma aveva solo una parola per descrivere tempo e luogo, *O*. Contava fino a tre: i numeri superiori erano «tanti». In un mondo ricco di colori, aveva solo due termini per indicarli: *mili* per il nero, il marrone, il marrone scuro, i verdi e i blu, e *mola* per il bianco, i rossi, gli arancio, i gialli, i marroni chiaro e i color porpora. Si agghindava con collane e piume, ma non creava opere d'arte in grado di durare nel tempo. Credeva che la Luna fosse un uomo e il Sole sua moglie, e ignorava le stelle nel cielo. Quattrocento anni dopo la scoperta di Copernico, gli abitanti della valle del Baliem credevano ancora che il Sole ruotasse intorno alla terra. Che di giorno attraversasse il loro cielo, trascorresse la notte in una sacra dimora e poi viaggiasse sottoterra fino al punto dal quale, all'alba, avrebbe ripreso il suo corso. La Luna, invece, aveva una casa tutta sua.

Temevano i fantasmi dei propri antenati, ma non veneravano divinità. Erano gentili con i bambini, ma mozzavano le dita alle bambine per onorare i defunti. Trattavano i maiali come membri della famiglia (se necessario, le donne arrivavano perfino ad allattarli), ma li macellavano senza rimorso. Costruivano torri alte nove metri, ma l'unico arredamento di cui si servivano era una sedia da funerale per i morti. Coltivavano una varietà molto forte di tabacco, ma non distillavano liquori. Praticavano la poligamia, ma, in genere, gli uomini e le donne dormivano separati. Davano valore all'intelligenza, ma non alla curiosità. Per salutare amici e parenti dicevano: «Hal-loak-nak», «Fammi mangiare le tue feci», che significava: «Per te farei l'impensabile».

I sessantamila nativi che abitavano nella valle principale e le decine di migliaia che vivevano nelle zone limitrofe vivevano in comunità di trenta/cinquanta persone all'interno di piccoli villaggi recintati. Le capanne sorgevano attorno a una sorta di spiazzo centrale. Gli uomini, in genere, dormivano insieme in una capanna rotonda, proibita alle donne. Le donne vivevano con i bambini in altre capanne rotonde e lavoravano e cucinavano in una casa lunga e ovale. Anche i maiali vivevano nelle capanne, così non potevano girare di notte e non correvano il rischio di venire rubati dai nemici.

Quando parlavano di se stessi, i nativi si definivano *ahkuni*, gente, persone. I nemici erano *dili*. A volte si identificavano con il nome del territorio, del clan o del kain, il grande uomo che dominava la confederazione militare alla quale appartenevano. Si presentavano anche come *Nit akumi Balim-mege*, «Noi, popolo del Baliem», dal nome del fiume che attraversava la valle. L'affiliazione tribale, Yali o Dani che fosse, seguiva in ordine di importanza i rapporti di vicinato, il clan di appartenenza e le varie alleanze. Vicini e clan della stessa tribù erano spesso nemici, e gli Yali e i Dani attraversavano regolarmente le linee tribali per fronteggiare dei comuni nemici.

Con una camminata che poteva essere di pochi minuti come di un'ora un indigeno era capace di raggiungere dieci o quindici villaggi simili al suo. Insieme formavano un "circondario". Diversi "circondari" che si univano per combattere formavano una "confederazione" e diverse "confederazioni" formavano un'"alleanza" di quattro o cinquemila persone. Le "alleanze" si affrontavano in guerre locali dette *wim*. Nonostante la condivisione di lingua, etnia e cultura, le alleanze fomentavano ostilità profonde e durevoli, la cui origine era spesso sconosciuta. C'erano da sempre. Sarebbero rimaste per sempre. L'ostilità era ciò che scandiva la vita stessa degli indigeni.

Se fosse stata coperta da un tetto di vetro, la valle sarebbe stata un enorme terrario di conflitti umani, un ecosistema alimentato dal sole, dal fiume, dai maiali, dalle patate dolci e dalla guerra tra vicini. I loro antenati avevano detto che fare la guerra era un obbligo morale e una necessità di vita. Non potevano fare altrimenti: «Se non c'è guerra» dicevano gli adulti «moriremo». La persistenza della guerra era perfino parte della lingua. Se un uomo diceva la «nostra guerra», strutturava la frase nello stesso modo in cui avrebbe descritto un fatto inevitabile. Se, invece, parlava del possesso di un bene qualunque, per esempio «il nostro legno», avrebbe usato una struttura diversa. Il significato era chiaro: il possesso del legno poteva cambiare, mentre le guerre erano un punto fermo nella loro vita.

Uno straniero avrebbe fatto fatica a comprenderne le cause, specie se paragonate a quelle della Seconda guerra mondiale. Non si combatteva per la terra, per le ricchezze né tanto meno per il potere. Nessun popolo cercava di scacciare o conquistare l'altro, di cambiare il modo di vivere o le credenze del nemico, che, poi, in fondo, erano le stesse. Nessuno considerava la guerra un male necessario o un fallimento della diplomazia. E la pace non ne rappresentava la conclusione. La guerra non aveva fine. Attraversava varie fasi, non finiva. Mai. Una vita di guerra era l'eredità sulla quale ogni bambino poteva contare.

Ciò che produceva e alimentava le ostilità nella valle del Baliem era la necessità di soddisfare gli spiriti o i fantasmi, detti *mogat*. Nessuno li aveva mai visti, ma era per loro che i vivi costruivano le capanne, per offrirgli un luogo dove riparare e godersi il tabacco. Se fossero stati soddisfatti, pensavano, li avrebbero aiutati. In caso contrario, li avrebbero puniti. Per questo facevano del proprio meglio per accontentarli. Quando una persona moriva in guerra, amici e parenti cercavano di placarne lo spirito. Per farlo, uccidevano un membro qualsiasi della tribù nemica. Maschio, femmina, vecchio, persino bambino: non faceva differenza. L'importante era soddisfare il *mogat*. Impedire che li tormentasse. Una volta pareggiato il conto, si dava il via alle feste rituali, nel corso delle quali, a volte, si cuoceva e si mangiava la carne del nemico. Mentre i vincitori e le loro famiglie festeggiavano, gli sconfitti cremavano i morti, tenevano complessi riti funebri e iniziavano a preparare la vendetta. Poiché i combattenti su entrambi i versanti condividevano le stesse credenze spirituali, una parte o l'altra aveva sempre una morte da ricambiare, una ritorsione da pianificare o uno spirito da placare. Occhio per occhio. All'infinito.

Pacificare i fantasmi era il motivo principale della guerra, non l'unico. In una valle isolata, con un clima temperato, quasi senza stagioni, dove la gente godeva di buona salute e aveva acqua e cibo in abbondanza, e nulla sembrava cambiare, la guerra animava le comunità e faceva da collante. Le celebrazioni rituali erano espressione di un bisogno elementare, radicato in ogni gruppo umano. Le morti in guerra e i funerali creavano obblighi, debiti, inimicizie e memorie condivise. In più, producevano un vantaggio pratico: evitavano che la popolazione crescesse a dismisura. E che i villaggi si popolassero di scapoli infelici...

La pratica della guerra era altrettanto insolita quanto le sue cause. Le battaglie si organizzavano mandando un invito al nemico e si combattevano in un terreno che era terra di nessuno. Se il nemico rifiutava, tutti se ne andavano a casa. Si combatteva solo di giorno per non rischiare di coinvolgere gli spiriti maligni. In caso di maltempo si tornava indietro, perché la pioggia scioglieva i disegni che i guerrieri si tracciavano sul corpo per la battaglia. Il grido di guerra non era un urlo feroce, ma il verso della tortora cuculo becconero. Mettevano le piume tra i capelli, ma non sulle frecce: quando le scagliavano, andavano a zig-zag come uccelli in volo. Tra uno scontro e l'altro, i guerrieri si riposavano cantando e spettegolando: conoscevano gli avversari e i dettagli delle loro vite, e li prendevano in giro e insultavano al di là del fronte. Un apprezzamento osceno sulla moglie di un nemico poteva far sbellicare dalle risate entrambe le parti. Poi riprendevano le lance e ricominciavano a combattere.

Poiché il successo in guerra era necessario per il benessere della comunità, i vincitori guadagnavano rispetto sociale. I guerrieri abili avevano accesso a un numero maggiore di potenziali mogli, il che era molto importante in una cultura in cui le coppie sposate si astenevano dall'avere rapporti sessuali per cinque anni dopo la nascita di un bambino. Ma sarebbe sbagliato sovrastimare il legame tra guerra, poligamia e astinenza. Per molti uomini, la guerra era un piacere in sé, una fonte di divertimento e svago, un'occasione per stringere amicizie e instaurare rapporti camerateschi. Uno sport, insomma, con una probabilità più o meno alta di rimanere feriti o addirittura uccisi. Paradossalmente, quando gli indigeni non erano in guerra, la vita scorreva serena, punteggiata da sporadici conflitti scatenati dal furto di maiali e liti coniugali. Tra gli amici e la famiglia il modo più comune per risolvere il conflitto non era la violenza, ma il contrario: uno dei contendenti voltava semplicemente le spalle e se ne andava.

Le donne traevano pochi vantaggi dalla guerra. Anzi, i rischi di essere aggredite o attaccate mentre erano nei campi o nei pressi degli stagni salati per raccogliere il sale aumentavano in modo esponenziale. I bambini, invece, crescevano con la guerra e per loro era quasi un fatto naturale. Durante l'apprendimento e lo svago non facevano che imitare i maschi adulti. Giocavano con dei piccoli archi e delle frecce di bambù o lunghi steli d'erba. Che, ovviamente, finivano negli occhi dei compagni, rendendoli mezzi ciechi ma non per questo meno ansiosi di crescere e combattere. Per le ragazze, invece, la guerra era un dolore e un sacrificio: ogni volta che un parente veniva ucciso subivano l'amputazione della falange, per soddisfarne lo spirito. Quando una bambina raggiungeva l'età del matrimonio, con tutta probabilità aveva le mani ridotte a monconi con il solo pollice. Un antropologo che, anni dopo, ripercorse le tracce dei sopravvissuti del *Gremlin Special* descrisse il procedimento: «Nelle prime ore del secondo giorno dopo la morte, le ragazze vengono portate sul luogo del funerale. Un uomo, uno specialista, le aspetta. Per prima cosa, lega e stringe una corda sopra il gomito. Poi lo sbatte ripetutamente contro una roccia o una tavola, tentando di colpire e rendere insensibile il nervo delle dita. Poi, mentre qualcuno tiene la mano della ragazza sulla tavola, prende un'ascia in pietra e, con un colpo netto, le trancia una o due falangi».

Fare la guerra e placare gli spiriti non era l'unica attività degli indigeni. Costruivano capanne e torrette di avvistamento, coltivavano patate dolci e altre verdure, allevavano maiali, si occupavano della famiglia e cucinavano. Gli uomini costruivano le abitazioni e le torrette, e si occupavano dei campi. Il resto del tempo lo dedicavano alla guerra: la pianificavano, la celebravano, la combattevano. Tra una battaglia e l'altra si preparavano: affilavano le armi, si bucavano il naso per infilarci i denti di maiale e assumere così un'espressione fiera e spaventosa, e avvolgevano la punta delle frecce in fibre grasse di orchidea per causare infezioni, qualora il colpo non fosse già stato letale. Trascorrevano innumerevoli ore osservando i movimenti dei nemici dalle torrette ai margini della vasta terra di nessuno, che separava le loro case e i loro orti dalle case e dagli orti dei nemici, perfettamente identici ai loro.

Quando l'antropologa Margaret Mead venne a sapere del popolo della valle del Baliem, vide un collegamento tra il «lontano passato e il futuro verso il quale gli uomini si stanno muovendo». Scrisse: «Sono chiaramente esseri umani, come noi, intrappolati in una vita terribile in cui il nemico non può essere annientato, né assorbito, perché un nemico è necessario per fornire uno scambio di vittime, la cui unica fine possibile è un'altra vittima. Gli uomini si sono imprigionati in molti circoli viziosi, e regni e imperi sono crollati inesorabilmente al cospetto di invasori con una visione più aperta del mondo intorno a loro. Qui, negli altipiani della Nuova Guinea, non c'è stato modo di uscire per migliaia di anni; l'unico modo possibile di vivere era coltivare con cura gli orti e allevare figli da mandare al macello».

Evocando il nome del pacifico paradiso di *Orizzonte perduto*, i corrispondenti di guerra George Lait e Harry E. Patterson si erano crogiolati in un'illusione. I loro lettori, nutriti ogni giorno con i bollettini di guerra, bramavano una Shangri-La. Tuttavia, i due non avrebbero potuto scegliere un nome più ironico. La valle del Baliem era un luogo molto bello e straordinario, sì, ma non era certo un paradiso in terra.

Al di là dell'ipotesi avanzata dal colonnello Elsmore, secondo cui i terremoti avrebbero intrappolato la popolazione nella valle, nessuno era in grado di dire come e da dove ci fosse arrivata né da quanto tempo ci vivesse. Altrettanto misteriosa era l'origine delle loro tradizioni e delle loro credenze. Tuttavia nei miti orali che si trasmettevano attorno al fuoco si potevano trovare degli indizi. Le prime righe di un racconto Dani sulla Creazione recitavano: «All'inizio c'era il Buco. Gli uomini Dani vennero fuori dal Buco e si stabilirono nelle terre fertili accanto al Buco. Poi arrivarono i maiali. I Dani li presero e li addomesticarono. Poi vennero le donne. E i Dani presero anche loro». La gente che viveva nei pressi del Buco si chiamava Iniatek, gli originali.

Un altro mito raccontava di come, dopo aver lasciato il Buco, gli esseri umani si fossero separati dalle altre creature della valle. Gli uomini, infatti, vennero fuori dal Buco con uccelli, pipistrelli, insetti, rettili e mammiferi. Le creature riunite chiesero al primo uomo, chiamato Nakmatugi, di differenziarle. Lui li organizzò in base al tipo e dette loro identità individuali. All'inizio mise insieme uomini e uccelli. Ma gli uccelli non erano d'accordo, perciò se ne volarono via e lasciarono i loro fratelli al suolo.

Il legame tra esseri umani e uccelli era una costante delle credenze indigene: un Uccello e un Serpente, recitava un altro mito, discutevano sulla mortalità e il fato dell'umanità. Il Serpente insisteva sul fatto che gli uomini sarebbero tornati dal mondo dei morti, proprio come i serpenti potevano cambiare pelle e rinascere. L'Uccello, invece, sosteneva che sarebbero dovuti rimanere morti, come uccelli caduti, e altri uccelli li avrebbero pianti e si sarebbero ricoperti di fango in segno di lutto. Per decidere quale di queste due opinioni dovesse prevalere, l'Uccello e il Serpente fecero una gara. Vinse l'Uccello, perciò gli uomini, come gli uccelli, sarebbero dovuti morire. La gente prese alla lettera questa narrazione. Le donne presero a cospargersi di fango in segno di lutto, mentre le armi, gli ornamenti e gli altri trofei sottratti al nemico ucciso in battaglia venivano chiamati «uccelli morti.»

Nei miti dei nativi, l'esistenza della prima civiltà non aveva nulla a che fare con il paradiso terrestre o il Giardino dell'Eden. Morti violente, alleanze e tradimenti risalivano all'inizio dei tempi. Un mito affermava che, quando la gente emerse dal Buco, scoppiò una battaglia e molti morirono. Le famiglie delle vittime si allearono e dissero: «Vendichiamoci insieme dei nostri nemici». Così fecero, e quando i nemici a loro volta si vendicarono, il ciclo della guerra ebbe inizio. C'era, poi, la leggenda di Uluayek. Un tempo, recitava, esisteva una liana che collegava il popolo della terra agli spiriti che vivevano nei cieli. Gli uomini e gli spiriti del cielo facevano su e giù di continuo, fino a quando i secondi presero a rubare le donne e i maiali e i primi tagliarono la liana, ponendo per sempre fine ai contatti. La leggenda affermava che un giorno gli spiriti avrebbero sostituito la liana e sarebbero scesi di nuovo sulla terra. Il loro ritorno avrebbe annunciato la Fine dei Giorni.

L'agglomerato di capanne che i passeggeri del *Gremlin Special* avevano visto poco prima di schiantarsi era un villaggio che i nativi chiamavano Uwambo. La prima volta che l'aereo lo sorvolò, gli indigeni, membri della tribù Yali, erano impegnati nelle loro mansioni quotidiane. Il rombo dell'aereo che volava a bassa quota li aveva spaventati e li aveva spinti a nascondersi nei campi o nella giungla. Ecco perché Margaret non aveva visto nessuno accanto alle capanne.

In realtà, non era la prima volta che gli indigeni sentivano o vedevano un aereo. Da quando il colonnello Elsmore aveva scoperto la vallata era un via vai quasi continuo. Tuttavia non sapevano di cosa si trattasse. Di certo non erano uccelli giganteschi: li conoscevano bene, gli uccelli, sapevano come volavano, come cambiavano rotta e velocità, come, silenziosi, sfruttavano le correnti aeree. Alcuni bambini pensavano che fossero dei giganti di chissà quale natura. Pochi immaginavano che al loro interno trasportassero uomini.

Una cosa che conoscevano con certezza era il loro rumore. Usavano la parola *ane*, pronunciata «ahnai», correlandola ai suffissi *woo* o *kuku*, simili al frastuono dei motori. Gli aerei erano *anewoo* oppure *anekuku*.

Mentre i passeggeri del *Gremlin Special* sbirciavano dai finestrini cercando di scorgere gli indigeni, uno di loro, Helenma Wandik, osservava l'*anewoo* dal suo nascondiglio nella giungla. Era colpito da quello che stava facendo, volava molto basso. Yunggukwe Wandik, la sua cugina adolescente che aveva ricevuto in dono il primo maiale da pochi giorni, stava lavorando nell'orto delle patate quando lo vide. Impaurita, si buttò a terra e si strinse alle gambe di una donna che le lavorava accanto. Sia Helenma che Yunggukwe ricordavano che l'*anewoo* passò due volte in circolo sulla valle, poi puntò il muso verso un crinale che chiamavano Ogi, accanto a un torrente che chiamavano Mundi. Nessuno dei due lo vide cadere, ma Helenma si chiese perché avesse udito un tuono in una giornata così limpida.

Quando la sera dell'incidente calò il buio, la gente di Uwambo vide le fiamme che ardevano sulla cresta, nel punto esatto in cui era scomparso l'*anewoo*. Yaralok Wandik, il capovillaggio, avanzò furtivamente nella giungla per vedere cosa stesse accadendo. Quando raggiunse il luogo dell'incidente, nascosto, osservò la scena. Scorse delle creature, che gli sembravano persone ma che erano del tutto diverse da quelle che era solito vedere. Avevano la pelle del viso chiara e i capelli lisci. Anche la pelle del corpo era strana. Avevano i piedi, ma non le dita. Non aveva idea di cosa fossero i vestiti e a cosa servissero le scarpe. Se ne andò poco dopo, senza essere visto. Altri uomini fecero la stessa cosa. Tra di loro c'erano anche Nalarik Wandik, il cui nome significava «Perdersi» e Inggimarlek Mabel, «Nulla nelle sue mani». Un altro uomo, Pugulik Sambom, li raggiunse nei pressi del relitto e fu forse il più turbato da ciò che vide. Tuttavia, all'inizio, non dissero niente a nessuno, né fecero menzione delle strane creature che sembravano venire dall'*anewoo* distrutto.

Il loro silenzio era tipico di un'idiosincrasia culturale degli Yali: al portatore di brutte notizie spesso ne veniva attribuita la colpa. Anziché raccontare ciò che avevano visto, gli uomini scelsero di stare zitti. Fecero finta di niente e si allontanarono dalla giungla.

Il giorno successivo, Yaralok tornò sul luogo dell'incidente e vide quelli che credeva fossero tre uomini e una donna, anche se, con i loro strani vestiti, non ne era certo. Un uomo, probabilmente Decker, aveva un copricapo che gli ricordava i segni colorati sulla testa di un uccello. Ebbe l'impressione di vederli portare via un corpo da quel che rimaneva dell'*anewoo*. Sentì rumori di scoppiettii e di piccole esplosioni. Dopo aver guardato un po' se ne andò di nuovo, certo che gli spiriti del cielo fossero tornati.

Questa spiegazione, per un agricoltore-guerriero Yali era perfettamente plausibile. Sin da bambino aveva sentito parlare del mito di Uluayek, della liana, degli spiriti e del loro ritorno. Le creature dell'*anewoo* coincidevano perfettamente con quelle descritte nella leggenda: avevano la pelle chiara, i capelli lunghi e le braccia coperte. Anche l'*anewoo* aveva una sua logica. In mancanza di una liana, gli spiriti avevano trovato un altro modo per scendere nella valle. Yaralok, però, non aveva fretta di comunicare le sue conclusioni. Stava succedendo qualcosa di cataclismico: non voleva creare panico o esserne incolpato. Era terrorizzato. Poteva essere la Fine dei Tempi. Qualcosa del quale la sua gente aveva parlato e sentito parlare per generazioni. Ora ne era testimone. Il primo. Per il momento, l'unico.

Tenne duro più che poté, poi si lasciò andare. Ad ascoltare le sue parole c'era anche un personaggio importante del villaggio, Wimayuk Wandik. Andò bene: nessuno sembrò attribuirgliene la colpa. Erano troppo preoccupati da ciò che sarebbe accaduto. Il popolo di Uwambo si trovava di fronte a un bivio: accogliere gli spiriti, anche se il loro arrivo significava la fine del mondo, almeno come lo conoscevano, oppure, in modo più consono a dei guerrieri, ucciderli.

Capitolo 12

WIMAYUK WANDIK ALIAS “PETE”

Gli indigeni che si stavano avvicinando avevano danzato per celebrare le morti dei nemici. Avevano pianto la perdita di familiari e amici. Avevano versato sangue in battaglia e avevano sparso il sangue dei nemici. Alcuni avevano ucciso un uomo, altri molti uomini. Tutti ricordavano dove si erano verificati questi eventi e i nomi degli avversi uccisi. Alcuni avevano macellato i nemici morti e ne avevano mangiato le carni come trofeo. I clan Landikma, loro eterni nemici, mangiavano tutto il corpo. Loro no, solo le mani, amputate dopo la morte e cucinate in una buca con delle pietre calde. Quegli uomini seminudi, che stavano emergendo dalla giungla brandendo asce e pietre appuntite, non avevano scrupoli a uccidere. E sapevano farlo. E sapevano che avrebbero dovuto colpire per primi.

I nativi dividevano il mondo in tre categorie: loro, gli alleati e i nemici. Vivevano o collaboravano con le prime due. E cercavano di uccidere e di evitare di essere uccisi dalla terza.

Margaret, McCollom e Decker ovviamente non appartenevano alle prime due categorie. Ma non somigliavano nemmeno ai loro soliti nemici. I superstiti non lo sapevano, ma la loro unica speranza era che gli uomini di Uwambo continuassero a crederli spiriti. Peraltro furono fortunati: la gente di Uwambo non era entrata in contatto con la spedizione di Archbold, quindi non doveva placare lo spirito dell'uomo ucciso sette anni prima da un colpo di arma da fuoco.

Nell'orto di patate, separati da un canale di scolo e da diecimila anni di progresso, i superstiti e i nativi si fronteggiavano immobili, in attesa che qualcuno facesse la prima mossa.

Da qualunque punto di vista si considerasse la situazione, i nativi erano in netto vantaggio. Erano nettamente superiori dal punto di vista numerico, circa dieci a uno. Erano sani, in forza e ben nutriti. Nessuno aveva ustioni, ferite o cancrene. Nessuno aveva trascorso tre giorni senza quasi dormire, bevendo qualche sorso d'acqua e succhiando caramelle. Le loro asce affilate rendevano ridicolo il temperino di McCollom.

Oltre ai confini di Shangri-La, naturalmente, la situazione era ben diversa.

Secondo gli standard convenzionali di ricchezza, istruzione, medicina e conquiste tecnologiche, il mondo rappresentato dagli americani era decisamente superiore a quello degli abitanti di Shangri-La. Tuttavia, se la si osservava da un altro punto di vista, la civiltà dei primi non era poi tanto più avanzata rispetto a quella di quegli uomini preistorici che indossavano delle zucche sul pene. I sopravvissuti erano parte di una macchina militare impegnata in una delle guerre più vaste e letali nella storia dell'uomo, in procinto di diventare ancor più letale. Nello stesso momento in cui si fronteggiavano, i leader politici americani stavano decidendo se usare un'arma nuova e potentissima, una bomba in grado di spianare una città e riportare gli eventuali sopravvissuti a un'esistenza primitiva. I tecnici non erano certi che avrebbe funzionato, ma, se lo avesse fatto, avrebbe tramutato in realtà l'orrendo presagio di *Orizzonte perduto* di un futuro in cui «un uomo, con una sola arma, avrebbe potuto affrontare un intero esercito». Albert Einstein disse una volta: «Non so con quali armi si potrebbe combattere la terza guerra mondiale, ma la quarta guerra mondiale verrà combattuta con pietre e bastoni». Sotto quel punto di vista, allora, i guerrieri di Shangri-La erano i più avanzati sulla faccia della Terra.

In quel preciso momento, però, a Margaret non importava niente delle considerazioni antropologiche o culturali né del destino dell'umanità. Semmai era interessata al suo, di destino.

Fissava gli uomini armati di asce, con la pelle lucida, ricoperta da uno strato di grasso. Mentre aspettava gli ordini di McCollom, un pensiero la fulminò: che orrore essere sopravvissuta a un incidente aereo solo per andare a finire in un pentolone.

Dopo che il B-17 aveva smesso di muovere gli alettoni e si era allontanato, McCollom si era concesso il lusso di rilassarsi, la prima volta dall'incidente. Ora, man mano che gli indigeni si facevano più vicini, sentiva di nuovo l'adrenalina scorrere nelle vene. Si scosse: «Non abbiamo armi» disse ai due compagni, consapevole che la sola idea di fare affidamento al taglierino, in quel momento, sarebbe stata ridicola se non del tutto folle. «Non abbiamo scelta, stiamo calmi. E sorridiamo,» proseguì «sorridiamo come non abbiamo mai fatto in vita nostra.» Aggiunse di tendere le mani con le Charms che gli erano rimaste, di cui tra l'altro, ormai, avevano la nausea. Offrì anche il suo temperino. Non avevano altro.

«Alzatevi, su!» ordinò. «E sorridete...»

Da circa un'ora, da quando, cioè, l'aereo di ricognizione li aveva individuati, Margaret e Decker erano rimasti seduti. Margaret, stremata e dolorante, dubitava che sarebbe più riuscita a mettersi in piedi. Ma quando McCollom le ordinò di farlo, lottò con tutte le sue forze e lo fece.

McCollom osservò che gli indigeni stavano allineandosi dietro a un grande tronco caduto, a una ventina di metri di distanza. Secondo i suoi calcoli erano una quarantina, tutti maschi adulti. Margaret, in preda al panico, ne contò oltre un centinaio. Sulle spalle portavano delle asce di pietra aguzze e minacciose. Uno stringeva una lancia lunga e robusta.

Le tremavano le mani, e le Charms sbattevano come dadi. Aveva il cuore in gola. Il sorriso tirato.

Decker sospirò: «Speriamo che almeno ci diano da mangiare prima di ucciderci...». McCollom si girò di scatto. Più che altro incredulo.

Di colpo ci fu silenzio. Un silenzio pieno, sospeso. E, poi, come scrisse Margaret nel suo diario, «un fiume di parole eccitato e convulso, accompagnato da un gran gesticolare. Non sapevamo se fosse un bene o un male. Potevamo solo continuare a sorridere, magari con un po' più di fiducia».

Un fosso separava la radura sulla quale stavano i superstiti e la collinetta al margine della giungla su cui erano raccolti i nativi. Un albero caduto ne collegava i margini, tipo ponte. Un uomo anziano si fece avanti. Era forte e agile, nudo eccezion fatta per una collana con un rettangolo lungo di conchiglia che gli arrivava sullo sterno e una zucca che copriva il pene, lunga più di trenta centimetri e che puntava verso il cielo. McCollom pensò fosse il capo. Si voltò verso Margaret e

Decker e fece segno di avanzare verso l'albero. Non si mosse nessuno. Ripeté il gesto con più veemenza.

Margaret non si mosse, non ce la faceva. I piedi e le gambe le facevano talmente male che non riusciva quasi a stare in piedi. Era sicura che sarebbe scivolata sul tronco viscido. Ma non era solo quello a farla esitare. Non poteva credere che, dopo essere sopravvissuta allo schianto di un aereo e a una lunga marcia attraverso la giungla e la montagna, e dopo essere stata appena avvistata da un aereo di soccorso, le venisse chiesto di consegnarsi a dei selvaggi, cannibali e tagliagole.

«Onestamente, McCollom... Non riesco a camminare. Davvero, non ce la faccio.»

«Lo so, Maggie» rispose con voce ferma e al tempo stesso comprensiva. «Va bene, che vengano loro.»

I tre mostrarono le caramelle nella speranza di attirare, e imbonire, i selvaggi. Dopo una breve discussione, l'anziano salì sul tronco. McCollom pensò che fosse saggio andargli incontro, uomo contro uomo. Se ebbe paura, non lo fece vedere. Mentre avanzava sul tronco, urlò ai due di continuare a sorridere. Intanto, attorno, si fece di nuovo silenzio.

Il militare e quello che pensava fosse il capo-villaggio erano sempre più vicini. Quando furono uno di fronte all'altro, McCollom tese la mano e afferrò quella dell'indigeno. La strinse in modo energico, come se fosse un incrocio tra un politico, un venditore di macchine e un parente lontano. «Come sta?» ripeté più volte. «Felice di conoscerla!» Poi si voltò e indicò i suoi compagni, che sorridevano a trentadue denti: «Ecco! Le presento il caporale Hastings e il sottoufficiale Decker».

La tensione sembrò svanire. Il capo li raggiunse e strinse la mano a Margaret e Decker, e, in men che non si dica, gli indigeni seguirono il suo esempio. Sembrava di prendere parte a un ricevimento che non aveva nulla da invidiare a quelli della signora Vanderbilt, pensò Margaret. «Il nero che non ha mai visto un bianco e il bianco che non ha mai incontrato un selvaggio si sono trovati in un istante. I sorrisi hanno funzionato.» Si disse che gli indigeni non erano cattivi. Anzi, sembravano timidi. Forse addirittura intimoriti. Quando chiese a Decker cosa ne pensasse, il sottoufficiale rispose: «Shhh, non dirglielo!».

McCollom chiamò l'uomo al quale aveva stretto la mano «Pete», come un suo vecchio compagno di scuola. I sopravvissuti non sapevano che Pete e i suoi uomini pensavano che loro fossero gli spiriti venuti dal cielo. E non seppero mai il vero nome di Pete.

Pete, in realtà, era Wimayuk Wandik, un personaggio di spicco della comunità, anche se non il capovillaggio, che aveva ascoltato il racconto di Yaralok Wandik, l'uomo che era accorso sulla scena dell'incidente, dalla sua viva voce. Il suo nome significava «Timoroso della Guerra», ma, a dire il vero, era più cauto che timoroso. Aveva combattuto molte battaglie e conosceva il valore della vita e della morte, e le conseguenze della guerra: suo fratello minore, Sinangke Wandik, era stato ferito a morte. Lui e Yaralok condividevano la responsabilità di chiamare gli uomini di Uwambo alla guerra. Era un ruolo delicato, che non poteva prendere e non prendeva alla leggera. Accolse in modo cordiale quelle creature, quegli spiriti del cielo, nonostante la loro venuta avrebbe rappresentato la fine di un'era. Confidava che la nuova sarebbe stata migliore. Si sforzava di avere fiducia, per sé e la sua gente. Erano un popolo di commercianti, che si spingeva con regolarità fino a una cinquantina di chilometri dal villaggio, finanche alla valle del Baliem, nel territorio dei Dani, il cuore di quella che veniva considerata Shangri-La. Barattavano piume di uccello del paradiso, corde, archi, frecce con conchiglie, maiali e tabacco. Se scoppiava una battaglia mentre erano impegnati nelle contrattazioni, scendevano in campo al fianco dei propri partner commerciali, anche se non avevano nulla di personale contro il nemico. Era una buona tattica per gli affari ed era anche divertente. Quando Wimayuk trovò i sopravvissuti nella radura Mundima, accanto al fiume Mundi, che sorridevano e gli offrivano dei doni, confidò che si trattasse di un'eccezionale opportunità di stringere amicizia con gli spiriti.

Anche se nella sua testa continuava a pensarli come selvaggi, Margaret si rese subito conto di quante fandonie circolassero sul loro conto. Prima di tutto, non erano affatto alti oltre due metri. La media, semmai, oscillava tra il metro e sessanta e il metro e settanta. In secondo luogo, visti da vicino, sembravano tutto tranne che cattivi. Erano neri come la pece e nudi come gli uccelli quando cambiano piumaggio. Indossavano solo una cinghia attorno alla vita dalla quale pendeva una zucca sul davanti e una foglia enorme, simile a una coda, sul di dietro. Alcuni avevano dei braccialetti stretti sopra il gomito; erano di due tipi, di ramoscelli intrecciati e di pelliccia. A eccezione di Pete, tutti tenevano delle retine sulla fronte, che scendevano sulla schiena. Erano fatte di cordicelle spesse e sostituivano le tasche che non avevano. Emanavano un odore forte, muschiato, dovuto al sudore mescolato al grasso di maiale annerito con la cenere che i nativi si spalmavano sul corpo. Il vento lo soffiava nelle sue narici: «Avrebbero bisogno di un bel bagno» si disse «e di tanta, tanta acqua di rose».

Il sentimento era reciproco, almeno per quello che riguardava l'odore. Wimayuk e Yaralok pensarono che gli spiriti puzzavano in modo terribile. Considerando il tanfo della cancrena di Margaret e Decker, e il fatto che non si lavassero da giorni, non avevano tutti i torti.

Margaret ebbe un moto di ripugnanza di fronte allo sciame di mosche che volava sulle ferite e sui graffi degli indigeni. Si meravigliò dei loro piedi, non ne aveva mai visti di così grandi e piatti.

Intanto, alle spalle degli adulti che si stringevano le mani, dall'altro lato del fosso, si era radunato un gruppetto di ragazzini. Un indigeno, un uomo, spaccò un bastoncino e strofinando rapidamente una liana di rattan, produsse delle scintille e accese un fuoco, su cui prese a cuocere delle patate dolci, che i nativi chiamavano *hiperi*.

McCollom si chinò ed estrasse dal terreno una pianta che somigliava al rabarbaro che coltivava nel suo orto nel Missouri. La ripulì dalla terra e ne addentò il gambo. Sentì il fumo uscirgli dalle orecchie. Era il cibo più piccante che avesse mai mangiato! La sputò facendo sbellicare gli indigeni dalle risate. Tutti tranne uno, che iniziò a protestare con Pete con una tale veemenza che turbò gli americani: che fossero proprio sul suo campo? Margaret aveva paura di quell'uomo, che chiamò «Piantagrane». Ma Pete intervenne. E si calmò.

Quasi certamente, Piantagrane era Pugulik Sambom. E la sua rabbia non riguardava tanto il cibo quanto i sopravvissuti in sé. Li chiamava «spiriti», «fantasmi», diceva che sarebbero stati solo causa di sventure.

La piccola Yunggukwe lo osservava camminare avanti e indietro su un tronco caduto, più spaventato che arrabbiato, e ascoltava le sue parole: «Sono *mogat*, mandiamoli via...». La donna, alle cui gambe si era aggrappata, era sua moglie, il cui nome, Maruk, significava «Male». E si unì alle proteste del suo uomo. Fortunatamente per i sopravvissuti, i Wandik erano più dei Sambom e decisero di accoglierli, che fossero spiriti o meno.

I tre cercarono di convincerli ad accettare in dono il temperino di McCollom. E di assaggiare una caramella. «Maneggiarono il coltello con curiosità» scrisse Margaret. «Cercammo di far capire loro che la caramella era da mangiare, ed era buona. Aprivamo la bocca, ne succhiavamo un pezzo, facevamo schioccare le labbra e assumevamo un'espressione estasiata, anche se eravamo arrivati a odiarle come fossero veleno. Non ci capivano, così pensammo di offrirle ai ragazzini. Ma quando gliele allungammo, il Piantagrane cominciò a urlare e a saltare su e giù, finché non ci ritirammo in tutta fretta.»

Allarmata, Margaret scavò nella tasca cercando il suo portacipria con specchietto. Lo aprì e mostrò a Pete la sua immagine. Deliziato, Wimayuk Wandik lo passò ai suoi. Fu un'idea geniale: «Alla vista del proprio volto,» scrisse «quei selvaggi nudi e puzzolenti si illuminavano, si davano di gomito e commentavano come donnette».

«Maggie,» disse Decker a un certo punto «devi scrivere ai missionari e consigliargli di fare rifornimento di questi portacipria.»

D'un tratto, stremata nel corpo e nella mente, con le gambe ustionate e i piedi che pulsavano, Margaret cadde a terra. Un gruppo di indigeni la circondò e si accucciò a osservarla. Appena si riprese, recuperò il portacipria e si guardò nello specchietto. E comprese la loro curiosità. Non solo era la prima donna bianca che vedevano, ma più precisamente la prima donna «bianca e nera». Le ustioni che si era procurata nell'incidente le avevano annerito la metà sinistra del viso, lasciando intonsa la destra. Le ciglia e le sopracciglia erano bruciacchiate e il naso gonfio. L'intervento da parrucchiere di McCollom nella giungla non aveva certo migliorato la situazione. I suoi capelli, un tempo splendenti, erano ritti sulla testa. Lei non lo sapeva, ma quel che incuriosiva di più i nativi erano i suoi occhi azzurri.

Mentre fissava gli indigeni e gli indigeni fissavano lei, Margaret si sentì sollevata: «In quel momento,» annotò «amavo Pete e i suoi uomini come se fossero miei fratelli. Non erano cacciatori di teste o cannibali, ma una razza di Caspar Milquetoast* dal volto nero. Provavo una profonda gratitudine».

McCollom mostrò a Pete le ferite di Margaret e Decker. L'indigeno annuì con fare solenne. Poi guardò di nuovo e mormorò più volte: «Unh, unh, unh». Significava che gli spiaceva, che capiva il loro dolore. Non era una parola Yali o Dani, era un suono umano, comprensibile in tutte le lingue del mondo. Dopodiché si avvicinò allo squarcio di Decker, lo esaminò e ci soffiò sopra. Guardando l'espressione e avvertendo l'urlo trattenuto, per la prima e ultima volta, Margaret pensò che sarebbe svenuto. Pete, poi, la raggiunse. E fece lo stesso, soffiò sulle gambe e sulla mano. Le sembrò di morire. Aveva un alito terribile, il peggiore del mondo.

In realtà, il soffio non era soltanto una sorta di rito, come l'imposizione delle mani sulle ferite in altre parti del mondo, ma molto di più: significava che coloro che li avevano trovati feriti e affamati in un campo di patate desideravano la loro sopravvivenza.

* Nome di un personaggio dei fumetti americani degli anni Venti. Si riferisce a una persona particolarmente debole e innocua [N.d.T.].

Quando uno Yali o un Dani viene ferito, il danno fisico è quasi di secondaria importanza. Preoccupa di più l'eventualità che la ferita possa scacciare l'essenza del suo essere, i suoi *etai-eken* o «semi del canto». In altre parole: la sua anima.

Gli *etai-eken* risiedono nella parte superiore del plesso solare, appena sotto le costole. La collana di conchiglie di Pete, che pendeva proprio in quel punto, serviva con tutta probabilità a proteggerli. Gli indigeni credevano che, nei momenti di sofferenza, i «semi del canto» si spostassero dal petto alla schiena, il che rappresentava una calamità spirituale e una minaccia al benessere della persona che necessitava un'azione urgente. Per prima cosa, uno specialista rimuoveva qualsiasi residuo della freccia o della lancia che aveva causato la ferita. Poi, praticava diverse incisioni nello stomaco della vittima per drenare quel che gli indigeni chiamavano *mep mili*, «sangue nero», che ritenevano responsabile del dolore e della malattia. Infine, eseguiva il trattamento più importante: si rivolgeva direttamente all'*etai-eken*. Convinceva l'anima a tornare al proprio posto, bisbigliando alcune invocazioni alle orecchie del malato e, appunto, soffiando direttamente sulla ferita.

Insomma, pochi attimi prima i tre superstiti avevano temuto di venire uccisi e mangiati da Wimayuk Wandik, l'indigeno che chiamavano Pete. Questi, invece, si stava prendendo cura della loro anima.

I sopravvissuti erano stremati. Gli indigeni, però, erano talmente affascinati dagli spiriti del cielo che non accennavano ad andarsene. Poi, verso le quattro del pomeriggio, venne a piovere. La solita pioggia battente, gelata. I selvaggi raccolsero le patate, di fronte agli occhi di un incredulo Decker, ma lasciarono il temperino, il portacipria e le caramelle.

I tre si guardarono, non dissero niente: sarebbe stata un'altra notte di fame e sofferenza. Trovarono un punto relativamente soffice, distesero una cerata e usarono l'altra per coprirsi. Prima di abbandonarsi all'incoscienza, Margaret pensò che tutto sommato le era andata bene: avevano attraversato la giungla, avevano attirato l'attenzione dei soccorritori e fatto amicizia con una tribù semipreistorica. C'era poco da dire, era stata una grande giornata. E ora poteva finalmente riposare.

Non sapeva quanto avesse dormito. Un'ora? Due ore? Tre ore? Fatto sta che quando riaprì gli occhi era ancora notte fonda. Non abbastanza perché non notasse un'ombra china su di lei. Prima di urlare per lo spavento, la riconobbe, era Pete. Il selvaggio non disse niente, fece solo «uhn uhn». E, nell'oscurità, le sembrò che sorrise. Margaret si riprese, si tranquillizzò. Svegliò McCollom che, dopo una breve resistenza, aprì gli occhi: «Santo cielo...» disse con voce impastata e al tempo stesso stupita «ora abbiamo anche un guardiano...». Poi, entrambi, avvinti dalla stanchezza, si lasciarono andare.

Ogni volta che aprivano gli occhi, Pete era lì. Chino, in silenzio. Quieto, attento. Come una chioccia che si prende cura dei suoi piccoli.

Capitolo 13

BAHALA NA!

Nel novembre 1944 Earl Walter e i sessantasei paracadutisti del 5217° battaglione erano "reclusi" nella tranquilla Hollandia, in balia del suo clima umido e malsano, in attesa di essere coinvolti in qualche missione. In quel periodo l'evento più emozionante fu quando il battaglione venne ribattezzato 1° Battaglione di Ricognizione Speciale, meglio noto come 1° Recon. Tuttavia la nuova denominazione, così come la promozione di Walter da luogotenente a capitano, non cambiò granché le cose, né una quotidianità fatta di attese e inattività.

Intanto, le forze alleate guidate dal generale MacArthur riconquistavano una dopo l'altra le isole delle Filippine, da Leyte a Luzon, da Palawan a Mindanao. E i paracadutisti del 503° e 511° reggimento portavano a termine missioni eroiche e ai limiti del possibile.

Walter e i suoi non vedevano l'ora di entrare in azione. Di dare forma e pratica al loro motto, «Bahala na!», che in lingua tagalog, il principale dialetto filippino, significava: «Sia quel che sia!». Più tempo passava senza una missione più si sentivano beffati. Il pericolo, dal loro punto di vista, era che non succedesse proprio niente. Volevano combattere, invece, scacciare l'invasore, riprendersi la loro terra e il loro onore. Volevano vendicarsi degli oltre due anni di occupazione giapponese. Volevano vendicarsi della Marcia della Morte di Bataan del 1942, durante la quale l'esercito nipponico aveva ucciso e brutalizzato migliaia di soldati filippini e americani caduti nelle loro mani, costringendoli a una marcia forzata di ben centosessanta chilometri fino a un campo di prigionia. I giornali ne avevano raccontato ogni dettaglio, alimentando un mix incandescente di paura e odio nei confronti degli invasori più che mai vivo tra gli uomini del 1° Recon.

Walter cercò in ogni modo di tenere alto il morale della truppa e di curarne la forma fisica. Per allenare le gambe, fondamentali per gli atterraggi con il paracadute, costringeva i suoi uomini a corse estenuanti attorno alla base. Dentro di sé, però, aveva il timore che fosse tutto inutile, che fosse una perdita di tempo. Che avrebbe trascorso il resto della vita a rispondere «non molto» quando i suoi amici, i suoi compagni e magari i suoi figli gli avessero chiesto cosa aveva fatto in guerra.

Il comportamento dei nemici, peraltro, non aiutava. I giapponesi stavano ritirandosi molto più in fretta di quanto ci si fosse aspettato, rendendo virtualmente inutili le caratteristiche del 1° Recon: la conoscenza della lingua e del terreno, la capacità di infiltrarsi nelle fila nemiche e di lanciarsi con il paracadute.

Walter propose ai superiori un combattimento dopo l'altro. Non servì.

Mostrando una certa intraprendenza, cercò di aggirare la burocrazia progettando un lancio di sua iniziativa. Condivise il piano con un conoscente, un luogotenente figlio del generale Whitney, coordinatore della guerriglia nelle Filippine e confidente di MacArthur. Ancora una volta, non servì.

Non rinunciò.

Il 13 maggio 1945 scrisse direttamente al generale Whitney. Disse che era stanco di non fare niente, che voleva combattere nelle Filippine. E che, se non fosse stato possibile, avrebbe voluto essere assegnato a un'unità di combattimento in Europa od ovunque nel mondo, prima che fosse troppo tardi e che la guerra fosse stata vinta.

«Sono partito come volontario e ho lavorato duro per essere spedito in quest'area. Non voglio gettare via i miei sacrifici» scrisse. «Sono consapevole di violare il protocollo rivolgendomi direttamente a lei. Me ne dispiaccio. Ma ho troppa fame, troppa voglia di azione.»

Whitney fu colpito dall'audacia del soldato. Gli rispose due settimane più tardi con una lettera piena di lodi e incoraggiamenti: «Ora, però, abbiamo altre priorità. La riconquista delle Filippine viene prima delle pur giuste e comprensibili ambizioni personali. Soldato,» scrisse «si tenga pronto con i suoi uomini: se tutto va come previsto, siamo prossimi all'invasione del Giappone». Walter non sapeva se essere felice o deluso, e continuò a leggere con voracità: «Il quartier generale è molto soddisfatto del battaglione e del modo in cui lo ha preparato per il servizio attivo. Abbiamo piena fiducia in lei e nei suoi uomini. Pazientate. Allenatevi. Preparatevi. La guerra ci regalerà altre soddisfazioni».

Alla fine, decise: era sollevato. Anzi di più. Rispose con un'altra missiva: «Mi sono preso la libertà di leggere le sue parole ai miei paracadutisti: hanno il morale alle stelle. Siamo ansiosi di fare la nostra parte e possiamo assicurare che il compito che ci verrà assegnato, per quanto difficile, sarà completato con successo. Non appena arriverà il momento, ci faremo trovare pronti. Può contare su di noi».

Passarono giorni, settimane, mesi.

Il 1° Recon continuava a restare ai margini del conflitto e l'eccitazione di Walter cominciava a scemare. Si sentiva stanco, stufo, frustrato. Era certo che il padre avesse mantenuto la promessa che gli aveva fatto accanto al sottomarino, a Mindanao. D'altra parte, era una figura autorevole, aveva organizzato e guidato la guerriglia, e disponeva di amicizie importanti. Se avesse detto: "Non voglio che mio figlio combatta", lo avrebbero ascoltato.

Nel maggio 1945, mentre il capitano C. Earl Walter jr. si avvicinava al suo ventiquattresimo compleanno, la guerra sembrava sul punto di terminare e lui e la sua unità non avevano pressoché mai combattuto.

I suoi uomini erano delusi come e quanto lui, se non di più. In fondo, i soldati di origini filippine avevano una storia a dir poco particolare alle spalle. Cinquant'anni prima, infatti, il Trattato di Parigi, che aveva sancito la fine della guerra ispano-americana, aveva concesso agli USA il controllo delle Filippine, con grande rammarico della popolazione locale che, dopo tre decenni di dominio spagnolo, desiderava intensamente l'indipendenza. Ma il presidente William McKinley dichiarò in un discorso tanto celebre quanto contestato che era dovere degli Stati Uniti «istruire i filippini, sollevarli dalla loro condizione, civilizzarli e cristianizzarli».

A distanza di alcune settimane dalla firma del trattato, alcune pattuglie americane e filippine si scontrarono alla periferia di Manila, dando il via a una battaglia che sarebbe durata quarantuno mesi, nota come la guerra filippino-americana, il conflitto più dimenticato della storia a stelle e strisce. In poco meno di quattro anni, morirono oltre quattromila soldati americani, ventimila filippini e più di centomila civili, vittime di infezioni, carestia e violenze ingiustificate. Il 4 luglio 1902 il presidente Roosevelt dichiarò la vittoria e le Filippine divennero una colonia americana, anche se la guerriglia proseguì per anni più o meno sotto traccia.

Nei trent'anni successivi moltissimi filippini immigrarono negli Stati Uniti, soprattutto in California e nelle Hawaii, e le relazioni tra le due nazioni migliorarono, specie dal punto di vista commerciale. In America, però, le cose non andavano per il meglio. I filippini si sentivano discriminati e, nei fatti, lo erano. La legge vietava loro di possedere della terra, di sposare donne bianche, di lavorare al di fuori delle fabbriche, dei campi e delle ville di qualche signore.

Nelle Filippine, intanto, la spinta indipendentista non si era fermata. Nel 1934 il presidente Franklin D. Roosevelt firmò una legge che stabiliva un periodo di transizione di dieci anni, al termine del quale le Filippine avrebbero avuto una democrazia di stile americano. Fino ad allora, sarebbero state severamente limitate le immigrazioni e le leggi di rimpatrio avrebbero esercitato pressioni sui filippini residenti negli Stati Uniti affinché tornassero nelle proprie isole.

Poi ci fu l'8 dicembre 1941. Il giorno dopo Pearl Harbor, i giapponesi lanciarono un attacco a sorpresa sulle Filippine, con epicentro a Luzon. Al comando del generale MacArthur, l'esercito filippino e quello americano, numericamente inferiori, batterono in ritirata e si rifugiarono nella penisola di Bataan e nell'isola di Corregidor, all'ingresso della baia di Manila. Nell'aprile del 1942 si arresero. E, con l'aiuto del colonnello Elsmore, il generale MacArthur si rifugiò in Australia, dove avrebbe elaborato il suo piano di riconquista. Militari americani, militari e civili filippini non furono altrettanto fortunati: furono costretti a prendere parte alla Marcia della Morte o subirono un'occupazione brutale.

In seguito agli attacchi giapponesi, i filippini che vivevano negli USA, circa centomila, non potevano che provare rabbia e frustrazione, e una gran voglia di reagire. Tuttavia si trovavano in uno strano limbo: pur risiedendo legalmente negli USA, non potevano prenderne la cittadinanza, perciò non potevano arruolarsi né partire volontari. Sia individualmente sia attraverso i loro rappresentanti a Washington, inviarono petizioni a Roosevelt, al suo segretario di guerra e ai membri del parlamento in cui rivendicavano il diritto di combattere. Alcuni volevano arruolarsi per ragioni pratiche, opportunità e benefit che si aspettavano in qualità di veterani. La maggior parte, però, usava una parola, «vendetta»: «La vita del singolo» c'era scritto «conta poco rispetto a quella di una nazione. Siamo pronti a sacrificarci per la liberazione del nostro paese».

Poche settimane dopo, Roosevelt firmò una legge che consentiva ai filippini di entrare nell'esercito. Nacque così il 1° Battaglione Filippino, con il compito di riconquistare le isole, sia con azioni in campo aperto sia sotto copertura. Nel maggio 1942 si erano offerti volontari più di duemila filippini. Le reclute erano talmente tante che il battaglione venne promosso a 1° Reggimento Filippino. Poco dopo, nacque il 2° Reggimento Filippino. Alla fine, più di settemila filippini prestarono servizio nei due reggimenti. Roosevelt li premiò offrendo loro la cittadinanza.

Un giornalista americano descrisse le truppe americano-filippine con profonda ammirazione: «Gli uomini di questo reggimento non si tirano indietro di fronte a niente, neppure davanti alla morte. Gli ufficiali americani sono stupiti dalla loro disciplina e dal loro ardore.

E sono ammirati dai loro metodi di combattimento: nelle simulazioni di combattimento nella giungla, questi uomini, figli e nipoti di guerriglieri, strisciano fino al nemico con le baionette tenute ben salde in bocca, poi gli balzano addosso, brandendole come fossero *bolo*, i machete tradizionali».

Nella primavera del 1944, il 2° Reggimento Filippino venne assorbito dal 1° Reggimento Filippino e inviato all'estero come 1° Reggimento Filippino di Fanteria. Giunse nelle Filippine nel febbraio 1945 e prese subito a combattere. In seguito a una battaglia sull'isola di Samar, registrò cinque morti, contro 1.572 soldati giapponesi uccisi. Nel maggio 1945, mentre Walter e i suoi stazionavano a Hollandia in attesa di assegnazione, il 1° Reggimento Filippino di Fanteria era impegnato in pesanti combattimenti sull'isola di Leyte.

Alcune settimane prima dell'incidente del *Gremlin Special*, Walter venne invitato a pranzo dal luogotenente colonnello John Babcock, suo ex insegnante alla scuola militare. Nella mensa ufficiali, Walter colse l'occasione per sfogarsi, gli raccontò dell'addestramento, della determinazione dei suoi uomini, e della condizione d'immobilità, sospesa ed esasperante, cui erano costretti.

Babcock aveva insegnato sei anni all'istituto militare Black-Foxe, sapeva riconoscere quando un ragazzo diventava un uomo. Non poté non notare la trasformazione di Walter: aveva ancora le spalle larghe e la vita stretta da nuotatore, ma quel ragazzo indisciplinato, che saltava le lezioni e vendeva quaderni a metà prezzo per finanziarsi le scappatelle ai locali di strip-tease, aveva lasciato il posto a un capitano di fanteria aerea lucido e determinato, desideroso di mostrare a se stesso, e soprattutto al padre, tutto il suo valore. Alla fine del pranzo, si lasciarono con la promessa di rivedersi presto.

In seguito all'incidente del *Gremlin Special*, Babcock venne coinvolto nelle operazioni di ricerca e recupero dei sopravvissuti. Quando sentì il colonnello Elsmore lamentarsi del fatto che a Hollandia non ci fossero paracadutisti, intervenne lì su due piedi, senza pensarci su: «Ho le persone che fanno per lei!».

Quando gli raccontò dell'accaduto e della possibilità di prendere parte alla missione di salvataggio, Walter non ci pensò due volte. Certo, paracadutarsi a Shangri-La non era proprio come prendere parte a uno scontro a fuoco e non sembrava richiedere particolari doti di intelligence. Ma era pur sempre qualcosa. E avrebbe rotto la monotonia di quei giorni sospesi e dato un senso all'allentamento infinito cui lui e i suoi uomini continuavano a sottoporsi. Non gli importava di ciò che avrebbe detto o pensato suo padre anche perché, in fondo, lui era nelle Filippine, a centinaia di chilometri di distanza e nel mezzo di qualche battaglia.

Babcock non perse tempo e riportò la disponibilità del 1° Recon ai superiori. Walter fu convocato al quartier generale. Si incontrò con Elsmore e altri ufficiali, e con coloro che coordinavano le ricerche e il recupero dei dispersi. Gli spiegarono cosa era successo e gli descrissero il contesto, naturale e non, con cui lui e la sua unità avrebbero dovuto confrontarsi.

Walter ascoltò. Per la maggior parte del tempo, rimase in silenzio. Attento, rispettoso, disciplinato.

Dentro, però, si sentiva bruciare: non vedeva l'ora di cominciare.

Quando rientrò, i suoi uomini lo circondarono. Erano eccitatissimi. Era come se, prima ancora di sentirlo parlare, sapessero che almeno per alcuni l'attesa era terminata. Walter, che superava il più alto almeno di una spanna, aspettò che si calmassero. Dopodiché parlò: raccontò dell'incidente, di cui alla base non si aveva che una ricostruzione vaga e confusa. Fece riferimento ad alcuni sopravvissuti. E annunciò che i paracadutisti del 1° Recon erano stati scelti per una missione speciale: avrebbero dovuto raggiungerli, proteggerli e riportarli indietro sani e salvi. Disse che c'era bisogno di dieci volontari.

«Prima di offrirvi,» aggiunse «ci sono quattro cose che dovete sapere. Primo, la zona del lancio non è segnalata sulle mappe, perciò dovremo fare affidamento solo sull'esperienza, l'intuito e, ovviamente, le bussole. Secondo, i medici si lanceranno quanto più vicino ai superstiti. Io e gli altri volontari ci paracaduteremo nella valle di Shangri-La, a una quarantina di chilometri di distanza. Una volta atterrati, monteremo un campo per accogliere medici e sopravvissuti. Terzo, con tutta probabilità dovremo confrontarci con una popolazione ostile, arretrata dal punto di vista militare, ma nettamente superiore da quello numerico. Quarto,» disse prendendo fiato e alimentando la tensione «al momento non esiste un piano, nemmeno abbozzato, per farci uscire dalla valle.» In poche parole, avrebbero corso il rischio di marciare per più di duecento chilometri in direzione della costa nord o sud, attraverso uno dei luoghi più inospitali della Terra, portandosi dietro dei feriti, magari impossibilitati a camminare. In più, se si fossero spinti a nord, avrebbero invaso «il territorio dei cacciatori di teste e dei cannibali»; se, invece, si fossero diretti a sud, avrebbero attraversato giungle e paludi occupate da migliaia di soldati giapponesi. Walter non lo disse, ma fra le due opzioni preferiva di gran lunga la seconda. Certo, la morte rimaneva una possibilità tutt'altro che remota ma, almeno, sapeva come avrebbero reagito i soldati nipponici alla vista di un gruppo di paracadutisti. Inoltre, a differenza dei nativi, i giapponesi non conoscevano il territorio. Non più degli americani. Tutto sommato, poi, guidare i suoi uomini in uno scontro nella giungla, a tu per tu con le truppe giapponesi, in una situazione simile a quella di suo padre, sarebbe stata l'occasione per mostrare tutto il suo valore.

Finito di parlare, guardò i suoi uomini uno per uno. E si rese conto che tutti avevano delle ottime ragioni per essere lì: vendetta, patriottismo, opportunità, o tutte e tre le cose insieme. E che morivano dalla voglia di entrare in azione. In fondo, si erano arruolati e si erano sottoposti all'addestramento come paracadutisti di propria volontà. Era logico e naturale che fremessero.

«Avanti,» disse «chi si offre?»

Tutti alzarono la mano. Tutti fecero un passo avanti.

Walter provò un orgoglio immenso.

"Bahala na!" pensò. Sia quel che sia.

Capitolo 14

UNA BUONA ACCOGLIENZA

Margaret, McCollom e Decker si svegliarono all'alba di giovedì 17 maggio doloranti, infreddoliti, bagnati e affamati. Sapendo che altri aeroplani di ricerca sarebbero tornati nel luogo in cui il capitano Baker aveva lanciato le zattere di salvataggio, mangiarono alcune delle ultime caramelle e iniziarono a parlare delle operazioni di soccorso. McCollom era convinto che l'aeronautica militare avrebbe spedito un elicottero, che li avrebbe riportati a Hollandia in men che non si dica. Gli unici ostacoli, pensava, potevano essere gli alberi: «Dobbiamo ripulire il terreno per consentire l'atterraggio» disse in tono sicuro.

Intorno alle nove udirono e videro un C-47. Per la prima volta, compresero l'effetto che doveva aver fatto il *Gremlin Special* agli indigeni prima che si schiantasse. Quando l'aereo fu sopra la radura, dalla stiva si aprì un portellone dal quale vennero lanciate casse di legno piene di provviste, attaccate a dei grandi paracaduti rossi. Margaret osservò il primo paracadute aprirsi nel cielo come un grande tulipano rovesciato. La cassa oscillò in aria prima di atterrare a un centinaio di metri dalla radura. McCollom e Decker si immersero nella giungla per recuperarla, mentre Margaret restava sul terreno leggermente rialzato della collina, prendendo mentalmente nota di dove cadevano le altre.

I due uomini ci misero un po', ma tornarono con un trofeo ancora più prezioso del cibo: una radio portatile. Si trattava di una ricetrasmittente a tenuta stagna, pesante circa quindici chili e grande quanto una valigetta. Prodotta dalla Motorola per l'Army Signal Corp, poteva essere trasportata sulle spalle di un soldato, da qui il nome: walkie-talkie. Nel tempo, questo apparecchio avrebbe rivoluzionato il mondo della comunicazione. Nell'immediato, avrebbe salvato la vita ai tre americani.

McCollom accese la radio senza difficoltà. Margaret e Decker trattenevano a stento l'eccitazione, guardando ora in alto, verso l'aereo, ora in basso, verso il luogotenente. Portando il microfono alla bocca, McCollom sentì sgorgare tutte quelle emozioni che aveva soppresso da quando era strisciato fuori dall'aereo in fiamme. Per la prima volta dalla morte del fratello aveva la gola serrata e non riusciva a parlare. Dovette ingoiare un paio di volte prima di riacquistare la voce: «Qui il luogotenente McCollom, mi sentite?» riuscì a dire con voce rotta. «Rispondete, mi sentite? Passo.»

La risposta non si fece attendere. «Qui tre-uno-uno,» disse il sergente Jack Gutzeit, l'operatore radio dell'aereo, identificandosi con le ultime tre cifre seriali del velivolo. «Tre-uno-uno chiama nove-cinque-due» i numeri del *Gremlin Special*. «Ti sento forte e chiaro, la connessione è perfetta.»

Margaret guardò i suoi commilitoni. I suoi compagni. I suoi amici. E non riuscì a trattenere le lacrime. Loro fecero lo stesso. Certo, erano ancora nella giungla, ma non si sentivano più soli o abbandonati. Avevano ripristinato un legame con la vita o, almeno, con una voce dallo spiccato accento newyorkese a bordo di un aereo americano che volava in cerchio sopra le loro teste.

McCollom si riprese. Descrisse in modo asciutto ciò che era accaduto, dallo schianto all'avvistamento. Fece una pausa, abbassò lo sguardo: «Siamo gli unici sopravvissuti». Nello stesso momento in cui lo disse ripensò al gemello. A sua moglie e alla sua bambina. E a tutti i familiari delle vittime, che avrebbero aperto la porta a un corriere della Western Union, avrebbero letto un telegramma firmato da chissà quale rappresentante dello stato e avrebbero dovuto sostituire la stella blu con quella nera.

Il capitano Frank Riley, un chirurgo militare che si trovava a bordo dell'aereo, chiese a McCollom di comunicare le loro condizioni di salute. Margaret e Decker avevano le ferite infettate e incancrenite. Ed erano così deboli che avrebbero fatto fatica anche solo ad abbandonare lo spiazzo su cui si erano rifugiati. McCollom li guardò dubbioso, incerto su quale risposta fornire.

«Dì che stiamo bene» disse Margaret.

Decker approvò: «Comunque, per ora, non possono fare niente...».

McCollom obbedì e riferì che i suoi compagni stavano bene.

L'aereo, pilotato dal capitano Herbert O. Mengel di St. Petersburg, Florida, continuava a volare in circolo. Jack Gutzeit, l'operatore radio, riferì che a Hollandia stavano mettendo a punto un piano di salvataggio, ma non c'era ancora nulla di certo. E che sarebbero tornati al più presto con i medicinali: «Intanto,» aggiunse «vi stiamo lanciando un sacco di squisitezze, godetevele!».

Subito dopo che l'aereo era scomparso dalla loro vista e subito prima di lanciarsi alla ricerca delle casse, Margaret, McCollom e Decker notarono che gli indigeni erano ritornati. Erano accovacciati dall'altro lato della collinetta. Sorridevano, li osservavano come il pubblico a uno spettacolo di Broadway. O come dei bambini al circo.

I nativi accesero un piccolo fuoco per riscaldarsi e ci si sedettero intorno, fumando dei grossi sigari verdi con evidente piacere. I tre li guardarono con invidia. Avevano le sigarette, ma l'accendino era scarico e i fiammiferi bagnati. Terminata la conversazione con l'equipaggio dell'aereo, però, il morale era decisamente migliorato e McCollom annunciò: «Vado a chiedere ai nostri vicini se hanno da accendere». Si alzò, raggiunse gli indigeni, si fece passare un bastoncino con la fiamma, tornò indietro e la condivise con i suoi compagni. I nativi fumavano sulla loro parte di collinetta, gli americani sulla loro, tuttavia, pensò Margaret, "nessun calumet della pace avrebbe potuto essere migliore".

Stavano meglio, non c'era niente da fare. Al punto che iniziarono a discutere di cibo senza il rischio, questa volta, di doversene pentire subito dopo: «Non vedo l'ora di mettere le mani sulle razioni che ci hanno gettato» disse Decker.

«Speriamo solo che non ci siano pomodori in scatola o uva passa» intervenne l'ausiliaria. «Quando ero piccola ne ho mangiati fino a farne indigestione e ora non riesco nemmeno a guardarli...»

McCollom rispose: «Se solo potessi metterci le mani sopra non avrei difficoltà a mangiare i pomodori, lattina compresa».

Poco tempo dopo si alzò e si allontanò in cerca delle provviste. Margaret era colpita dalla forza del compagno, e dal modo in cui aveva assunto ed esercitato il comando. Ma era ancora più colpita dall'uomo che lo seguiva come un'ombra ovunque andasse: «Decker era emaciato, gli occhi sembravano due bruciature su una coperta» scrisse in seguito. «Sapevamo che era ferito, ma non fino a che punto. Non so come fece a mettersi in piedi, ma ci riuscì e, barcollando, senza lamentarsi, andò dietro a McCollom, ben deciso a fare la sua parte di lavoro.»

Anche se nel corso della conversazione via radio McCollom aveva riferito che i superstiti erano solo tre, il C-47 era stato riempito, con ottimismo, per sfamare due dozzine di persone. L'ordine era di lanciare le provviste, e il capitano Mengel e il suo equipaggio non avevano alcuna intenzione di disobbedire. Il cielo sopra Shangri-La si riempì di casse e paracaduti colorati.

Mentre Decker e McCollom si allontanavano per recuperare le provviste, Margaret temeva che gli indigeni potessero raccogliere quelle che aveva visto cadere su una collina lì accanto. Decise di andarci in prima persona. Le gambe infette e bruciate, però, le facevano malissimo, così fu costretta ad avanzare carponi. E quando la mano ferita fece troppo male, si mise su un lato e proseguì quasi strisciando. Quando raggiunse la collina, fu stupita nel vedere uno steccato in legno che sembrava uscito dal Far West. Allungò lo sguardo e rimase ancora più stupita: dietro allo steccato, si allungava il villaggio degli indigeni. Scrisse: «Era un luogo strano e affascinante, con un grande edificio e diverse casette, simili a funghi, disposte tutte attorno. Le capanne erano rotonde, con pareti di bambù e tetti in paglia, e sembravano quasi attaccate le une alle altre. I tetti brulicavano di indigeni, che allungavano il collo nero per guardarmi meglio. Vidi un grande buco in uno dei tetti di paglia. Provai contemporaneamente un vago sospetto e una sensazione di sgomento. Ero certa che uno dei nostri pacchi avesse sfondato il tetto. Avevo ragione. Mi chiesi se gli indigeni si fossero arrabbiati e volessero vendicarsi con noi. Loro, però, rimasero fermi a osservarmi, estasiati dallo spettacolo che offrivo. Decisi di tornare sui miei passi, alla mia collina».

La cassa che aveva sfondato il tetto non causò altri danni. Un'altra cassa, però, lanciata senza paracadute, mandò su tutte le furie un'indigena, che se la prese con gli spiriti del cielo.

Yunggukwe, la figlia adolescente di Yaralok, aveva appena ricevuto il suo primo maiale. Il fatto di esserne divenuta formalmente proprietaria, nonché il possesso dell'animale in sé, costituivano un passaggio fondamentale nella vita di una ragazza Yali, erano di immensa importanza. Il valore di quel maiale per Yunggukwe era talmente grande, sia dal punto di vista emotivo sia da quello gustativo, che lo si poteva superare solo con il possesso di due maiali.

Quella mattina lo aveva legato alla staccionata fuori dalla capanna, pensando che sarebbe stato al sicuro. Ma quando l'aereo con le provviste giunse rombando su Uwambo, il maiale non seppe dove nascondersi. Per risparmiare sui paracaduti, alcune scatole, quelle che contenevano il materiale infrangibile, tipo le tende, venivano lanciate senza protezioni, in caduta libera dai portelloni degli aerei. Così fu anche quel giorno. Ovvio, non c'era alcuna volontarietà, ma nel corso della guerra nessun raid aereo colpì il proprio obiettivo con maggior precisione. La cassa atterrò esattamente sul maiale di Yunggukwe, uccidendolo sul colpo e colpendolo con una tale forza da dilaniarlo. Yunggukwe non ricevette mai né scuse, né una compensazione. Non avrebbe mai dimenticato, né perdonato.

Margaret giunse strisciando fino alla radura nello stesso momento in cui McCollom e Decker sbucavano dalla giungla con un sorriso sornione. Avevano trovato una mezza dozzina di barattoli. Di pomodori e succo di pomodoro.

«Su, Maggie,» disse Decker «fai la brava bambina e non protestare...»

Margaret si costrinse a buttarne giù quattro bocconi, ma poi dovette arrendersi. Si arrabbiò al punto che pretese che i due, che stavano banchettando con gusto, tornassero nella giungla a cercarle qualcos'altro da mangiare. McCollom e Decker si fermarono di colpo. Furono sul punto di scoppiare a ridere. Ma trattennero le risa, compresero quanto potesse essere frustrata e si diressero verso il punto in cui credevano fossero cadute la casse con il cibo. Tornarono poco dopo. Senza cibo. Avevano trovato una decina di "kit da giungla", pieni di pillole di Atabrine per la malaria, pomate per le ferite, tavolette per purificare l'acqua e borse per raccogliere acqua da fiumi o laghi. C'erano anche machete, zanzariere, bende e garze. L'unica cosa commestibile erano le barrette di cioccolata. Ma Margaret non ne fu entusiasta: "Basta," pensò "non ne posso più del dolce. Il solo pensiero mi dà la nausea...". Alla fine cedette, si accontentò.

Poco dopo, la forza d'animo di Decker la stupì un'altra volta. Senza dire una parola, raccolse i sacchetti per l'acqua e si diresse al torrente. Ci rimase per tanto, troppo tempo. Margaret si preoccupò. Alla fine, tornò. Era pallido, sudato. Aveva consumato l'ultimo briciolo di energia. Salì sulla collinetta e si lasciò andare a terra, esausto.

McCollom era molto preoccupato per la loro salute. Era arrivato il momento di curare le ferite. Obbedendo ai suoi ordini, Margaret si arrotolò i pantaloni e gli mostrò le ustioni ad anello attorno ai polpacci. Non le curava da quattro giorni: erano piene di pus e puzzavano di carne morta. Le ustioni e i tagli su entrambi i piedi erano andati in cancrena, e così pure una parte della mano.

«Decker e McCollom hanno guardato le mie gambe, poi hanno alzato gli occhi. Incrociandoli, mi sono resa conto che la situazione era davvero grave» annotò sul diario. «All'improvviso sono stata colta dal terrore di perdere le gambe.»

Lottò per non perdere il controllo. Sapeva che il rischio era quello di scivolare in una spirale di panico. Lasciò che McCollom le spalmasse la pomata che avevano trovato nel kit e coprisse le ferite con le garze.

Anche senza guardarsi nello specchietto del portacipria, Margaret sapeva di avere un aspetto orribile, di essere sporca e spettinata: dov'era finita l'ausiliaria del WAC efficiente e responsabile che ci teneva talmente al proprio aspetto da trascorrere le sere ad adattare le uniformi alle sue forme minute? Decker, al solito, non si trattenne: «Sembri proprio un vecchio sacco».

Saggiamente McCollom tenne la bocca chiusa, ma questo non bastò a proteggerlo dalla sua collera. Margaret li guardò entrambi, altrettanto sporchi, con la barba di quattro giorni sulle guance scavate, e replicò: «E nessuno di voi è Van Johnson,» il celebre attore, tipico esempio di bellezza americana.

Dopo Margaret, in base alla gravità, era il turno di Decker. Lo squarcio sulla testa era profondo e produceva un pus giallognolo e puzzolente. Il soffio di Wimayuk Wandik forse gli aveva salvato l'anima, ma di certo non aveva fatto nulla per la ferita. Margaret e McCollom temevano che un loro intervento, senza gli strumenti e le medicine adatte, non avrebbe fatto altro che peggiorare la situazione. Perciò non fecero nulla. E non fecero nulla nemmeno per il gomito destro, probabilmente rotto. Si concentrarono su quello che sembrava un problema minore. Il giorno precedente, si era lamentato più volte dei pantaloni che gli pungevano il sedere. Pensavano che la causa potessero essere delle ustioni riportate nell'incidente, ma la stoffa non era né bruciata né strappata, perciò non credevano fossero gravi. McCollom gli ordinò di calarsi i pantaloni e di stendersi a pancia in giù.

«Lo spettacolo che si presentò ai nostri occhi fu terribile,» scrisse Margaret «e ci fece capire per la prima volta le sofferenze che aveva patito Decker in silenzio.»

Le natiche e la parte posteriore delle gambe erano coperte da ustioni terribili, andate in cancrena. Margaret si sentì male a quella vista. Ed ebbe paura. E dall'espressione che gli vide sul volto, anche McCollom ebbe la stessa reazione. Quelle ferite facevano paura. Ma non volevano spaventare Decker, perciò non gli dissero nulla e cominciarono a eliminare con cura e delicatezza la pelle morta. Ripulirono la zona meglio che poterono e applicarono un abbondante strato di pomata.

Decker non sapeva come fosse successo. Forse, pensava, era caduto contro un pezzo di metallo rovente durante lo schianto. E il risultato era stato lo stesso che se avessero stirato un paio di pantaloni tenendoli addosso: pantaloni perfetti, ma la pelle totalmente distrutta.

Decker sopportò l'operazione con uno stoicismo encomiabile. Al termine, McCollom gli coprì le natiche con una benda grande e rettangolare che sembrava un pannolone. «Quello sì» scrisse Margaret «che lo demoralizzò...» C'era un filo di ironia in quelle parole. D'altra parte, il senso dell'umorismo, in quella situazione, era un'arma fondamentale. Permetteva loro di prendere le distanze, di non pensare, di essere per un attimo più leggeri. Visto il momento, però, non disse niente e tenne per sé le sue considerazioni. Si sforzò solo di fare finta di niente, e non spaventare il compagno. Temendo l'amputazione delle proprie gambe e che le ferite di Decker gli avrebbero fatalmente avvelenato il sangue, si chiese solo: "I medici arriveranno in tempo?".

Dopo le medicazioni, McCollom ordinò a entrambi di stendersi e di rimanere fermi. Lo fecero, con le orecchie dritte, in attesa che gli aerei dei soccorritori, con i medici militari, si facessero sentire.

Alle due del pomeriggio arrivarono le nuvole e il tempo si guastò. Una nebbia fitta avvolse la valle e le loro speranze. Nessun medico paracadutista avrebbe osato lanciarsi in quelle condizioni, con quella foschia avrebbe rischiato di restare impigliato a qualche albero o addirittura rimanere impalato. Non poterono fare altro che distendere le cerate e cercare di tenersi caldi.

Giunta la sera, McCollom era l'unico ancora in grado di camminare. Decker non riusciva più a muoversi, sfinito dalle ferite, dagli sforzi e dall'imbarazzo. Anche Margaret stava male. Nonostante l'evidente stanchezza, McCollom l'aiutò come fosse una bambina. Si sentiva impotente, troppo malata e troppo debole per reagire. Poteva solo pregare. Non lo aveva mai fatto così tanto in vita sua.

Capitolo 15

NIENTE THANKSGIVING A SHANGRI-LA

Erano tanti, una sessantina. E tutti si erano offerti volontari per paracadutarsi su Shangri-La, nonostante gli avvertimenti del capitano.

Fu il momento di sceglierne dieci.

Walter cominciò dal suo braccio destro, il sergente maggiore Santiago "Sandy" Abrenica, che considerava un buon amico oltre che il miglior soldato che avesse mai conosciuto. Abrenica aveva 36 anni, era magrissimo, aveva gli occhi scuri e un'espressione guardinga. Era nato a Luzon, nelle Filippine, ed era immigrato da solo negli Stati Uniti nel 1926, a soli 17 anni, dichiarando di voler raggiungere una YMCA, un'organizzazione giovanile cristiana, a Seattle. Aveva lavorato come giardiniere e aveva l'hobby di far volare aeromodellini.

Walter scelse poi due medici militari ai quali sarebbe toccato il compito più difficile: paracadutarsi nella giungla e curare i superstiti, mentre il resto dell'unità si sarebbe lanciata a una quarantina di chilometri di distanza, nella valle pianeggiante e sgombra di Shangri-La, per montare il campo base. Dopo averli guardati negli occhi, scelse il sergente Benjamin "Doc" Bulatao e il caporale Camilo "Rammy" Ramirez. Sia Doc che Rammy avevano un buon carattere e sorridevano spesso.

Il sorriso di Rammy rivelava una peculiarità, due incisivi d'oro. Per il resto non avrebbero potuto essere più diversi. Doc Bulatao era silenzioso, quasi timido, mentre Rammy Ramirez aveva una parlantina sciolta e una personalità fuori misura per un uomo alto poco più di un metro e mezzo.

Come Abrenica e la maggior parte dei membri del 1° Recon, anche il trentunenne Bulatao era single ed era immigrato negli Stati Uniti da ragazzo. Prima di arruolarsi nel 1° Reggimento Filippino della California aveva lavorato come bracciante.

La strada che aveva portato Rammy Ramirez a Hollandia era stata più tortuosa e più pericolosa. Era nato a Ormoc, sull'isola di Leyte, e si era arruolato dieci mesi prima che scoppiasse la guerra. Era stato assegnato ai Philippine Scout, un'unità dell'esercito americano composta da filippini. Quando, dopo Pearl Harbor, i giapponesi invasero le Filippine, Ramirez faceva parte delle truppe sconfitte e poco attrezzate che resistettero al nemico per più di quattro mesi sulla penisola di Bataan, provate dalla fame e dalla dissenteria. E quando nell'aprile del 1942 le truppe americane e filippine si arresero, Ramirez fu uno dei tanti costretti ad affrontare la Marcia della Morte, soffrendo non solo per la brutalità dei suoi aguzzini e la mancanza di acqua e cibo, ma anche per la malaria e la febbre dengue. Solo una mossa audace gli evitò di finire in un campo di prigionia. Una sera notò un buco rattoppato con del filo spinato nell'angolo della staccionata nella quale erano stati temporaneamente rinchiusi. E si disse: "Sono salvo". La notte successiva attese che la guardia giapponese mettesse giù il fucile e si mettesse a sonnecchiare. Strisciò piano piano verso l'apertura. Cercò di allargare il filo spinato, ma non ci riuscì. Si infilò lo stesso, ma la camicia si impigliò nel filo spinato. Tirò, la strappò. Facendolo, si graffiò un fianco. Ma ce la fece, superò il divisorio e corse a nascondersi tra gli alberi e i cespugli, a pochi metri dalla staccionata. Non si era reso conto di essersi tagliato e di perdere sangue. Controllò che nessuno si fosse accorto di lui e si lanciò nel bosco. Corse fino a quando sentì degli spari. Si fermò di colpo, si voltò: non erano per lui. Più tardi venne a sapere che le guardie giapponesi avevano aperto il fuoco per fermare gli altri prigionieri che avevano tentato di seguirlo. Corse più che poté. Anche se aveva la febbre, sia per la malaria sia per la dengue. Raggiunse una casa, bussò. Gli abitanti, una coppia di vecchietti, lo accolsero e gli diedero degli abiti civili al posto dell'uniforme. Nascose le piastrine identificative nelle scarpe, evitò le strade principali e si diresse verso Manila, una "città aperta", risparmiata, da quel che sapeva, dai bombardamenti. Lungo la strada fermò un'ambulanza e si fece dare un passaggio fino all'ospedale, ma una volta giunto scoprì che stavano evacuando personale e pazienti su una nave medica diretta in Australia. Manila era al buio, ma trovò la strada per arrivare al molo e vide l'ombra della nave stagliarsi contro la luna. Riuscì a convincere il personale a farlo salire a bordo e si distese in un punto caldo sul ponte, in mezzo a un sacco di malati e di feriti. Dopo un mese di convalescenza nell'ospedale di Sydney, Ramirez riprese le forze proprio nel momento in cui il 1° Reggimento Filippino stava sbarcando in Australia. Faceva ancora ufficialmente parte dell'esercito americano, perciò gli sembrò più che naturale seguirlo. Alla fine venne assegnato al 5217° Battaglione di Ricognizione, il predecessore del 1° Recon, sotto il comando del capitano Walter. Ora, con ventisei anni sulle spalle e una cicatrice mai curata sul fianco, era pronto a prendersi cura dei tre americani.

C'erano medici che avevano più esperienza, Walter lo sapeva. Ma gli piaceva il suo carattere, la sua disponibilità. La sua capacità di sorridere ed essere positivo, di comunicare con il paziente.

Dopo Abrenica, Bulatao e Ramirez, fu la volta degli ultimi sette soldati. Li scelse tra quelli che avevano maggiore anzianità di servizio e maggiore esperienza: sei sergenti, Alfred Baylon, Hermenegildo Caoili, Fernando Dongallo, Juan "Johnny" Javonillo, Don Ruiz, Roque Velasco, e un caporale, Custodio Alerta.

Nella vita civile erano stati giardinieri, cuochi, agricoltori e operai, avevano sperimentato di persona la mancanza di rispetto e la discriminazione nei confronti dei filippini in America. Ora, però, erano soldati americani che si offrivano volontari per paracadutarsi in un territorio ostile e sconosciuto e proteggere e trarre in salvo tre commilitoni. Mentre Walter sceglieva la squadra, né lui né i suoi uomini immaginavano che il primo approccio con gli indigeni sarebbe potuto essere amichevole. Sapevano solo che non c'erano nessuna mappa, nessuna zona di lancio sicura e nessuna strategia di fuga. Queste incognite non minavano la loro determinazione: volevano solo sapere tra quanto tempo avrebbero potuto lanciarsi.

Walter parlò ancora con il colonnello Elsmore e il colonnello T.R. Lynch, vicecomandante del Fee-Ask, profondamente coinvolto nella ricerca e nel tentativo di recupero. Nel corso di un incontro precedente, Lynch gli aveva garantito massima libertà per quanto riguardava gli uomini e la strategia che avrebbe seguito: «Sarà la sua operazione. Ne sarà interamente responsabile». Significava che se qualcosa fosse andato storto, se anche solo uno dei superstiti fosse morto o i paracadutisti avessero fallito, la colpa sarebbe ricaduta solo e soltanto sulle sue spalle. Walter rispose: «Bahala na».

Dopo l'incontro, Walter raggiunse l'equipaggio ed effettuò diversi voli di ricognizione sulla valle, sul luogo dell'incidente e sulla radura dove si erano rifugiati i superstiti. Era molto preoccupato. Da quando, mesi prima, avevano lasciato la base di Brisbane non si erano più lanciati. Così organizzò un paio di esercitazioni nei pressi di Hollandia. «Fu un gran casino» raccontò qualche tempo dopo. «L'unico posto a disposizione era una zona paludosa. In seguito io e i miei uomini ne ridemmo, ma in quel momento fu davvero dura. Eravamo nella kunai, un'erba tagliente alta una decina di centimetri. Era folta e fitta. Non c'era un solo spazio sgombro. Facevamo due o tre passi, poi ci piegavamo per strapparla e aprirci un varco, facevamo altri due o tre passi e ripetevamo tutto daccapo. Un casino...» La missione cui erano assegnati, poi, era davvero rischiosa. C'era la giungla e, al suo interno, a nord i cannibali e i cacciatori di teste, e a sud i giapponesi. C'era il rischio di dover camminare parecchio, di affrontare delle temperature ancora peggiori a quelle cui erano abituati.

Tornò dai medici militari, chiese loro: «Siete sicuri?».

Entrambi risposero di sì, quei soldati avevano bisogno di loro. Il resto non contava.

Era il 18 maggio 1945, il giorno del suo ventiquattresimo compleanno. E della sua prima, vera missione. Dopo l'ultimo salto di esercitazione tornò al campo, preparò il paracadute e andò a dormire.

I tre sopravvissuti trascorsero la mattina del sesto giorno a Shangri-La, in attesa del rumore rassicurante dell'aereo. Finalmente arrivò, era un 311. Al suo passaggio, il cielo si riempì di paracadute. Quando stabilirono un contatto radio con l'equipaggio dell'aereo, lo avvisarono che, per quanto potesse sembrare brutto il terreno visto dal cielo, in realtà era ancora peggio. E raccomandarono che nessuno si lanciasse. Avevano già assistito a troppe tragedie, non volevano che qualcuno perdesse la vita per salvare la loro: «Dio sa se volevamo vivere,» scrisse Margaret «ma non a spese di qualcun altro».

Non c'era bisogno che si preoccupassero, il cattivo tempo e la nebbia che stava avvolgendo la giungla e le creste circostanti rendevano praticamente impossibile volare in sicurezza, meno che mai saltare giù.

Quando l'aereo scomparve tra le nubi, McCollom si trascinò per cercare il carico. Margaret non riusciva a muoversi e Decker era così bianco e febbricitante, eppure testardo e deciso, che McCollom dovette ordinargli in tono risoluto di stare fermo. La carne stava dissolvendosi dalle loro ossa, persino da quella del giovane luogotenente. McCollom fece diversi viaggi. La prima volta riportò una pacco pieno di magliette e pantaloni, ma erano di una taglia così piccola che andavano bene soltanto a Margaret, la quale, a dirla tutta, avrebbe preferito reggiseni e mutande per sostituire quelli che aveva sacrificato cinque giorni prima per farne delle bende. La seconda volta portò un numero di coperte sufficiente per fare due letti di fortuna, uno per Margaret e uno per lui e Decker. Quella notte, le pulci di cui le coperte erano infestate tormentarono Decker e ignorarono McCollom, cosa che lo irritò notevolmente. La terza volta ricomparve con il sorriso sulle labbra, urlando: «Si mangia!». Aveva le braccia piene di scatole di razioni K.

«Cibo, cibo vero, finalmente!» disse Margaret entusiasta. Quando John McCollom aprì i pacchi, il suo umore salì alle stelle. Era incredibile, c'era di tutto: bacon, prosciutto, uova, carne, stufato e patate in scatola, l'occorrente per fare caffè, tè, cioccolata, limonata e aranciata, e burro, zucchero, sale, latte in scatola, barrette di cioccolato, sigarette e fiammiferi.

Tutti e tre scelsero le lattine di bacon e prosciutto e si adoperarono con foga per aprire la scatoletta e giungere al contenuto. Mangiarono con voracità, senza neppure preoccuparsi di accendere un fuoco e scaldare l'inaspettata, e sognata, colazione. La legna, poi, era bagnata. E John era stremato. Aveva già fatto abbastanza.

Nonostante la fame, Margaret si sentì sazia dopo pochi bocconi. Abbandonò la piccola lattina prima di averla terminata. La dieta a base di Charms, acqua e un paio di bocconi di pomodori le aveva ristretto lo stomaco, già piccolo.

Dopo essersi cibato e avere recuperato un po' di energie, McCollom si prese cura delle ferite dei compagni, preoccupato del fatto che le pomate e le garze non avessero avuto effetto contro la cancrena. Quando liberò le gambe dai calzoni di Margaret, l'odore nauseabondo dell'infezione riempì l'aria. McCollom cercò di togliere le garze con delicatezza, ma erano attaccate alla pelle ustionata. Chiuse gli occhi, consapevole del dolore che le avrebbe inflitto per strappargliele: «Credimi, fa più male a me che a te».

Nell'arco di un'ora le nuove bende erano già imbevute di un pus che puzzava orrendamente. Ripeterono la dolorosa operazione. Margaret scrisse: «Cercai di non mostrare il terrore crescente di perdere le gambe, ma la paura montava dentro di me come una marea e, a volte, pensavo che ne sarei morta».

La paura aumentò quando cercò di aiutare McCollom a medicare Decker. Nelle ultime dodici ore la cancrena alle gambe e al sedere, se possibile, era peggiorata: «Soffriva terribilmente e lo sapevamo, anche se lui non disse mai una sola parola» annotò. «Se ne stava disteso tutto il giorno sullo stomaco, con una pazienza e un coraggio straordinari.»

Nel pomeriggio, Pete, il capo degli indigeni, tornò. Non era solo. C'era una donna. Margaret pensò fosse la moglie. La coppia rimase sulla collinetta al di là del fosso e fece loro cenno di avvicinarsi. Margaret e Decker non potevano muoversi, perciò McCollom andò da solo. I due uomini si strinsero la mano e cercarono di comunicare, con scarso successo. Nelle pause, quando sembrava appropriato un commento, McCollom mormorava «Uhn, uhn, uhn», come aveva sentito fare ai nativi la prima volta che li aveva incontrati. La conversazione non andò molto oltre.

In un altro punto del suo diario Margaret scrisse degli indigeni: «Erano dei gran chiacchieroni. Ci parlavano continuamente. Ascoltavamo sempre con molta attenzione e di tanto in tanto mormoravamo "uhn, uhn, uhn". Andavano in brodo di giuggiole, come l'interlocutore logorroico al quale ripeti "sì, sì, sì" durante una conversazione noiosa. Mentre loro parlavano, noi ripetevamo "uhn, uhn, uhn". Ci facevano degli ampi sorrisi e continuavano a parlare ancor più velocemente».

Mentre John parlava con Pete, Margaret osservava la donna. Era sorpresa, e soddisfatta, che fosse più bassa del suo metro e cinquantasei. Sulla schiena le pendeva una sacca di tessuto, attaccata alla fronte con un manico di corda. Era nuda, con uno strano perizoma fatto di rametti flessibili intrecciati che rimaneva misteriosamente al suo posto attorno alle anche.

Margaret non lo sapeva, ma si chiamava Gilelek. Nonostante la poligamia, che avrebbe consentito a Pete/Wimayuk Wandik di prendere più di una moglie, lei era l'unica. «Lei e tutte le sorelle della giungla, nell'animo, erano le creature più leggiadre e gentili che abbiamo mai visto» scrisse Margaret. «Ed erano timide e riservate come si conviene.»

La coppia se ne andò e, nel tardo pomeriggio, i sopravvissuti si sistemarono nei giacigli fatti di coperte.

Meno di un'ora dopo, Wimayuk tornò accompagnato da un folto seguito. A quanto pareva sua moglie aveva approvato gli stranieri, e gli aveva ricordato che il suo dovere nei confronti degli ospiti andava ben al di là della semplice gentilezza. Gli offrirono del maiale, delle patate dolci e alcune banane piccole e verdi, la prima frutta che mangiavano da un sacco di giorni.

«Stanno preparando un banchetto!» esclamò McCollom.

«Che sfortuna» aggiunse Decker. Se glielo avessero offerto il giorno prima, lo avrebbero divorato. In quel momento avevano lo stomaco pieno. Ed erano troppo stanchi e provati per mangiare ancora. Provarono a spiegarlo a gesti, nel modo più gentile che poterono. Rifiutando quella cena Margaret, McCollom e Decker rinunciarono di fatto a quello che sarebbe stato il primo Giorno del Ringraziamento a Shangri-La. L'uomo che chiamavano Pete avrebbe avuto il ruolo di Massasoit e loro di Pellegrini. Senza saperlo, rinunciarono a stringere un legame con i nativi attraverso uno dei rituali più importanti della comunità, la festa del maiale. Come spiegarono in seguito gli antropologi: «È il ricordo dei maiali che tiene unita questa società. In ogni cerimonia importante i maiali vengono passati da una persona all'altra e, infine, uccisi e mangiati. Ma lasciano tracce di ricordi e di obblighi che verranno pagati in seguito; quando ciò accade, la gente crea nuovi obblighi. E così i legami sociali vengono rinnovati costantemente dal passaggio dei maiali. Un solo uomo, nella sua vita, è legato ai suoi compagni in virtù delle centinaia e forse persino migliaia di maiali che lui e la sua gente si sono scambiati».

Nonostante il profondo simbolismo legato a questa offerta, a quanto pare gli indigeni non si offesero per il rifiuto. «Pete, che doveva avere un cuore meravigliosamente comprensivo in quel corpo nero e vigoroso, capì immediatamente» scrisse Margaret. «Strinse il maiale sotto il braccio. Ordinò ai suoi uomini di spegnere il fuoco che avevano acceso grazie a una qualche magia nota solo a loro. Poi ci sorrise e a modo suo ci rassicurò, e riportò la sua gente a casa.»

I sopravvissuti si rifugiarono nei letti e si addormentarono, sentendosi per la prima volta da quando avevano lasciato Hollandia sazi, relativamente caldi e comodi. Il fato, però, si mise di traverso. E si risvegliarono poco dopo travolti da un improvviso acquazzone. Il nido di coperte di Margaret divenne una palude di lana. Quello di Decker e McCollom, più rialzato, si bagnò senza inzupparsi. Margaret ordinò loro di farle spazio e si distese nel mezzo.

«Signore,» esclamò McCollom in tono scherzoso «riusciremo mai a sbarazzarci di questa donna?»

Si strinsero per combattere il freddo e la pioggia, parlando di tanto in tanto, sotto le coperte, di elicotteri, dottori e futuro.

Capitolo 16

RAMMY E DOC

Volando a bordo di un C-47 sopra la radura dei superstiti Earl Walter sudava freddo.

L'aereo che trasportava lui e i medici militari Rammy Ramirez e Doc Bulatao era decollato dalla pista Sentani il 19 maggio. Sorvolandola, la zona prevista per il lancio gli sembrò più insidiosa di quanto gli era parso durante il sopralluogo di due giorni prima. In più, bisognava fare i conti con l'imprevedibilità dei venti montani. Avevano lanciato cinque manichini, dei fagotti zavorrati usati per determinare l'intensità e la direzione delle turbolenze, ma non erano serviti a molto. Durante la caduta avevano spesso cambiato direzione, sarebbe stato difficile se non proprio impossibile determinare dove il vento avrebbe trasportato i due soldati.

Walter gettò le attrezzature mediche vicino all'area dei sopravvissuti, per facilitare il compito dei volontari che, così, non avrebbero dovuto trasportarle dal punto di atterraggio. Nemmeno questi lanci fornirono informazioni utili riguardo alle condizioni del vento. Mentre osservava i manichini e le casse delle attrezzature roteare e volteggiare tra le correnti, fece di tutto per mascherare la preoccupazione. Condividerla sarebbe stato ingiusto oltre che inutile. Non potevano farci niente, dovevano solo concentrarsi e agire al meglio, con la massima determinazione. Bulatao e Ramirez stavano per trasformarsi in quelli che nell'ambiente dell'aeronautica sono detti «fantocci umani testa-vento». Se fossero stati ufficiali come Walter, anziché semplici soldati, si sarebbero guadagnati il titolo più formale di *turbulence tester*, «verificatori di turbolenza».

Il timore più grande del capitano riguardava l'area in cui sarebbero dovuti atterrare. Era piena di cespugli alti più di un metro, rocce frastagliate e ceppi appuntiti, come se fossero stati appena colpiti da un fulmine. L'aereo si abbassò, volò a circa sessanta metri dal terreno. Era peggio di quanto sembrasse. Era un inferno, l'esatto opposto di quello che avrebbe dovuto essere, cioè ampio, piatto, soffice e privo di correnti.

Sia pur riluttante, Walter scelse quella zona perché si trovava nel raggio di tre chilometri dal campo dei superstiti e perché era pur sempre meglio che paracadutarsi in piena giungla o direttamente sulla radura, che era troppo piccola.

Il piano di Walter prevedeva che i medici saltassero dall'aereo a poche decine di metri dal terreno per ridurre al minimo la possibilità di venir trascinati lontano dal luogo prestabilito, dove i superstiti li attendevano in modo disperato. Diminuire le possibilità, però, significava aumentare i pericoli. Dagli zaini-paracadute di Bulatao e Ramirez correvano delle corde, le linee statiche, fissate a una fune di vincolo all'interno dell'aereo. Se tutto fosse andato come previsto, questi cavi avrebbero garantito l'apertura automatica dei paracadute una volta che gli uomini fossero saltati e fossero stati sufficientemente lontani dall'aereo. Ma lanciarsi a una distanza così ravvicinata significava anche che non avrebbero avuto il tempo di azionare il paracadute di riserva, se non si fosse aperto il primo. Anche l'altitudine rappresentava un pericolo: si trovavano a più di 2.400 metri sul livello del mare, e l'aria rarefatta ne avrebbe accelerato la caduta. Avrebbero avuto poche possibilità di evitare alberi o altri ostacoli manovrando le corde di nylon che legavano l'imbracatura alle corde dell'ombrello del paracadute. In quell'aria così rarefatta, un uomo di corporatura leggera, con un paracadute dal diametro di otto metri e mezzo sarebbe sceso alla velocità di quattro metri e mezzo al secondo. Quindi in meno di trenta secondi Ramirez e Bulatao sarebbero arrivati a terra. O si sarebbero impigliati in un albero o impalati su di un ceppo appuntito oppure sarebbero finiti in una gola rocciosa. Sempre che i venti non li avessero fatti roteare e non ne avessero intrecciato le corde trasformando i paracadute in stelle filanti. Senza un paracadute di riserva, quell'eventualità significava quasi morte certa.

Walter e il pilota si consultarono su vento e direzione, e infine scelsero quello che ritenevano fosse il posto migliore. Entrambi erano consapevoli che i loro calcoli erano solo di poco più utili del semplice tirare a indovinare.

Ramirez e Bulatao, zavorrati dai carichi pesanti, si alzarono dai sedili e, per non perdere l'equilibrio, camminarono con passo strascicato fino al portellone di lancio. Walter li preparò al lancio, e per l'ultima volta mise alla prova la loro determinazione: «Siete pronti?», urlò per sovrastare il rumore dei motori e il vento.

«Signorsì, signore!» risposero all'unisono.

Dentro di sé provò un grandissimo orgoglio. E gli diede il via libera.

I medici saltarono nel vuoto, uno dopo l'altro, e i paracadute si aprirono come stabilito. All'inizio sembrarono dirigersi verso una zona appena sotto la radura, dove Walter pensava che potessero atterrare relativamente al sicuro. Ma poi i venti cambiarono ancora, trascinandoli fuori rotta.

Quella mattina Margaret, McCollom e Decker si svegliarono stanchi, doloranti e bagnati per via dell'acquazzone. Consapevoli che se i medici non li avessero raggiunti in tempi brevi sarebbe stata la fine, o quasi. Non appena avvertirono il rumore di un aereo, McCollom si precipitò e azionò la trasmittente: «Okay,» disse rivolto ai compagni «dicono che hanno lanciato dell'altro materiale e che due medici stanno per paracadutarsi a tre chilometri di distanza, giù nella valle. E che tra quarantacinque minuti ci raggiungeranno».

A queste parole, Margaret fece una smorfia. Come Decker. E come lo stesso McCollom che le aveva riportate: ormai conoscevano abbastanza bene la giungla e sapevano che anche su un sentiero tracciato dagli indigeni ci sarebbero volute ore perché i dottori potessero percorrere quei tre chilometri.

I sopravvissuti osservarono le due piccole figure che si lanciavano dall'aereo e i paracadute che si aprivano a fungo nel cielo. Decker pensò soltanto: "Che Dio vi benedica...". Era convinto che i medici rappresentassero la sola opportunità di salvarsi.

Quando li persero di vista, si resero conto che non potevano fare altro che aspettare e pregare.

Osservando la scena dal portellone del velivolo, anche Walter pregò.

Mentre planava verso terra, lottando contro il vento nell'inutile tentativo di mantenere la rotta, Camilo "Rammy" Ramirez cominciò a mettere davvero a fuoco il compito per il quale si era offerto volontario. Ai suoi piedi si allungava un terreno sconnesso e ostile, fatto di alberi e rocce appuntite. Ed era sempre più vicino. Tentò di contrastare il vento e guidò il paracadute verso una piccola radura nella foresta. Riuscì a evitare i ceppi, non le rocce.

Al momento dell'atterraggio inciampò, procurandosi una dolorosa distorsione alla caviglia. Dopo essersi liberato del paracadute, la esaminò e si rese conto che per fortuna non era rotta e non sanguinava. Doc Bulatao atterrò lì vicino. Sano e salvo. Una buona notizia, finalmente.

Avevano appena messo piede a terra che si ritrovarono circondati dagli indigeni armati di archi e lance. Ramirez recuperò d'istinto il suo fucile, una carabina M1 semiautomatica con un caricatore da quindici colpi.

Un nativo, probabilmente il capo, fece un passo in avanti. Era Wimayuk Wandik, Pete. La tensione scemò. Rammy tentò di spiegare il motivo per cui si trovavano nel loro territorio. Aiutandosi con il linguaggio del corpo, gli fece capire che erano lì per recuperare alcuni sopravvissuti a un incidente aereo.

Wimayuk annuì. Chiamò un gruppo di ragazzi e ordinò loro di condurre i due stranieri a Mundima, il luogo vicino al fiume Mundi dove erano accampati i sopravvissuti.

Zoppicando per la distorsione, Ramirez faticava a tenere il passo di quei ragazzini scalzi che saltavano da un ceppo all'altro, sgambettando sui tronchi caduti resi scivolosi dal muschio, e vedevano sentieri laddove nessuno li avrebbe visti. Bulatao gli stava accanto, cercando di sostenerlo. A volte li vedevano scomparire tra le felci, a volte li vedevano arrampicarsi sulle liane. Finalmente, dopo diverse ore, giunsero nella radura.

Appena li videro, Margaret, McCollom e Decker si

alzarono e, ritrovando un'energia che pensavano perduta, gli andarono incontro. Margaret descrisse quel momento nel suo diario: «Quando li ho visti arrivare lungo il sentiero degli indigeni, non sono riuscita a trattenere le lacrime. Sgorgavano da sole e scivolavano lungo la guancia ustionata, e lungo quella sana. Davanti a tutti, leggermente zoppicante, c'era il caporale Ramirez, ufficiale medico di primo soccorso. Rammy aveva un cuore d'oro, come scoprimmo ben presto, e d'oro era pure il sorriso. Anche mentre arrancava zoppicando lungo il sentiero, il volto era aperto in un sorriso largo e caldo, e i suoi due denti d'oro luccicavano nel sole. Rammy era perfetto per risollevare il morale: valeva più di mille dollari. Mi sentivo meglio soltanto a vederlo, anche se attraverso le lacrime. Il sergente Ben Bulatao gli era accanto. E, in poco tempo, si è rivelato come uno degli uomini più buoni e gentili che Dio avesse mai fatto nascere sulla Terra. Ormai ne sono certa: i filippini sono senza ombra di dubbio degli uomini migliori. Se loro o le loro isole avranno mai bisogno di aiuto, non dovranno fare altro che mandarmi un telegramma».

I soccorritori non persero tempo. Rammy si spinse subito nella giungla per recuperare le provviste che Walter aveva gettato dall'aereo. Per non sforzare la caviglia, «saltellava», scrisse Margaret, «come un passerotto felice». Dopodiché accese un fuoco, estrasse dal terreno una dozzina di patate e le fece arrostire. Mise dei pezzi di cioccolata in una tazza e la scaldò: era il primo liquido caldo che i superstiti bevevano da una settimana. La mandarono giù senza neppure sentirne il sapore. E, subito dopo, gliela riporsero: «Ancora!». Mangiarono le patate con la stessa foga, divertendo Rammy con il loro entusiasmo per un vegetale che era stato lì, sotto i loro piedi per tutto quel tempo.

Terminata l'abbuffata, i medici si rivolsero ai pazienti. Cominciarono da Decker. Versarono dell'acqua ossigenata e sulfanilamide, una polvere antibatterica, sulle ferite e le ustioni in cancrena. Il taglio sulla testa era troppo largo per poterlo ricucire. Doc Bulatao massaggiò con delicatezza la cute attorno alla ferita, avvicinando il più possibile i due lembi. Rammy si dedicò al gomito rotto. Fabbricò una stecca con la corteccia di un albero e gli immobilizzò, fasciandolo, il braccio. Decisero di non ricomporre la frattura, perché, senza radiografia, temevano di peggiorare le cose.

Poi fu il turno di Margaret. Passarono circa due ore a prendersi cura delle sue gambe. Le bende si erano incollate alle ferite. Toglierle era una tortura. Anche per chi lo faceva. Doc Bulatao si muoveva con attenzione, era quasi eccessivo.

«Avresti dovuto vedere come gliele ho tolte io» lo incoraggiò McCollom.

«Ho solo paura di farle male...» rispose.

Al di là del dolore, ciò che tormentava davvero Margaret era la paura di perdere le gambe: «Se fossi al Fee-Ask,» disse «il medico mi toglierebbe le bende con uno strappo e poi mi ripulirebbe le gambe con una spazzola. Lo faccia».

Doc la guardò. Tra lo stupito e l'incerto.

Lei aggiunse: «Avanti».

Lo fece.

Fu doloroso. E spaventoso, soprattutto per il dottore: era scioccato dalle sue condizioni. Ed era consapevole che avrebbe potuto farci ben poco. Almeno in quel posto dimenticato da Dio. Sarebbe stata una lotta lenta e dolorosa. Lui e Rammy avrebbero tagliato la pelle morta, lavato quel che rimaneva con l'acqua ossigenata, spalmato la pomata, ricoperto la ferita e ripetuto il procedimento ogni giorno. Se non era già troppo tardi, la cancrena si sarebbe arrestata e sarebbe iniziato il processo di guarigione. Altrimenti avrebbero dovuto prendere in considerazione passi più drastici, inclusa l'amputazione.

«Doc deve aver letto la paura nel mio cuore» scrisse Margaret. «Mentre mi stava bendando le gambe così malridotte, mi sorrise e disse: "Tra tre mesi salterai". Ma sapevo che non ne era sicuro. E nemmeno io.»

Capitolo 17

CUSTER & COMPAGNI

Mentre i medici militari si prendevano cura dei superstiti, Earl Walter ebbe finalmente la possibilità di servire il suo paese. E di essere orgoglioso di ciò che stava facendo. Certo, non era una missione di combattimento né di spionaggio, ma era pur sempre un salvataggio in una valle sperduta. Qualcosa di unico, di importante.

Il colonnello Elsmore e i suoi uomini non avevano idea di come avrebbero portato i superstiti fuori da Shangri-La, ma di una cosa erano certi: avrebbero avuto bisogno di un numero maggiore di soldati. Volevano che Walter e cinque membri dell'equipaggio montassero un campo base nella valle principale, marciassero nella giungla fino alla radura, raccogliessero i superstiti e i medici, e li riportassero al campo in attesa di essere prelevati o di altre istruzioni. Mentre Walter e il suo gruppo si sarebbero diretti al campo dei superstiti, gli altri tre paracadutisti sarebbero rimasti nella valle principale per proteggere l'accampamento e spianare e ripulire una eventuale pista d'atterraggio, eliminando cespugli, alberi, fango, sabbie mobili e altri ostacoli.

L'idea della pista era nata a mano a mano che gli ingegneri bocciavano una dopo l'altra le varie ipotesi di intervento. L'elicottero non sarebbe stato in grado di superare le montagne. L'aereo anfibio non si prestava a determinate manovre (nonostante sette anni prima il *Guba* di Richard Archbold avesse dimostrato esattamente il contrario). La marcia via terra sarebbe stata lunga, pericolosa e impegnativa. Rimanevano poche possibilità, peraltro poco fattibili: un PT boat, un'imbarcazione leggera e veloce, avrebbe potuto risalire un fiume, fermandosi a circa ottanta chilometri dalla valle, oppure un C-47 avrebbe potuto atterrare nei paraggi, con tutti i rischi che avrebbe comportato.

Alle dieci di mattina di domenica 20 maggio, Walter e otto uomini, appesantiti da paracadute, armi, munizioni, *bolo* e diverse provviste, salirono a bordo del C-47, destinazione Shangri-La.

Walter chiese al pilota, il colonnello Edward T. Imparato, di volare a bassa quota, portando l'aereo a poche decine di metri dal terreno. Walter, in procinto di effettuare il suo quarantanovesimo salto, non voleva che mulinelli di vento trasformassero i paracadute in aquiloni, separando lui e i suoi uomini. Sperava, poi, che un salto a bassa quota potesse sfuggire all'attenzione degli indigeni rispetto a una discesa lenta, lunga, visibile a chilometri di distanza.

Per il lancio Walter e Imparato scelsero una zona senza capanne né campi, una striscia di terreno relativamente pianeggiante, all'ombra di una parete rocciosa, con pochi alberi e cespugli, circondata da ettari di kunai ininterrotti.

Poco prima di mezzogiorno, i nove paracadutisti si lanciarono e toccarono terra senza incidenti.

Si riunirono nella formazione difensiva che avevano progettato in precedenza, vicini gli uni agli altri, ma non serrando le fila. Dai rapporti radio dei superstiti e dei medici, Walter aveva appreso che i nativi vicino al luogo dell'incidente erano amichevoli, tuttavia si erano paracadutati a circa quindici, venti miglia aeree da quell'oasi felice. Avrebbero potuto imbattersi in indigeni ostili e decisamente meno ospitali.

Il desiderio di non essere visti si dimostrò una vana illusione. Prima ancora che i paracadute toccassero terra, un gran numero di uomini armati di lance, arco e frecce accorse da tutte le direzioni. Walter fece un rapido calcolo: erano circondati da circa duecento guerrieri. Il sergente maggiore Santiago "Sandy" Abrenica ne contò trecento.

Walter si irrigidì. Afferrò il fucile. Abrenica, al suo fianco, fece lo stesso. Erano pronti a combattere.

«Capitano,» disse Abrenica «sa cosa mi ricorda tutto questo?»

«No, Sandy, cosa?»

«L'ultima resistenza del generale Custer.»

Walter soffocò una risata e avvicinò il dito al grilletto del fucile. Nell'altra mano stringeva una calibro 45, un dono di suo padre. Intuiva che gli indigeni erano ostili, ma anche che esitavano ad attaccare. Walter urlò ai suoi uomini di tenersi pronti, ma di non sparare finché non avesse dato l'ordine: «Per l'amor del cielo,» urlò «non fatevi venire il prurito alle dita e non premete il grilletto solo per spaventarli. Se feriamo o uccidiamo qualcuno di loro, allora sì che siamo nei guai».

Ad Abrenica non piaceva il suono prodotto dagli indigeni, un rumore spaventoso, strano, simile al richiamo del kookaburra, un uccello australiano. Pensava erroneamente che gli indigeni lo producessero sfregando le lance: in realtà, erano suoni gutturali.

Anche se erano numericamente inferiori, più di venti a uno, Walter confidava nella superiorità materiale e tecnologica. Certo, non avevano mortai o roba del genere, ma pistole e fucili, e mitragliatrici che avevano allestito non appena avevano toccato terra. Insomma, erano pronti a combattere. Così, nel bel mezzo di Shangri-La, i guerrieri moderni e quelli dell'età della pietra tennero la posizione, bloccati in una situazione di stallo.

Walter e i suoi uomini erano atterrati nella parte nordoccidentale della valle, una zona che i nativi chiamavano Wosi. In particolare, si trovavano ad Abumpuk, non distante dal villaggio di Koloima. Nelle vicinanze non si vedevano capanne perché la zona di atterraggio dei paracadutisti era proprio nel bel mezzo della terra di nessuno, quindi in un campo di battaglia, che separava i villaggi di due gruppi di guerrieri della tribù Dani: i clan Logo-Mabel da un lato e i Kurelu dall'altro.

In questa parte di Shangri-La distanza, retaggio e politica separavano il popolo Dani dal popolo Yali di Uwambo e dai clan che vivevano vicini alla radura. I Dani, dunque, non avevano visto né sentito nulla dello schianto del *Gremlin Special*. Isolati e circondati da nemici, un episodio che si era verificato a trenta chilometri di distanza era come se si fosse verificato in Cina. Ammesso e non concesso che sapessero cosa fosse la Cina.

Proprio come il popolo Yali, che abitava vicino al sito dell'incidente, anche il popolo Dani nella zona di Wosi si era abituato a vedere gli aerei, che chiamava *anekuku*. Ma non aveva fatto il collegamento tra quegli oggetti rumorosi che volavano sopra la valle e quelle nove strane creature piombate nel loro campo di battaglia. Invece, come la gente di Uwambo, alcuni di loro credevano che fossero l'incarnazione di un'antica leggenda. Altri, invece, credevano che fossero guerrieri come loro, sfuggiti a un massacro. Quelle specie di corazze che indossavano rafforzavano quell'impressione. Quando il popolo Dani è in lutto, infatti, si copre le spalle o tutto il corpo con un fango chiaro. E sicuramente la copertura color kaki degli stranieri doveva essere fango. Cos'altro avrebbe potuto essere? Gli uomini e i ragazzi che circondavano i paracadutisti erano membri dei clan Logo-Mabel e il loro capo era un guerriero potente che aveva ucciso molti uomini e vantava una grande collezione di "uccelli morti", catturati ai nemici. Era un Dani, ma il suo nome era Yali, e apparteneva al clan Logo.

Mentre Yali Logo e gli uomini del suo clan studiavano Walter e i suoi parà, di una cosa erano certi: gli stranieri non erano i loro nemici Kurelu, perciò non era necessario ucciderli. Non subito, almeno.

Walter non aveva nessuna idea di cosa passasse nella mente di quegli uomini armati di lancia, con il pene ricoperto da una zucca. I loro sguardi, però, gli sembrarono più curiosi che ostili.

Non si mosse nessuno. Nessun indigeno scagliò una freccia o una lancia. Nessun soldato fece fuoco. Rimasero fermi, immobili, quasi sospesi per ben tre ore.

Prima del lancio, Walter si era informato su ciò che avrebbe trovato, sugli usi dei popoli che avrebbe potuto incontrare. Tra le diverse informazioni, aveva saputo che i nativi della Nuova Guinea muovevano una foglia sopra la testa in segno di amicizia. Decise di provare anche quella carta. Sventolò e agitò la foglia per minuti e minuti, forse ore. Si disse: «Sembro matto», e smise.

Passò altro tempo. Alla fine, dopo che si furono scambiati cenni e segnali di ogni tipo, le due fazioni si quietarono e abbassarono le armi. I paracadutisti accesero un fuoco. Ci si riunirono tutti intorno. E in poco tempo fu subito chiaro che nessuno aveva nulla da temere dall'altro. Walter, come Margaret, aveva l'abitudine di tenere un diario. Più tardi, quella sera scrisse: «Non indossano nulla se non delle zucche vuote sul pene e annodano i testicoli con dei lacci, attaccando tutto l'armamentario a una stringa che passa attorno alla vita. Sembrano in buona salute, hanno denti sani, ma, visto che camminano scalzi, i piedi sono segnati in malo modo. Alcuni hanno i capelli lunghi e arruffati, e uno sguardo da barboncini francesi, altri li hanno corti e ricci. Credo che ogni famiglia abbia segni e pettinature distintive. Alcuni hanno dei tratti canini, altri sono più simili a noi occidentali, altri ancora una via di mezzo. Hanno un pessimo odore. Non sembrano intenzionati a mangiarci. Probabilmente cannibalizzano solo membri delle tribù con cui sono in guerra. Noi siamo i primi abitanti del mondo esterno a entrare in questa valle».

Quando entrambe le fazioni si sentirono a proprio agio, anche i nativi iniziarono a studiare l'aspetto dei soldati. Nel diario Walter descrisse un'ispezione particolarmente ardita da parte degli uomini e dei ragazzi del clan Logo-Mabel, e tutte le incomprensioni che ne seguirono. Quando furono abbastanza vicini, infatti, gli indigeni accarezzarono le braccia, le gambe, il petto e la schiena dei soldati, producendo suoni strani, simili a mormorii. E presero pure ad abbracciarli, confondendo e turbando gli occidentali che non riuscivano a capire cosa diavolo stesse succedendo. Forse, pensavano, credono che siamo donne. Andarono avanti per un bel po', fino a quando Walter e i suoi ne ebbero abbastanza. Il capitano, alto un metro e novanta, che torreggiava sugli indigeni e i filippino-americani, cercò in ogni modo di far capire che erano uomini, maschi come loro. Ma non serviva. Al contrario. Gli indigeni continuarono ad accarezzarli e strusciarsi, come se fossero sul punto, scrisse il capitano, di «fare l'amore».

Visto che non avevano alcuna intenzione di smettere, fu costretto a ricorrere a una strategia di guerra decisamente non convenzionale, sconosciuta a qualsiasi manuale. Si slacciò la cerniera e abbassò i pantaloni, mostrando gli attributi. Come a dire: "Se volessi, anche io potrei indossare la zucca". Non servì. Si rivolse ai suoi e ordinò loro di unirsi alla dimostrazione di forza più insolita di tutta la Seconda guerra mondiale: «Dannazione,» disse in tono fermo, duro «facciamogli vedere che siamo uomini! Non ne posso più!».

Walter si tolse la maglietta, i pantaloni e le mutande. I suoi uomini fecero altrettanto. Rimasero così per ore, mentre gli indigeni, più pudichi, vagavano tra loro coperti dalle zucche.

Esasperato, Walter recuperò il portafogli ed estrasse la foto della moglie, «e loro,» annotò «impazzirono di curiosità». Funzionò. O forse gli indigeni si erano solo stancati. Fatto sta che smisero di "fare l'amore" con i paracadutisti.

In realtà, la popolazione Dani non aveva alcun dubbio sul sesso dei soldati. Semmai furono confusi dalla loro improvvisa nudità. E dal fatto che non erano coperti di fango, ma da qualcosa che non avevano mai visto. Una seconda pelle morbida, che si poteva anche togliere. Li toccavano proprio per quello, perché non sapevano cosa fossero i vestiti e non capivano di cosa erano ricoperti quegli esseri sconosciuti. La risposta dei soldati fu solo fonte di ulteriore perplessità. Da quando un maschio Dani ha quattro anni, infatti, non si mostra mai apertamente in pubblico. Indossa la zucca, anche se è troppo grande. Quella che sembrava una quasi nudità agli occhi degli stranieri, per i Dani era l'esatto opposto. Indossavano la zucca, o *horim*, quando lavoravano, giocavano, facevano la guerra e anche mentre dormivano. Se la toglievano solo in privato: per urinare e fare sesso, o quando la sostituivano. Nella loro cultura, un uomo che indossava un'*horim* era perfettamente vestito. Un uomo senza *horim*, invece, era una visione molto imbarazzante. Per gli indigeni e i ragazzi nel campo di battaglia, quel giorno, Walter e i suoi stavano dando spettacolo.

La notizia dell'esibizione dei soldati si diffuse rapidamente. Il giorno dopo giunsero altri abitanti da villaggi lontani. Ma dopo quella prima volta, Walter e i suoi non replicarono l'esibizione e gli spettatori se ne tornarono a casa delusi. Quelli che invece avevano assistito alla scena la ricordarono e la raccontarono, ridendo a crepapelle, per il resto della loro vita.

Dopo essersi rivestiti, i paracadutisti controllarono la zona, raccolsero le attrezzature e le provviste lanciate dal *The Queen* e allestirono il campo. Ingoiando dalle borracce e facendone uscire alcune gocce, fecero capire agli indigeni che avevano bisogno di acqua, e questi li condussero a una sorgente lì vicino. Walter e il sergente Don Ruiz si spinsero nei pressi di un villaggio, ma gli abitanti li cacciarono via, facendo capire chiaramente che gli stranieri non erano benvenuti all'interno della staccionata che circondava capanne e cortili.

Dopo cena, e dopo alcune Lucky Strike fumate attorno al fuoco, gli americani dovettero fronteggiare un nuovo, temibile nemico: le zanzare. Arrivavano a sciami e non li mollavano un istante. Era un incubo! Prima di mettersi a dormire, Walter stabilì dei turni di guardia da due ore: non c'erano tracce di ostilità, ma era meglio non correre rischi. Poi si ritirò. E si stese. Il problema era che la testa o il corpo o tutte e due insieme non avevano la minima intenzione di dormire. Walter si sentiva vivo, felice, soddisfatto. Aveva la mente piena di pensieri, il cuore di impressioni e il corpo di adrenalina. Ci mise un'infinità prima di addormentarsi.

Quello stesso giorno, al campo dei sopravvissuti, Doc Bulatao tornò a curare le ferite di Decker. Margaret descrisse la scena nel suo diario: «Ha scrostato la cancrena e pulito le croste dalle ustioni infette per circa sei ore. Era un procedimento lungo, noioso e doloroso. La gentilezza di Doc non poteva nulla sul dolore di Kenneth. Il sottoufficiale stava rigido sul suo giaciglio. Stava male, molto. Ma faceva di tutto per non mostrarlo. Né un sussulto né un lamento. Mi sono intristita pensando al suo dolore, e al fatto che non disponessimo di niente per alleviarlo, né un anestetico né del whisky».

McCollom era accanto ai due. Come sempre, lucido, attento, partecipe. Scherzando, ma forse non del tutto, suggerì di dargli «una botta in testa e di stordirlo per qualche ora». Margaret notò che era madido di sudore, proprio come il dottore e il paziente.

Wimayuk Wandik, Pete, e i suoi uomini osservavano con interesse ciò che stava avvenendo. Ormai si era creata una sorta di confidenza tra loro e gli stranieri. Quando sentivano il rumore di un aereo o vedevano delle casse cadere dal cielo, non scappavano più né si nascondevano nella giungla. Anzi, percorrevano la vegetazione alla ricerca di materiale da riportare al campo. «Un giorno,» raccontò Margaret nel diario «un indigeno raggiunse la radura correndo. Era agitato, terribilmente sconvolto. Esortò gli uomini a seguirlo con una tale urgenza che eravamo certi fosse successo qualcosa di grave. I nostri uomini lo seguirono correndo nella giungla. Il nativo gesticolò e indicò la cima di un albero alto più di quindici metri. Lì sopra c'era un altro indigeno, con un paracadute aperto, che si preparava a saltare nel vuoto!» Quella caduta avrebbe potuto essergli fatale e sia i sopravvissuti sia i medici temevano che la gente di Uwambo gliene avrebbe attribuito la colpa. Solo dopo grandi urli e sbracciate, l'indigeno rinunciò al suo progetto, al sogno di volare.

Quando l'aereo di rifornimento passò sopra le loro teste, quel giorno, l'equipaggio li avvisò che nove paracadutisti si erano lanciati nel cuore della valle, approssimativamente a circa dieci miglia aeree di distanza, e che il capitano e cinque uomini avrebbero iniziato subito il viaggio nella loro direzione: «Vi raggiungeranno entro sera» concluse.

Margaret, McCollom e Decker non commentarono. In cuor loro, sapevano che si trattava di un'illusione.

Prima di andarsene, l'operatore aggiunse di avere una comunicazione riservata, personale. I tre si guardarono stupiti. «Ho un messaggio per Margaret Hastings da parte del sergente Fleming...» Margaret avvampò. Per quanto stanco e provato, il suo cuore prese a battere più forte: "Wally..." pensò. «Dice che è molto preoccupato e le è vicino, e non vede l'ora di rivederla. Passo e chiudo.» Si sentì morire. Ma di gioia! Non solo non si era arrabbiato per il bidone che gli aveva tirato, ma si era pure preoccupato: si sentiva una principessa!

Vuoi per il clima, vuoi per lo stress, l'alimentazione o altri fattori, le ausiliarie del WAC di stanza a Hollandia avevano un ciclo molto irregolare. Alcune avevano le mestruazioni due o più volte al mese, altre le saltavano per diversi mesi. Quando gli ufficiali del WAC seppero che uno dei sopravvissuti era donna, chiesero a McCollom, responsabile dei contatti, di informarsi su quando aveva avuto l'ultimo ciclo. Quando riferì che erano trascorsi due mesi, il luogotenente, per precauzione, chiese che la prossima volta gli lanciassero una scatola di assorbenti.

Ciò che seguì fu degno di uno sketch di Gianni e Pinotto.

Quando tornò alla base, l'operatore radio, Jack Gutzeit, si recò all'ufficio di comando del WAC come un marito spedito al supermercato in una missione imbarazzante.

«Maggie vuole un paio di scatole di Kotex» riferì alla responsabile.

Questa lo liquidò dicendogli che le forniture mediche erano responsabilità del comando dell'ospedale: «Sono loro che si occupano di queste cose».

Gutzeit andò, fu respinto, tornò al comando, fu rispedito all'ospedale, fu respinto un'altra volta. Si stufò. Tornò alla pista di Sentani e chiese all'operatore telefonico di chiamare il comando WAC e quello dell'ospedale. Con tutto il piglio e la grinta di cui era capace, il sergente intimò a entrambi: «L'aereo parte tra un'ora e se non mi mandate i Kotex chiamo il generale Clement al quartier generale del Far East Air Service!». Funzionò. Pure troppo. Quel giorno, tra le provviste, c'erano anche sei pacchi di assorbenti. Nei giorni seguenti, raddoppiarono e poi triplicarono: «A occhio e croce ci lanciano una ventina di pacchi di assorbenti al giorno!» commentò McCollom divertito.

Tra i rifornimenti, quella mattina, trovarono qualcosa che serviva a soddisfare non solo le loro esigenze fisiche ma pure quelle spirituali. Il maggiore Cornelius Waldo, il cappellano che si era trovato a bordo del B-17 che aveva avvistato i superstiti, aveva preparato un pacco con una Bibbia, dei libri di preghiere e il rosario di Margaret. Le furono di grande aiuto mentre Doc e Rammy le curavano le ferite. Era un processo dolorosissimo, simile alla scorticatura. Dopo cinque minuti afferrò il rosario e lo strinse tra i denti. Voleva mostrarsi forte, dimostrare di essere un buon soldato, almeno quanto Decker. Doc lavorò sulle gambe, i piedi e la mano per quella che le sembrò un'eternità: «Non piansi, non mi lamentai,» scrisse la sera stessa «ma dentro mi sentivo morire».

In realtà, le cose erano andate un po' diversamente. Mentre Rammy incideva e grattava pezzettino per pezzettino, fino a farlo sanguinare, lei piangeva, piangeva e piangeva. Anche se, sì, cercava di non darlo a vedere.

Dopo il trattamento, duro per chi lo attuava e per chi lo subiva, Decker e Margaret furono costretti a letto. Margaret soffriva talmente che dovette rimanere stesa sulla schiena con le ginocchia piegate per evitare che le lenzuola strusciassero contro le ferite. Nonostante la sofferenza, iniziò a credere che Doc le avrebbe salvato le gambe. Mentre si preparava per la notte, disse ai quattro uomini: «È bellissimo andare a letto e sapere che sei sulla strada della guarigione, anziché della morte».

Capitolo 18

YUGWE FA IL BAGNO

Il mattino successivo Margaret si svegliò con una gran voglia di togliersi di dosso una difficile settimana fatta di sudore, sangue, medicazioni della cancrena e sudiciume della giungla.

Accettò con gratitudine uno spazzolino da denti che Doc Bulatao si era infilato nel taschino prima del lancio. Poi chiese a Rammy Ramirez di aiutarla a lavarsi. Lui accettò, ma c'era un problema: dove? McCollom e i medici si lavavano nel torrente, a circa novanta metri dalla collinetta, dove avevano allestito un piccolo accampamento, con tanto di tenda per cucinare, riparo per le provviste fatto di paracadute usati nonché tende canadesi per dormire. E c'era pure la latrina, scavata e poi coperta. Il fatto che Margaret facesse il bagno da sola li preoccupava. Ma, al tempo stesso, non volevano disturbarla.

Rammy risolse il problema con la cosiddetta "vasca da bagno del soldato", l'elmetto. Saltellando sul piede sano e tentando di risparmiare quello slogato, individuò una zona appartata nella parte più lontana della collinetta e riempì l'elmetto con dell'acqua riscaldata sul fuoco. Raccolse il sapone, un asciugamani, un guanto di crine e una piccola uniforme kaki destinata a Margaret, lanciata insieme alle altre provviste, e con l'aiuto di Doc e McCollom la trasportò in quel "bagno artigianale", dove sembrava potersi lavare in tutta intimità. Lei, sollevata e riconoscente, si tolse la maglietta sporca e i pantaloni rovinati. Nuda, insaponò il guanto e iniziò a strofinarsi.

Quasi immediatamente si sentì osservata.

Si voltò. I nativi la stavano osservando con gli occhi spalancati. Non sapeva se per via dello strano rito che stava compiendo o per il colore della sua pelle. McCollom, che li vide, disse che più dello sguardo sgranato lo colpirono i grandi sorrisi stampati sulla loro faccia.

Visto che non avevano la minima intenzione di andarsene, Margaret proseguì in modo risoluto, come se niente fosse. Si asciugò, si rivestì e chiamò gli uomini perché la riportassero in tenda. Il bagno divenne un evento quotidiano per lei e un appuntamento imperdibile per i ragazzi e gli uomini di Uwambo. Ciò che li colpiva erano i capelli e il colore della pelle. Ma non c'era malizia nei loro sguardi. Anche perché, vedendo i seni, capirono che era una donna, benché spirito del cielo, e si convinsero fosse la moglie di «Meakale», come, nel tentativo di pronunciarne il nome, chiamavano McCollom.

I sopravvissuti e i medici non impararono mai i nomi dei nativi, mentre la gente di Uwambo cercò una logica per attribuirne agli stranieri. Avevano sentito McCollom chiamare Margaret «Maggie», che alle loro orecchie suonava «Yugwe». Suono che, peraltro, Margaret, che percepiva Mah-gy, amava molto più che Maggie.

Gli indigeni non videro mai un rapporto sessuale né particolari dimostrazioni di affetto tra «Meakale» e «Yugwe/Mah-gy». Ma erano sicuri che fossero sposati, per loro era scontato. Nella società maschilista Yali e

Dani, una donna sana e sessualmente matura, non rimaneva single a lungo. Non sapevano che Margaret aveva trent'anni, ma, guardando il suo corpo, erano certi che ne avesse più di tredici. Identificarono Meakale/McCollom come il leader del gruppo. Perciò giunsero alla conclusione che lei fosse sua moglie.

Il primo giorno nella valle Earl Walter e gli otto paracadutisti del 1° Recon fecero colazione a base di razioni K. Successivamente, il capitano, il sergente maggiore Sandy Abrenica e due sergenti, Hermenegildo Caoili e Juan "Johnny" Javonillo, esplorarono la valle, marciando per circa dodici chilometri. Nel tragitto, si imbatterono nei sentieri tracciati dai nativi, in un villaggio abbandonato, in una carcassa umana, con la carne imputridita e una lancia spezzata accanto, e una donna indigena. La descrisse così, in modo impietoso, senza scollarsi dai canoni occidentali: «Aveva una pettinatura orrenda, dei capelli orribili e... molti meno peli degli uomini. Indossava un pezzo di stoffa attorno alle parti intime ed era molto magra (troppo). Nessun altro abito. Sembrava incinta».

Gli uomini rimasti al campo, intanto, avevano adattato un paracadute a mo' di tenda per riparare le attrezzature dalla pioggia. Quando la vide, commentò: «Sembra di essere al circo...». A metà pomeriggio un C-47 lanciò acqua, cibo e, la cosa più preziosa, le lettere delle famiglie. La gente di Wosi si raccolse attorno al campo, a osservarli. I militari si innervosirono per la loro invadenza, per il loro odore e perché non smettevano di toccare loro e il materiale.

Walter puntò un fucile in aria e sparò un colpo. La maggior parte degli indigeni scappò a gambe levate. I suoi uomini seguirono l'esempio del superiore. Uno sparò perfino da una mitraglietta Thompson, la famosa Tommy Gun. Anche gli ultimi nativi scapparono, travolgendo e calpestando i ragazzini più piccoli. I paracadutisti lo trovarono molto spassoso. E non si sarebbero fermati se Walter non avesse intimato lo stop.

Dopo un po', però, tornarono.

"In fondo," si disse il capitano "era casa loro..."

Il giorno stesso, Alfred Baylon, un sergente tarchiato, incallito fumatore di sigari, camminò fino al fiume Baliem seguito da un gruppetto di indigeni. Quando uno stormo di anatre passò in volo davanti ai suoi occhi, sparò con il fucile e ne abbatté un paio. I nativi le recuperarono per lui, e Baylon le portò al campo. Nel suo diario, quella sera, Walter elogiò la squisita cena a base di anatra arrosto. Degli indigeni scrisse: «Immagino che ora sappiano che le nostre armi possono uccidere».

Nei giorni successivi, Walter perlustrò di frequente la zona Wosi. Una volta si fermò in un'area chiamata Pika, nei pressi della terra di nessuno, quasi in territorio nemico. La gente della tribù credeva che lo facesse di proposito, che si fosse messo di guardia. Lo considerarono un atto di coraggio nonché un avvertimento ai nemici, e, come tributo al suo apparente eroismo, cominciarono a chiamarlo Pika. I nativi erano felici che si mettesse lì, e nella loro lingua gli dicevano di restare. Dava loro sicurezza e teneva lontane le tribù ostili.

Un'altra realtà che li affascinava era la tenda dentro la quale gli stranieri andavano a defecare. Loro, in genere, lo facevano in privato, nella giungla o nell'erba alta. Per quanto ributtante i soldati considerassero l'igiene dei nativi, il disgusto non poteva essere maggiore di quello che provavano i nativi nei confronti dell'uso di una casa per l'*inalugu*, una pila di feci.

Il 22 maggio 1945 Walter fece colazione con uova e prosciutto, biscotti, marmellata e cioccolata calda. Lui e cinque uomini, il caporale Custodio Alerta e i sergenti Hermenegildo Caoili, Fernando Dongallo, Juan "Johnny" Javonillo e Don Ruiz, iniziarono il viaggio per raggiungere il campo dei sopravvissuti, lasciando al primo sergente, Sandy Abrenica, coadiuvato da due sergenti, Alfred Baylon e Roque Velasco, la responsabilità del campo.

Walter coinvolse un gruppo di Dani come guide e portatori. E, nella speranza che avessero capito la destinazione, lasciò il campo e, con i suoi soldati, li seguì.

Dopo tre ore di arrampicata ininterrotta, si fermarono per mangiare. Walter tirò fuori il suo diario: «Solo Dio sa perché le montagne sono così alte. Ora, per fortuna, cominciamo a scendere. Siamo passati accanto ad alcuni villaggi e ci siamo dovuti fermare ogni volta per soddisfare la curiosità degli abitanti». Lungo il tragitto, le guide cambiarono in continuazione, «come se non potessero o volessero allontanarsi troppo dai loro villaggi».

Senza una cartina geografica, Walter stimò di aver camminato circa undici chilometri prima di fermarsi a montare il campo per la notte. L'istinto gli disse che i nativi non rappresentavano una minaccia e che avevano bisogno di riposare, soprattutto in vista di ciò che li aspettava il giorno successivo. Per la gioia di tutti, decise di rinunciare ai turni di guardia. E fece bene. Non soltanto perché il suo giudizio sui nativi «che sembravano amichevoli» si dimostrò corretto, ma anche perché, a sua insaputa, i capi tribali che vivevano lungo il tratto che andava dal campo in territorio Wosi fino alla cresta Ogi dove si era schiantato l'aereo, avevano accantonato le tradizionali inimicizie e avevano sottoscritto un *maga*, un accordo, per garantire un passaggio sicuro agli stranieri: «Sono spiriti,» si dissero «non attacchiamoli». Se non fosse stato per il *maga*, i sei soldati addormentati avrebbero potuto finire vittime di un'imboscata ed essere uccisi da centinaia di guerrieri armati di lance che un qualsiasi capo della regione avrebbe potuto chiamare a raccolta in men che non si dica.

In realtà, non tutti erano d'accordo sul *maga*. I confini territoriali erano profondamente radicati nella mente dei abitanti della valle, e non piaceva l'idea che degli stranieri calpestassero la loro terra. Alcuni pensavano che ucciderli sarebbe stata una buona idea. Se non fosse stato per il colore della pelle dei soldati, quella bianca di Walter più ancora di quella color caramello dei filippini, il *maga* probabilmente non avrebbe retto.

Nonostante il *maga*, più di una volta, lungo la strada, quando si avvicinavano ai villaggi, Walter e i suoi uomini venivano accolti con ostilità. In un paio di casi gli indigeni uscirono dal villaggio e gli sbarrarono la strada. E, per certi versi, sembrava si potesse ripetere la dinamica che alcuni anni prima aveva portato al primo conflitto armato e alla morte di un nativo durante la spedizione di Archbold. Non è chiaro se Walter e i suoi uomini attraversarono gli stessi villaggi, ma i paracadutisti non ebbero mai la necessità di usare, come disse eufemisticamente l'esploratore americano, «più di una semplice dimostrazione di forza». Allo stesso tempo gli indigeni che entrarono in contatto con i paracadutisti o non erano a conoscenza dell'incidente oppure scelsero di non vendicarsi per ragioni perse nel tempo.

Walter era totalmente all'oscuro sia della spedizione di Archbold sia della leggenda Uluayek che narrava degli spiriti del cielo e della corda che li avrebbe calati nella valle. Non sapeva, perciò, che gli uomini della tribù avevano ottimi motivi per sospettare che la loro venuta fosse foriera di violenza, di furti di maiali e di mogli.

Da parte sua Walter voleva evitare a tutti i costi la violenza. Non avevano tempo di arrostire i maiali e l'ultima cosa che desideravano erano le donne indigene, che rimanevano sempre in disparte e non rappresentavano poi una grande tentazione.

Stanco per la lunga marcia, cadde in un sonno profondo. Il mattino successivo, lui e i suoi uomini fecero colazione e attesero l'aereo con le provviste, sia per stabilire con esattezza la posizione sia per integrare le scorte. Convinti di dover fare solo l'ultimo tratto per arrivare al campo dai superstiti, iniziarono la giornata di ottimo umore. Ma l'aereo non arrivò e l'ultimo gruppo di portatori, che si rifiutò di portare le provviste, si dimostrò del tutto inutile, più un peso che un aiuto. Dopo aver smontato il campo, si avviarono convinti che avessero compreso la destinazione. Ma dopo una difficile tratta di circa venti chilometri, Walter e i suoi uomini si ritrovarono al punto di partenza. Il tono trionfante che aveva usato in precedenza nel diario scomparve: «Non avevano capito che volevamo andare a vedere il relitto dell'aereo, e non tornare al campo. Siamo a dir poco scoraggiati. Abbiamo camminato troppo prima di montare le tende e ci siamo presi un bell'acquazzone, ora è tutto bagnato. Abbiamo montato il campo e mangiato. Che vita di merda».

La terza mattina della spedizione si svegliarono gelati, fradici e stanchi. Avendo previsto una marcia di un paio di giorni, avevano esaurito il cibo. Ancora incerti sulla loro posizione, proseguirono, guidati dall'istinto di Walter in navigazione stimata, ossia spostandosi verso una direzione stabilita in base a una localizzazione nota in precedenza, in questo caso il campo base. Si diressero verso un pendio tra due dorsali che Walter battezzò «La Sella».

«Le cose si mettono male» annotò. «Le ultime razioni sono terminate e siamo ancora distanti dall'obiettivo. Abbiamo levato il campo e continuato a camminare verso La Sella, che si trova da qualche parte in cima a questo canyon.» Più tardi, quella mattina, stabilì il contatto con l'aereo per chiedere rifornimenti. Nel frattempo, continuarono a marciare a stomaco vuoto. Per buona parte del tragitto aprirono una pista tagliando l'erba alta e gli arbusti. Si rinfrescarono in un torrente gelato, ma, subito dopo, ripresero a sudare. E a marciare, sempre in salita.

Nel tardo pomeriggio arrivarono, puntuali, le piogge. Fradici, affamati e intirizziti, gli aspiranti salvatori montarono un campo. Distesero i sacchi a pelo e si addormentarono a stomaco vuoto.

«Dio solo sa dov'è l'ultima cresta» scrisse Walter quella notte nel suo diario. «Non possiamo andare avanti così per troppo tempo. Vorrei solo sapere dove diavolo siamo. Non mi piace andare in giro a caso, senza una cartina.»

Capitolo 19

«SHOO, SHOO BABY»

La mattina seguente Walter e i suoi uomini si svegliarono con lo stomaco che borbottava e cominciarono la giornata con una colazione a base di acqua calda e speranza. La priorità era ricevere un rifornimento di razioni K. Walter cercò di chiamare il C-47 con il walkie-talkie mentre l'aereo passava da qualche parte sopra le loro teste, anche se temeva che l'accampamento, al margine della giungla, non fosse visibile dall'alto. Avanzare verso il campo dei sopravvissuti tra la vegetazione li avrebbe nascosti ancora di più. Perciò rimasero dov'erano, parlarono e aspettarono.

«Finalmente sono passati e ci hanno visti» scrisse nel diario venerdì 25 maggio. Era la prima annotazione positiva da due giorni. «Hanno lanciato le razioni. È stata la cosa migliore che ho visto da un sacco di tempo. E ci hanno comunicato che ci troviamo a due miglia aeree a ovest del relitto.»

Famelico, Walter si abbuffò. Ne pagò il prezzo quando lasciarono il campo: «La prima ora è stata terribile. Troppo cibo». Ma ansiosi com'erano di arrivare a destinazione, andarono avanti, anche se più lentamente del solito, fermandosi spesso. Dopo diverse ore raggiunsero una cresta e iniziarono a scendere. Walter sperava che fossero vicini alla meta.

L'operatore radio del 311 comunicò ai superstiti che i paracadutisti non erano distanti: «Earl arriverà presto, e lo sentirete».

Nel tardo pomeriggio Margaret udì quel rumore simile a un guaito tipico degli indigeni. Quando si fece più vicino si trasformò in qualcosa di più familiare, inequivocabilmente americano:

«Shoo, shoo my baby, Shoo.
Goodbye baby, don't you cry no more.
Your big tall papa's off to the seven seas».

Walter marciò allegramente verso il campo, brandendo il *bolo* per aprirsi la strada e cantando *Shoo, shoo Baby*, l'ultimo successo delle Andrews Sisters.

Nel diario Margaret fece una descrizione molto romanzata dell'arrivo di Walter e dei paracadutisti: «[Walter] sembrava un gigante mentre scendeva lungo il sentiero, alla testa dei suoi filippini e dell'onnipresente scorta di indigeni. L'arrivo del capitano è stata una ventata di energia e vitalità. Non solo era un ufficiale capace ed efficiente, ma era anche istrionico. Due minuti dopo il suo arrivo, il campo ha cominciato a essere allegro».

Doc e Rammy uscirono di corsa dalle tende per accogliere i compagni. Walter era felice di vedere i superstiti, ma lo fu ancora di più alla vista dei due medici. Sapeva che stavano bene, ma voleva vederli e congratularsi con loro, prima di tutto per il salto, poi per l'ottimo lavoro che avevano svolto. Era felice all'idea di tornare con loro. E, come lui, il resto della truppa.

Margaret li osservò mentre si stringevano la mano, si

abbracciavano e si davano grandi pacche sulle spalle. Si vedeva che si volevano bene, e che i suoi uomini veneravano il capitano. Il quale, dal canto suo, non poté fare a meno di pensare che Margaret, nonostante il taglio di capelli, la magrezza e le ferite fosse molto graziosa.

Ordinò ai suoi di montare nuove tende, rendendo il piccolo campo improvvisato qualcosa di stabile e robusto. Ne tirarono su una piramidale, con il tetto a punta e le pareti lunghe circa cinque metri per lato, che avrebbe funzionato da quartier generale, mensa e spazio condiviso per i due ufficiali, Walter e McCollom, l'ausiliaria del WAC e gli otto soldati. Legarono una bandiera americana a un'asta improvvisata e la piantarono davanti all'ingresso, come nelle basi tradizionali. Da quello che definì «l'ultimo avamposto di Shangri-La», scrisse: «Ora le Stelle e Strisce sventolano sulla catena dei monti Oranje. Poiché siamo i primi bianchi a metterci piede, potremo reclamare questo territorio per lo Zio Sam, anche se dubito che gli australiani lo apprezzerebbero».

Dopo un bagno nel torrente e una cena per quanto possibile abbondante, Walter tirò fuori un mazzo di carte e organizzò la prima partita a poker e ramino, che sarebbe poi diventata un'abitudine quotidiana. Margaret non sapeva giocare a poker, preferiva il bridge, ma si divertiva mentre gli altri «vincevano e perdevano migliaia di dollari» a ogni partita. Non avendo fiches, scommettevano sigarette e fiammiferi. E c'era chi, come il sergente Caoili, bluffava in modo sfrontato, anche quando aveva solo una coppia di tre. Caoili era soprannominato Superman o Iron Man per via della struttura fisica e la resistenza al lavoro, che lo rendeva instancabile in tutto quel che faceva.

Seduti intorno al tavolino da gioco improvvisato,

Walter si irritava per il modo in cui Margaret giocava. Si indignava, un po' per finta un po' per davvero, per il suo rifiuto ostinato a imparare le regole del gioco: «Dovrebbe esserci una legge che impedisca alle donne di giocare a poker!» esclamava. Né cambiò opinione quando lei si inventò e propose un gioco «simile al poker», incomprensibile a tutti, fuorché a se stessa.

«Maggie,» le diceva in tono solenne «lasci stare, non sa giocare a carte.»

«Certo che so giocare!» rispondeva piccata.

«Probabilmente sa giocare a bridge, ma io non so giocare a bridge. E ora stiamo giocando a poker e si vince con coppia, tris, scala, full e così via. Perciò, se vuole giocare impari almeno le combinazioni...»

Margaret pensava che l'insofferenza del capitano non dipendesse dal modo in cui giocava, ma dal carattere, dal suo essere *macho*: «Gioca come se stesse scommettendo per davvero,» scrisse nel diario «e quando io bluffo e vinco, diventa livido per davvero».

Finito di giocare, i sopravvissuti, i paracadutisti e alcuni indigeni continuavano a trascorrere le serate in compagnia.

Margaret, che si sentiva sempre meglio, cantava le canzoni del WAC mentre alcuni paracadutisti facevano sfoggio del loro talento intonando canzoni d'amore delle isole filippine di Visayan. I nativi suonavano gli unici strumenti musicali che paracadutisti e superstiti abbiano mai sentito a Shangri-La, una specie di armonica a bocca che produceva un suono simile a una monotona marcia funebre. Ma c'era solo una star, il comandante del campo di Shangri-La.

«Walter era un bel tipo» scrisse Margaret. «Spesso, dopo cena, improvvisava uno spettacolo. Faceva una splendida imitazione di un cantante da night club o di un crooner. Poi si lanciava a ballare lo shag intonando canzoni famose mentre non solo noi, ma anche gli indigeni, rimanevamo incantati. *Shoo, shoo Baby* era la sua preferita. Walter era magnifico per tirare su il morale. Nessuno riusciva a rimanere a lungo triste quando c'era lui.»

Walter si rese conto che Margaret lo trovava attraente. C'erano dei segnali... come se stesse aspettando che lui facesse la prima mossa. Non la fece. Forse fu tentato, ma prendeva molto seriamente il suo matrimonio e il ruolo di ufficiale comandante. Non ne parlò mai con Margaret, ma a quanto pare lei capì il messaggio. E rivolse le attenzioni a uno degli uomini migliori oltre che il più bello della compagnia, il sergente Don Ruiz.

Walter non era un moralista – solo pochi anni prima marinava le lezioni per andare nei locali di spogliarello di L.A. – e non gli interessava quel che facevano i sottoposti nella vita privata. Ma si sentiva responsabile di tutto quello che succedeva a Shangri-La. Non voleva colpi di testa o distrazioni. Erano lì per andarsene, non per amoreggiare.

Incerto su come procedere, Walter chiese consiglio a McCollom. Ma Ruiz, combattuto tra la passione e la disciplina, lo anticipò e gli parlò: «Capitano, cosa devo fare?».

«Ignorala. Se ti provoca, vai via. Vai semplicemente via.»

Dopo aver parlato con Ruiz, Walter chiamò a raccolta i suoi uomini e parlò chiaro: «Se qualcuno le mette le mani addosso, che Dio mi sia testimone, ci metto un attimo a degradarlo a soldato semplice». Non aveva nessuna intenzione di riportare fuori dalla valle un'ausiliaria del WAC incinta. Gli avrebbe rovinato la reputazione, avrebbe dato scandalo. Non lo avrebbe permesso.

Il giorno dopo essere giunto al campo, Walter osservò Doc e Rammy incidere, pulire e disinfettare le ferite incancrenite di Margaret e Decker. Era ammirato dal modo in cui lo facevano, dall'umanità e la professionalità che ci mettevano. Quando, però, si avvicinò e osservò le loro condizioni si rese conto che la speranza di tornare rapidamente al campo base era a dir poco ottimistica. "Nella migliore delle ipotesi," si disse "rimarremo qui minimo una settimana. E, quando ci muoveremo, con tutta probabilità dovremo trasportare Margaret e Decker attraverso la giungla e lungo il pendio sconnesso..."

Quel giorno, prima di pranzo, l'aereo dei soccorritori lanciò il solito carico di provviste, libri e giornali. Quando lo recuperarono, i paracadutisti trovarono anche il materiale per eseguire il difficile compito che li aspettava: seppellire i morti. Il 311 lanciò ventuno medagliette d'argento nuove di zecca insieme a venti croci di legno e una stella di David. I militari credevano che tra le vittime ci fossero sedici protestanti, quattro cattolici e una WAC ebrea, il sergente Belle Naimer. Solo molto tempo dopo scoprirono che avrebbero dovuto mandare una seconda stella, per il soldato Mary Landau.

A bordo dell'aereo, quel giorno, a lanciare il materiale per il funerale c'era anche il sergente Ruth Coster, che quel fatidico 13 maggio non era salita a bordo del *Gremlin Special* perché oberata di lavoro. La sua migliore amica, il sergente Helen Kent, era morta nello schianto. Oltre che mantenerne vivo il ricordo, era l'unica e ultima cosa che poteva fare.

Domenica 27 maggio, a due settimane dall'incidente, Walter si svegliò alle sette del mattino, fece un'abbondante colazione e partì alla volta del relitto insieme a cinque sergenti: Bulatao, Caoili, Dongallo, Javonillo e Ruiz. Seguendo le precise istruzioni di McCollom, cercarono di ripercorrere a ritroso i passi dei sopravvissuti, usando il torrente per risalire la montagna. Ma arrivati a un certo punto non sapevano più quale affluente seguire. Perciò lasciarono le attrezzature e le croci in un posto facile da trovare e si divisero: Walter e Ruiz andarono da una parte e gli altri quattro dall'altra. Era impossibile camminare nella giungla, soprattutto se non si era sicuri della direzione. Dopo diverse ore tornarono al campo, sfiniti. A peggiorare le cose Walter si era stirato l'inguine.

Il giorno seguente spedì Caoili e Javonillo in un'altra missione di ricerca, ma non ebbero miglior fortuna. Walter sapeva che aveva bisogno di qualcuno che ci fosse già stato. Fu così che McCollom guidò un gruppo su per la montagna fino al relitto, seguendo il fiume e quei pochi punti di riferimento che ricordava. McCollom seppe di essere vicino quando vide dei ciuffi di capelli castani impigliati tra le liane e gli arbusti. Erano quelli di Margaret, che era stato costretto a tagliare con il temperino allorché avevano abbandonato il luogo dell'incidente per raggiungere la radura. Non gli restava che seguire le tracce fino a ciò che restava del *Gremlin Special*.

Quando entrarono in una zona tormentata, con gli alberi falciati e un grosso buco nella vegetazione, McCollom si fermò: «È lì» disse, indicando la strada. «Vi aspetto qui.» Non se la sentiva di tornare nel luogo dove aveva perduto suo fratello, e dove avrebbe potuto imbattersi nei suoi resti carbonizzati. O in quelli del suo comandante, il colonnello Peter Prossen, dei suoi colleghi e amici, e delle persone con le quali avrebbe dovuto condividere una spensierata domenica pomeriggio nei cieli sopra Shangri-La.

Più tardi, McCollom trascrisse quanto gli era stato descritto: «Sono stati identificati solo tre corpi: il capitano Good, il sergente Besley e il soldato Hanna. Queste ultime due erano ausiliarie del WAC. Gli altri corpi sono irriconoscibili. Non abbiamo ancora deciso per la sepoltura».

Spinti dai superiori, pochi giorni dopo dovettero farlo. Partirono alle prime luci dell'alba e nella tarda mattinata raggiunsero quel che restava dell'aereo. Walter era andato in compagnia di cinque paracadutisti. McCollom non volle unirsi a loro, e Margaret e Decker non erano in condizione di camminare.

Quando i paracadutisti raggiunsero il relitto, seppellirono Laura Besley ed Eleanor Hanna l'una accanto all'altra in una zona che chiamarono «il cimitero».

«Subito dopo seppellimmo il capitano Good e scavammo una fossa comune per i diciotto corpi non identificati» annotò Walter nel suo diario. Nel raccontare gli eventi di quel giorno, il tono era cambiato. Lui e i suoi uomini si erano paracadutati nella valle con la speranza di vivere un'esperienza avventurosa e ora si trovavano a seppellire dei compagni, persone come loro, con le stesse speranze e paure: «I diciotto corpi erano tutti aggrovigliati e la maggior parte era stata totalmente cremata dall'intenso calore del fuoco. Era la migliore sepoltura che potevamo dar loro, viste le circostanze. Dovemmo usare le maschere antigas, perché il tanfo era insopportabile. Non mi fanno impressione le donne morte, ma è diverso se sono nude. Inoltre i corpi erano lì da due settimane. Una volta completata la sepoltura, scattai alcune foto del relitto e delle tombe. Solo Dio sa come qualcuno sia riuscito a uscirne vivo.

Senza dubbio non ho mai visto un aereo più distrutto di questo».

Dopo aver ricoperto le tombe, Walter e i suoi uomini ficcarono le croci e la stella di David nella terra umida, contrassegnando ciascuna con una piastrina. Lavorarono fino a tardi, quando il sole cominciava a tramontare e gli ultimi raggi illuminavano le montagne. E la nebbia iniziava ad avvolgere la foresta.

Mentre Walter e i suoi uomini erano al lavoro, sulle loro teste volava in cerchio un aereo militare americano con a bordo due cappellani. Uno, il colonnello August Gearhard, era un sacerdote cattolico e un eroe di guerra, che aveva ricevuto la Distinguished Service Cross, seconda solo alla Medaglia d'Onore, per il coraggio dimostrato durante il primo conflitto mondiale. L'altro era il luogotenente Carl Mellberg, che celebrò il rito protestante. Un sacerdote lesse anche delle preghiere ebraiche per Belle Naimer e, senza saperlo, per Mary Landau.

Padre Gearhard recitava il salmo *Dal profondo a te grido, o Signore* e la sua voce veniva trasmessa via walkie-talkie nella zona del cimitero e al campo dei superstiti. In quell'istante, calò una pace unica, più bella e viva di altre.

Margaret scrisse: «Ascoltammo la cerimonia funebre più triste e toccante che avevamo mai sentito. Eravamo raccolti attorno alla radio del campo, in silenzio, mentre a bordo dell'aereo un cappellano cattolico, uno protestante e uno ebreo celebravano i riti funebri per i morti sulla montagna. Ci sentivamo piccoli e insignificanti perché ci eravamo salvati, mentre tutti gli altri erano morti. Il luogotenente McCollom sedeva con la testa china, controllato come al solito. Ma il cuore del sottoufficiale Decker e il mio soffrivano per lui. Su una di quelle croci bianche, su quella montagna crudele, c'era la piastrina di suo fratello, il luogotenente Robert E. McCollom, dal quale solo la morte aveva potuto separarlo».

La squadra addetta alla sepoltura tornò a piedi verso il campo, fermandosi lungo il cammino per fare un bagno nel torrente. Gli uomini si ripulirono, ma senza sapone né acqua calda non riuscirono a togliersi dalle uniformi il tanfo di morte. Dovettero aspettare che gliene inviassero di nuove per liberarsene.

Quella notte, al campo, McCollom si isolò. Walter, Margaret e Decker finirono a discutere in modo appassionato sul senso della vita. E sulla guerra che travolgeva il mondo. Dopo un po' Decker gettò la spugna e si ritirò nella tenda, mentre Walter e Margaret continuarono a dibattere fino a notte fonda, quando Rammy, a nome di tutti i soldati, gli intimò di piantarla e di lasciarli dormire in santa pace. Lasciarono la grande tenda in mezzo al campo che era mezzanotte. Senza avere trovato un punto di accordo: "È davvero testarda!" pensò il capitano prima di abbandonarsi a un sonno ristoratore. «Quando si fissa su una cosa non cambia idea neanche a pagarla. Ha la testa dura come il piombo, ma è anche molto coraggiosa. Forse non potrebbe essere altrimenti in mezzo a tanti uomini...»

La gente di Uwambo aveva osservato gli spiriti del cielo recarsi sul luogo dell'incidente, in cima alla cresta Ogi. E li avevano visti seppellire alcuni corpi, o quello che rimaneva. Visto che erano soliti cremare i loro morti, non compresero il senso di quel rituale. E, poiché non avevano simboli religiosi, non capirono il significato delle croci né della stella di David.

Prima che il funerale fosse finito, il dipartimento di Guerra americano aveva già inviato i telegrammi ai parenti più prossimi dell'equipaggio e dei passeggeri del *Gremlin Special.* Tutti, tranne tre, cominciavano nel modo standard: «Il Segretario di Guerra è profondamente addolorato nel doverLe comunicare la morte di...». Una volta ricevute queste condoglianze formali, ventuno famiglie con ventuno stelle blu diventarono ventuno famiglie in lutto con altrettante stelle d'oro.

Margaret Nicholson, madre del maggiore George Nicholson, ricevette lettere da tre dei più importanti generali americani: Douglas MacArthur, Clements McMullen e H.H. "Hap" Arnold. Anche se si sospettava un errore del pilota, non si conosceva al cento per cento la responsabilità di Nicholson. E, anche se in seguito emerse che era da solo ai comandi, l'aeronautica militare non gli attribuì mai la colpa dello schianto. Non venne mai presa seriamente in considerazione l'idea di fare un'inchiesta e nei documenti ufficiali l'unica causa presunta dell'incidente fu la comparsa di improvvise correnti discendenti. Hap Arnold, comandante generale dell'aeronautica militare, riferì alla madre di Nicholson che suo figlio era morto «in servizio per il paese». McMullen, comandante generale del Fee-Ask, scrisse: «Può essere fiera della parte che Suo figlio ha avuto nel portare avanti la missione di questo comando». MacArthur scrisse: «La Sua consolazione per questa perdita può essere nel fatto che Suo figlio è morto per la patria, per una giusta causa che, con la Vittoria, libererà tutti i popoli dall'oppressione».

Per la famiglia di McCollom, la nota ufficiale mise in luce la separazione definitiva dei due gemelli. Un telegramma di condoglianze raggiunse la giovane moglie di Robert. I suoi suoceri, che erano elencati tra i parenti più stretti di John McCollom, ricevettero anche un'altra lettera. Era la risposta alle loro preghiere ed era molto simile a quella che ricevettero i genitori di Ken Decker a Kelso, Washington, e il padre vedovo di Margaret Hastings a Owego, New York.

Il 27 maggio 1945, tre lunghi giorni dopo il primo telegramma, Patrick Hastings aprì una lettera dell'esercito americano in cui si affermava che «è stato ricevuto un rapporto corretto, in cui si afferma che Sua figlia è stata ferita in un incidente aereo e che è salva, anziché dispersa in azione, come Le era stato precedentemente notificato». La lettera assicurava aggiornamenti puntuali sugli sviluppi dell'operazione di soccorso e sulle condizioni di salute dell'ausiliaria.

In effetti, dodici giorni dopo ricevette una prima informativa, dal tono più umano, firmata da Cornelius Waldo, cappellano di Hollandia: «Avrà già saputo che Sua figlia è miracolosamente sfuggita alla morte in un incidente aereo. Poiché i sopravvissuti si trovano in una zona inaccessibile, ci vorrà del tempo prima che possa tornare alla base e scriverle di persona. Le ho parlato via radio il giorno in cui abbiamo lanciato le provviste e la squadra di soccorso. Sta bene, nonostante la terribile esperienza».

Waldo non menzionò le ustioni, la cancrena e le altre ferite, né il fatto che i militari ancora non sapevano come riportare a Hollandia lei, i suoi compagni e i loro soccorritori.

Capitolo 20

«EHI, MARTHA!»

Dopo la sepoltura, il campo nella giungla scivolò in una sorta di routine fatta di medicazioni, pasti, lettura, gioco a carte e discussioni, scandita dai lanci quasi quotidiani delle provviste e dagli incontri con i nativi. Walter non vedeva l'ora di ripartire, perciò parlò via radio con il maggiore George Gardner che supervisionava l'approvvigionamento dal 311 per richiedere un trasporto via elicottero dalla radura fino al campo nella valle. In quel modo, pensava, non avrebbero dovuto trasportare Decker e Margaret, né avrebbero dovuto aspettare finché si fossero ripresi e riuscissero a camminare.

La sua richiesta si poteva attribuire a un desiderio ingenuo, alla mancanza di esperienza in fatto di aviazione, alla stanchezza o a tutte e tre le cose. Se un elicottero avesse potuto volare sulle montagne circostanti per trasportarli fino al campo nella valle, molto probabilmente avrebbe potuto trasportarli anche fuori dalla valle, sia pure con un solo passeggero alla volta, forse due. E se un elicottero fosse stata un'alternativa fattibile, il colonnello Elsmore e gli altri ingegneri addetti alle operazioni di recupero non avrebbero avuto bisogno né di Walter né dei medici né dei paracadutisti.

Walter voleva in ogni modo affrettare i tempi, pensando di sfruttare il successo ottenuto a Shangri-La per essere spedito in combattimento. Non vedeva l'ora di giocarsi quella carta con i suoi superiori. Mentre Walter aspettava una risposta da Gardner in merito all'elicottero e dai medici riguardo alla possibilità di spostare i feriti, la crescente impazienza divenne evidente nel diario:

«29 maggio 1945: in attesa dell'aereo, Don [Ruiz] e io abbiamo rimesso a posto la cucina. Alla fine è arrivato, un nuovo aereo e un nuovo equipaggio... ci hanno lanciato una balla a circa tre chilometri di distanza, che si è aperta. Magari pensano che ci stiamo divertendo. Ho perso le staffe. L'aereo è ripartito alla volta di Hollandia. Hanno spedito solo vestiti per la Hastings. Ce ne sono abbastanza per un corredo da sposa. Niente medicine. Che razza di imbecilli stanno organizzando tutto questo? Speriamo nell'elicottero.

30 maggio 1945: abbiamo aspettato l'aereo ma non è arrivato. Abbiamo un sacco di cibo, ma poche medicine... Abbiamo trascorso il pomeriggio nel sacco a pelo leggendo e parlando del più e del meno. Che razza di vita. Quanto vorrei che arrivasse la risposta per l'elicottero. O, almeno, che i pazienti si ristabilissero quel tanto da poterci spostare... Oggi ha cominciato presto a piovere, e la maggior parte dei ragazzi si è rintanata nelle tende. L'umore è buono. Speriamo solo in qualche novità... Dio solo sa cosa sta accadendo lì fuori, nel mondo.

31 maggio 1945: questa mattina ci siamo alzati un po' più tardi, perché non c'era nulla di particolare da fare. Dopo pranzo ho mandato Caoili e Alerta in rico-

gnizione per cercare una strada più breve fino alla valle... L'aereo è arrivato molto presto questa mattina... L'elicottero è fuori discussione, questo è quanto, e dovremo camminare. Spero che i tre superstiti ce la possano fare.

1° giugno 1945: sta diventando un inferno: ce ne stiamo qua seduti a fare niente, in attesa di andarcene... Aspetto solo che i pazienti si riprendano.

2 giugno 1945: l'aereo è arrivato alle dieci e mezza con le provviste e la posta. Ho ricevuto ben otto lettere, il che mi ha aiutato a tenere su il morale. Abbiamo avuto un breve resoconto di quello che sta succedendo fuori da questa maledetta giungla, ed è incoraggiante. Dopo pranzo, ho letto *Bedside Esquire* e ci siamo preparati per la cena... Spero vivamente che la convalescenza dei pazienti sia un po' più rapida.

3 giugno 1945: che mattinata! Abbiamo dormito fino alle undici e mezza. È la prima volta che mi succede senza che mi sia sbronzato, a meno che non fosse domenica. Abbiamo mangiato un po' di cereali e poi abbiamo aspettato il pranzo... Questa è la nostra vita, e sta diventando dannatamente noiosa, ma non possiamo fare altro. Prima di muoverci verso il campo base devo essere sicuro della salute dei malati. Non voglio certo peggiorare la situazione. Vabbe', sfrutterò questi giorni per riposare e ricaricarmi.

4 giugno 1945: al mattino ho sparato alcuni colpi con il fucile. È un ottimo modo per passare il tempo. Dopo bisogna pulire l'arma, così se ne perde dell'altro. La cena è stata superba. L'hanno preparata Dongallo e Bu-

latao. Bacon, manzo sotto sale, patate dolci e piselli, con contorno di riso. E pesche per dessert. Il tempo è ancora brutto e non è arrivato l'aereo. Il morale è buono.

7 giugno 1945: abbiamo parlato di casa.

8 giugno 1945: esattamente un anno fa ho salutato mia moglie Sal. Sembra che sia trascorso molto più tempo. Mi manca da morire. Sembra che non ce ne andremo via tanto presto. Stamattina Don [Ruiz] mi ha svegliato dicendomi che l'aereo era sopra di noi e a bordo c'erano due corrispondenti di guerra. Immagino che questo dannato show stia avendo un sacco di pubblicità negli Stati Uniti. Lo spero, perché gli uomini ce la stanno mettendo tutta e forse aprirà anche gli occhi di alcune persone in merito al mio futuro. I due giornalisti erano Simmons del "Chicago Tribune" e Morton dell'Associated Press, entrambi molto famosi».

Lo "show", ossia lo schianto, la lotta per la sopravvivenza, l'incontro con i selvaggi e la missione di salvataggio a Shangri-La, aveva davvero raggiunto gli Stati Uniti e ne aveva travalicato i confini. Dopo circa tre settimane, il colonnello Elsmore aveva rotto il silenzio e aveva comunicato alla stampa che nel cuore della Nuova Guinea stava succedendo qualcosa di veramente importante. Diversi giornalisti abboccarono all'amo, ma i due che Walter citò nel suo diario furono certo quelli che mostrarono maggiore interesse.

Walter Simmons del «Chicago Tribune» aveva trentasette anni, era originario di Fargo, North Dakota, e suo padre era un farmacista. Dopo due anni di università, Simmons venne assunto come giornalista per il «Daily Argus-Leader» di Sioux Fall, North Dakota.

Dieci anni dopo, nel 1942, la sua carriera subì una svolta e divenne corrispondente di guerra nel Pacifico meridionale per il «Tribune». Sotto i modi bruschi, Simmons aveva il dono di rendere vivide le immagini descrivendole con frasi sintetiche, ma d'effetto. «Qui l'alba arriva ogni mattina come un tuono»: così esordiva un suo articolo sulla vita quotidiana delle truppe americane sull'isola di Leyte. «All'improvviso si ode un rumore simile in tutto e per tutto alla mano di un gigante che batte un tappeto: "Pum, pum, pum". È una mitragliatrice da 40 millimetri che dà l'allarme. I soldati e i civili abbandonano i loro letti.»

Nelle settimane precedenti, era salito a bordo del cargo diretto a Shangri-La e aveva avuto il suo bel daffare a dare in pasto ai lettori del «Tribune» articoli su quella incredibile vicenda. Nel maggio 1945, scrivendo dalle Filippine mentre era in viaggio con una divisione della Guardia Nazionale dell'Illinois, aveva scritto articoli dai titoli eloquenti: *Yank del Midwest sfuggono combattendo a un'imboscata giapponese*, *Yank mietono 19 giapponesi in una risaia*, e *Una carica di Yank del Midwest espugna una collina occupata dai giapponesi.* Oltre che sul «Tribune», i suoi articoli venivano pubblicati anche dal «Chicago Tribune News Service», al quale erano registrati più di sessanta giornali, nonché dalla Reuters, l'agenzia di stampa inglese.

Il collega e rivale di Simmons, Ralph Morton dell'Associated Press, raggiunse una platea ancora più vasta. Come Simmons, aveva trentasette anni e aveva fatto carriera dopo anni di dura gavetta. Originario della Nuova Scozia, Morton aveva lavorato come giornalista per l'Halifax Herald, l'agenzia di stampa canadese, e il «Protestant Digest». Era stato assunto dall'Associated Press nel 1943, e nei primi mesi del 1945 era stato promosso corrispondente di guerra. Durante il secondo conflitto mondiale l'AP trasmetteva notizie a più di centoquaranta giornali oltre che alle radio disseminate in ogni angolo del paese, amplificando migliaia di volte la sua voce.

Dopo aver sorvolato il campo dei superstiti, Simmons e Morton scrissero degli articoli che misero in fermento la stampa mondiale. Ogni redattore degno di tale nome si rese conto che i due giornalisti avevano messo le mani su una storia che era una cannonata, quella che in gergo si chiama «Ehi, Martha!». Questa espressione prendeva il nome dall'immaginario scambio di parole tra una coppia, sposata da tempo, ma non necessariamente felice. Il marito, che si chiamava Harold, si stava rilassando in poltrona, con il naso nel giornale. Leggendo una storia particolarmente singolare e interessante, interrompeva il proprio abituale silenzio e si rivolgeva alla moglie con un: «Ehi, Martha, senti un po' questa!».

In sostanza, la storia descritta da Walter Simmons e Ralph Morton era la stessa: un aereo americano si era schiantato nei pressi di una valle perduta nella Nuova Guinea Olandese, abitata da una tribù di cannibali rimasti all'età della pietra. Erano sopravvissuti tre dei ventiquattro passeggeri: una era una bella ausiliaria del WAC, uno aveva perso il proprio gemello nello schianto e un terzo aveva riportato una terribile ferita alla testa. Una squadra di paracadutisti si era lanciata nel mezzo di una zona ostile e sconosciuta per aiutarli, proteggerli e portarli indietro. Le tensioni e le difficoltà che avevano caratterizzato i primi approcci con i nativi si erano risolte, trasformandosi in una specie di strana e curiosa amicizia. Al momento, non c'erano piani concreti per riportare i sopravvissuti al campo militare.

L'articolo di Simmons esordiva così: «In una valle nascosta, a 240 chilometri a sud-ovest di Hollandia, un'ausiliaria del WAC e due aviatori attendono di essere tratti in salvo dopo aver vissuto una delle più insolite tragedie di guerra. Nessun bianco aveva mai messo piede in questo paradiso tagliato fuori dal mondo, prima che un C-47 da trasporto lo sorvolasse alle 15.15 del 13 maggio». Nel paragrafo successivo svelava che lo scopo del viaggio era «vedere gli indigeni bizzarri e nudi che scagliavano lance contro gli aerei».

La storia di Simmons creava una certa suspense e metteva l'accento sulle difficoltà oggettive di trasportare i superstiti fuori dalla valle isolata: «Da tre settimane la minuta segretaria del WAC e i due uomini attendono fiduciosi i soccorsi, ma non è stato ancora delineato un piano definitivo per riportarli a casa. Sono state avanzate diverse ipotesi: un autogiro (precursore dell'elicottero), un idrovolante che potrebbe ammarare su di un lago a circa cinquanta chilometri di distanza, un aliante e piccoli aerei da collegamento in grado di evacuare un passeggero alla volta». Simmons evidenziò gli ostacoli di ciascuna ipotesi e sostenne che sarebbe stato possibile effettuare «una traversata a piedi, ma avrebbe richiesto settimane e uno sforzo notevole».

L'articolo di Morton, ripreso e diffuso dall'Associated Press, dedicava più spazio agli indigeni: «Lo schianto di un aereo da trasporto americano nella regione selvaggia della Nuova Guinea Olandese ha svelato i segreti di una Shangri-La circondata da impervie montagne, dove indigeni alti un metro e ottanta vivono in uno stato di barbaro feudalismo all'interno di città fortificate». Esagerando l'altezza delle montagne e presumibilmente l'aspetto drammatico, l'articolo affermava che l'aereo si era schiantato contro una montagna alta più di cinquemila metri, alta ben più di duemila metri della cima più alta della Nuova Guinea.

I redattori dei giornali in tutto il paese, inclusi quelli del «New York Times», pubblicarono gli articoli in prima pagina. Le notizie di guerra occupavano ancora i cuori e le menti degli americani, ed era ancora in corso la selvaggia battaglia di Okinawa, che durò due mesi e fece migliaia e migliaia di morti su entrambi i fronti. Ma una storia drammatica, che aveva come oggetto lo schianto di un aereo in una "vera" Shangri-La, con un'ausiliaria del WAC e due militari che vivevano in mezzo a uomini rimasti alla preistoria insieme a una squadra di coraggiosi paracadutisti, senza nessun piano concreto di evacuazione, era pur sempre una notizia di guerra, seppur con un'angolazione nuova e affascinante.

La risposta ampia ed entusiastica ai primi articoli confermò quel che Simmons, Morton e i loro capi senza dubbio sospettavano: la storia di Shangri-La era perfetta. Ancor meglio, l'incidente del *Gremlin Special* aveva quel che i reporter chiamano "gambe": ossia una trama con sviluppi in grado di occupare pagine e pagine.

Un interesse sempre più forte e appassionato accompagnò i dispacci di Simmons e Morton. Altri corrispondenti di guerra chiesero di poter volare a bordo dell'aereo di rifornimento, desiderosi di scrivere la loro versione della storia che, con sintesi giornalistica, divenne famosa come «Una WAC a Shangri-La». Il colonnello Elsmore, desideroso come sempre di stare sotto i riflettori, li accontentò di buon grado. Fece anche in modo che una stenografa della WAC, il caporale Marie

Gallagher, volasse a bordo del 311 per trascrivere le conversazioni radio tra l'aereo e il campo dei superstiti.

In una di queste trascrizioni, una delle compagne di tenda di Margaret, il soldato semplice Esther "Ack Ack" Aquilio, affidò un messaggio all'operatore radio, in cui esprimeva preoccupazione per la sua salute e le chiedeva come si sentiva. Margaret rispose secca: «Dille di smettere di preoccuparsi e di iniziare a pregare». I giornalisti ci andarono a nozze.

In un'altra trascrizione, Walter descrisse Margaret come «la regina della valle». Raccontò ai giornalisti di come lui e i suoi uomini avessero un successo limitato nel barattare con gli indigeni, mentre Margaret aveva ottenuto dagli indigeni braccialetti di rattàn intrecciato e «qualsiasi altra cosa desiderasse». Di nuovo, i giornalisti si avventarono su questa notizia. E cominciarono a chiamarla «la regina di Shangri-La». Il maggiore Gardner iniziava le conversazioni quotidiane con Walter via walkie-talkie chiedendo: «Come sta la regina, oggi?». Il maggiore cercò di convincerla a parlare direttamente con lui e i giornalisti. Margaret rifiutò.

Le comunicazioni radio si svolgevano, in genere, tra Walter e McCollom da una parte e il maggiore Gardner, il sergente Jack Gutzeit, Ralph Morton e Walter Simmons dall'altra. Morton non avrebbe potuto essere più felice di questo coinvolgimento, che cercò di approfondire e sfruttare in ogni modo. In un articolo mozzafiato intitolato *Shangri-La riceve le ultime notizie dall'Associated Press*, raccontò di aver fornito un resoconto approfondito su ciò che succedeva nel mondo, e in guerra, ai sopravvissuti. Per non essere da meno, Walter Simmons iniziò a scrivere articoli dai titoli coinvolgenti, tipo *A bordo dell'aereo sulla Valle Perduta*. Nell'arco di alcuni giorni, il «Tribune» offrì a Margaret, McCollom e Decker mille dollari ciascuno per avere "l'esclusiva" delle loro storie quando fossero rientrati. Mentre i sopravvissuti prendevano in considerazione l'offerta, Walter ammise nel suo diario di aver provato una fitta di gelosia.

Durante un volo, venne a offrire il proprio sostegno morale Thelma Decker, ausiliaria del WAC, cugina di Decker. Ma quando si alzò dal proprio posto per avvicinarsi alla radio, il mal d'aria fu tale che non riuscì a profferire parola.

Un'altra volta, il radioperatore Jack Gutzeit portò un fonografo per suonare dischi di Benny Godman e di Harry James. Walter propose di ballare a Shangri-La, ma la musica arrivava distorta.

Nel frattempo Gutzeit si era innamorato – dall'aria – di Margaret. Nel suo giorno libero prese un volo fino a Brisbane, in Australia, dove comprò una scatola di cioccolatini e gliela lanciò con il paracadute. E alcuni giorni dopo divenne addirittura impudente: quando Walter gli riferì che Margaret aveva bisogno di un completo, cioè di una camicia, dei pantaloni e un reggiseno, rispose: «Dille che non le serve, laggiù può andare in giro come le donne indigene. Di sicuro, non sfigurerà...».

I lanci divennero talmente di routine che l'equipaggio cominciò a compiere alcune leggerezze. Un volo, per esempio, rischiò di fare altre due vittime: quando il sergente Peter Dobransky, capo dell'equipaggio, e il sergente James Kirchanski, supervisore del carico, aprirono il portellone posteriore, il vento lo ghermì strappandolo dai cardini. Dobransky e Kirchanski vennero risucchiati. Come scrisse Simmons sul «Tribune», «i due uomini afferrarono il montante di alluminio del portellone e, insieme, riuscirono a evitare di precipitare nel vuoto». Il portellone sbatté contro la sezione di coda dell'aereo, ma il 311 non riportò danni. I due sergenti se la cavarono solo con delle escoriazioni. Il giorno dopo erano di nuovo a bordo.

Durante uno di questi voli, Morton si chiese se Shangri-La potesse celare qualche tesoro. Domandò a Walter se i suoi paracadutisti avessero setacciato il fiume in cerca di oro. Walter rispose in tono asciutto, poco appassionato: «Sì. Non ci sono né oro né pesci, che in questo momento, per noi, sarebbero l'equivalente».

Con il trascorrere dei giorni le richieste dei superstiti arrivarono a includere anche casse di birra: per la prima volta nella storia l'alcol fece il suo ingresso a Shangri-La.

I voli trasportavano regolarmente anche la posta. Margaret riceveva le lettere delle sorelle, le quali «raccontavano che il padre era troppo provato per scrivere». McCollom e Decker ricevevano notizie dalle rispettive famiglie, Walter dalla moglie e i paracadutisti dagli amici, dalle fidanzate e dai parenti. Il lancio della posta dette un'idea al «Chicago Tribune»: Walter Simmons avrebbe consegnato ai sopravvissuti i messaggi dei familiari. Anche se i parenti avrebbero potuto tranquillamente continuare a scrivere lettere, accettarono l'offerta.

«Stiamo tutti bene qui a casa e ti aspettiamo» recitava un messaggio di Patrick Hastings. «Speriamo e preghiamo perché tu stia bene e non sia ferita. Le tue sorelle vogliono salutarti. È davvero strano avere una figlia famosa. Aspetta a vedere i giornali. Ringrazio il "Chicago Tribune" che ti consegnerà questo messaggio. È emozionante mandarlo. Speriamo di vederti presto. Con amore, papà.»

Il messaggio di Bert Decker al figlio diceva: «Speriamo che ti riprenda e possa tornare presto alla tua postazione. Io e mamma stiamo bene. Con amore, papà».

Rolla ed Eva McCollom inviarono un messaggio pervaso da una tristezza controllata, tipica del Midwest: «Siamo felici che tu ti sia salvato. Attendiamo con ansia di vederti e di parlarti di persona. Siamo molto tristi per Robert. Sii forte. Con tutto il nostro amore, papà e mamma». McCollom rispose in privato, scrisse una lettera destinata ai genitori e alla cognata: «Robert non ha sofferto e non ha vagato, solo e ferito, nella giungla. È morto sul colpo. Quando sono tornato nei pressi del luogo dell'incidente, non ho trovato niente che mi parlasse di lui, nemmeno il corpo, che è bruciato subito dopo l'impatto».

Quasi ogni giorno, Morton e Simmons inviavano i loro articoli alle rispettive redazioni. Che, però, cominciarono a non accontentarsi: volevano novità, volevano notizie fresche e appassionanti.

Simmons decise di concentrarsi, in modo ironico e tagliente, sull'insistenza con cui Margaret chiedeva un paio di pantaloni puliti: «Perché non li lanciate?» chiedeva all'equipaggio. «Vanno bene di qualsiasi tipo!» Ma anche se altri giornalisti ripresero la storia, la richiesta venne ignorata.

«Alcuni giorni dopo,» scrisse Margaret nel diario «il maggiore Gardner mi comunicò allegramente che era stato pubblicato un articolo nel quale si raccontava che chiedevo con insistenza un paio di pantaloni. Questo fu uno dei pochi episodi che mi allarmò. Se mio padre avesse letto l'articolo, avrebbe immaginato che me ne andavo in giro mezza svestita e gli sarebbe venuto un colpo!» Per quanto li chiedesse, e per qualche strano motivo, i pantaloni non arrivarono mai.

Altre volte le trascrizioni delle conversazioni radio sembravano lettere scritte da un campo estivo:

LUOGOTENENTE JOHN McCOLLOM: *Siamo in ascolto dal bellissimo breakfast club mattutino. Passo.*

MAGGIOR GEORGE GARDNER: *Quindi questo è il breakfast club. Cosa mangiate ragazzi questa mattina? Raccontate!*

McCOLLOM: *Abbiamo fatto un'ottima colazione. Pudding di riso, uova e prosciutto, bacon, caffè, cacao, ananas. Venite a trovarci una di queste mattine, ragazzi. È la migliore mensa del Pacifico sud-occidentale.*

Man mano che le condizioni di Margaret e Decker miglioravano, Doc Bulatao aveva più tempo a disposizione per guardarsi attorno e, soprattutto, visitare la gente di Uwambo: «La medicina occidentale» scrisse l'ausiliaria «cura come fosse una magia le malattie della pelle e le ferite». Non solo. Una volta, Doc dovette suturare una ferita causata da "fuoco amico", anche se in questo caso sarebbe stato giusto parlare di "freccia amica". Infatti, anche se avevano stretto un accordo e si erano impegnati a non combattere per tutto il periodo in cui gli stranieri avrebbero occupato l'area di Mundima, gli indigeni non rinunciavano a utilizzare arco e frecce, e a mostrare la loro abilità. Con tutti i rischi che, appunto, ciò comportava. L'abilità e la disponibilità di Bulatao e Ramirez conquistò i nativi, che presero a chiamarli rispettivamente Mumu e Mua. Anche Walter e gli altri paracadutisti ricevettero dei nomignoli, tipo Pingkong e Babikama, ma nel tempo il legame tra il nome e l'uomo si perse.

In attesa di lasciare il campo nella giungla, Walter osservò e fece numerose riflessioni a proposito degli indigeni. In genere, mostrava un grande rispetto, e una sensibilità antropologica grezza e al tempo stesso concreta. Ammirava i loro campi, «eccellente esempio di duro lavoro e buon senso», e le loro case, «ben costruite e resistenti». Altre osservazioni, invece, si fondavano su presupposti e giungevano a conclusioni errate. Poiché visitavano il campo molto meno di frequente, e in numero minore, rispetto ai maschi, era convinto che tra gli indigeni ci fosse una penuria di donne. E poiché non li vide mai mangiare maiali, pensò che fossero vegetariani. In altri punti del diario, ripropose e confermò i classici stereotipi occidentali, ritendendoli «infantili in tutto ciò che dicono o fanno». In altri ancora dava spazio a scene spassose, quasi goliardiche: «Oggi abbiamo mostrato a un indigeno delle foto di alcune pin-up. Ha capito subito che si trattava di donne e ha battuto in maniera inequivocabile la zucca che copre le sue parti intime. Alcuni dei ragazzi lo hanno pungolato un po' e ben presto la zucca non riusciva più a contenere la sua eccitazione. Sembra che il piacere sessuale sia un evento poco comune tra i nativi a causa della mancanza di donne. Alla fine, quando si è reso conto che la zucca non riusciva più a celare la sua eccitazione, ha battuto in rapida ritirata. Sembrava profondamente imbarazzato». Walter rise anche alla vista di un ragazzino di circa sei anni che non riusciva a riempire la sua zucca, che gli pendeva di lato, lasciando ben visibile la sua mascolinità immatura. Per una curiosità quasi scientifica, tracciò dei disegni molto semplici su un foglio e li mostrò all'indigeno che avevano coinvolto nello scherzo delle pin-up. Quindi gli dette carta e matita: «Ha cominciato a tracciare tante linee curve sulla carta, proprio come fanno i bambini la prima volta che possono disegnare. Era molto fiero dei risultati e mi ha mostrato il risultato dei suoi sforzi con un gran sorriso». Il capitano concluse: «Mi sembra che questi indigeni possano essere istruiti facilmente con i metodi adeguati».

Intervistato con il walkie-talkie da Simmons, Walter descrisse con dovizia di particolari i tratti fisici degli indigeni, in particolare le «condizioni eccellenti» dei loro denti, e i loro villaggi. Nonostante l'impressione che fossero una razza «agile e veloce», espresse la sua sorpresa nel constatare che non erano bravi portatori. E lo attribuì al fatto che fossero abituati ad andare in giro nudi senza nulla. D'altra parte «hanno tutto ciò che serve per mangiare ed essere felici. Vivono in un paradiso terrestre e nessuno li ha mai disturbati. Certo, ci sono le altre tribù, ma la loro presenza è qualcosa di scontato e antico, quasi naturale. Nel loro mondo regna la semplicità. Non hanno necessità di allontanarsene». Erano un popolo felice e disponibile, ma su una cosa non cedettero nonostante il passare del tempo e la familiarità con gli stranieri: «Non ci vogliono ancora nei loro villaggi. Da quando siamo arrivati il loro atteggiamento al riguardo non è cambiato di una virgola». In più, annotava, li tenevano d'occhio quando si avvicinavano alle piantagioni di camote, le patate dolci, o alle loro donne, che descrisse con maggiore generosità che in passato: «Ai bordi della giungla, ho incontrato un'indigena. Era magra, ma aveva un seno grande e formoso senza essere sproporzionato. Era molto carina. Soprattutto rispetto agli standard del posto...».

Le osservazioni del capitano Walter erano lo specchio esatto di ciò che vedeva e viveva. Ma erano per forza di cose uno specchio deformato dall'impossibilità di comunicare, di ricorrere a un linguaggio comune, e da un'incomprensione di fondo: non aveva assolutamente idea che la gente di Uwambo considerasse lui e i suoi compagni spiriti del cielo, o che la loro venuta rappresentasse il compimento di una profezia. E che per questo li avevano accolti in modo pacifico. Ma anche che venivano tenuti lontani dalle donne e dai maiali, che, secondo la leggenda, erano stati il motivo per cui gli uomini avevano tagliato la liana e scelto di interrompere i rapporti con gli esseri celesti.

Se avesse saputo di Uluayek, sarebbe stato meno sorpreso dal comportamento dei nativi.

Capitolo 21

TERRA PROMESSA

Con il trascorrere dei giorni, Walter incoraggiò l'attenzione dei giornalisti, che voleva sfruttare per perseguire i suoi interessi: «Oggi sono tornati entrambi i corrispondenti di guerra e sembra che questa nostra piccola avventura stia occupando le prime pagine dei giornali di tutto il mondo» annotò nel diario. «Speriamo che tutta questa "notorietà" sia utile al mio scopo.» Altrove scrisse: «Se questa vicenda ha davvero tutta la pubblicità che sembra, sono certo che le mie preghiere verranno esaudite e potremo finalmente tornare in azione».

Pochi giorni dopo aver scritto queste parole, venne a sapere che le sue preghiere erano state esaudite, seppur entro certi limiti. Non è chiaro se il clamore dei media svolse un qualche ruolo, ma apprese via walkie-talkie che lui e i suoi uomini avevano ricevuto l'ordine di partire per le Filippine se e quando fossero tornati a Hollandia. La resistenza giapponese a Mindanao si stava esaurendo e il generale MacArthur stava per dichiarare le Filippine "sicure". Ciononostante Walter era ansioso, come sempre, di unirsi al padre, ancora a capo della guerriglia: «Le ultime notizie riportano che sta bene, ma è ancora in azione» scrisse dopo essere stato informato degli ordini.

Quando l'eccitazione calò, Walter iniziò a disperarsi perché il lento recupero dei feriti sembrava cospirare contro di lui. Dovette rinviare due volte il ritorno al campo base, dopo che Doc Bulatao ebbe dichiarato che Margaret e Decker erano migliorati, sì, molto, ma non abbastanza per affrontare la difficile marcia.

Nel suo diario, confessò di essere dilaniato dal conflitto tra responsabilità e desiderio: «Non voglio esporre i pazienti al rischio di un'amputazione qualora le ferite si infettassero ulteriormente». Ma subito dopo aggiungeva: «Tutti noi siamo un po' scoraggiati da questo ritardo, soprattutto io e i miei ragazzi, che abbiamo l'ordine di partire per le Filippine. C'è una guerra lì fuori, e siamo stufi di rimanere al passo».

Venerdì, 15 giugno, trentatré giorni dopo l'incidente, Doc Bulatao fece una visita molto accurata a Margaret e Decker per accertarsi che le ferite fossero guarite. Lo erano, almeno al punto che avrebbero potuto affrontare la marcia fino al campo base. Certo, una volta tornati a casa avrebbero necessitato di cure ulteriori, soprattutto Decker, ma erano fuori pericolo di vita e in grado di camminare, sia pure aiutati, fino alla valle.

Walter non vedeva l'ora di levare il campo e muoversi da quel posto tanto bello quanto noioso, ma rimandò la partenza fino a mezzogiorno, cosicché l'aereo potesse lanciare altri razzi segnaletici e un walkie-talkie di scorta: «In un luogo come questo è sempre meglio essere sicuri...» si disse.

Sull'aereo c'era Morton dell'AP, nel doppio ruolo di giornalista e operatore radio. Dall'altro lato della cornetta, il luogotenente McCollom. Dopo un veloce scambio di battute e dopo aver comunicato i dettagli del tragitto che avrebbero seguito, fu chiaro che l'interesse del giornalista era tutto focalizzato su Margaret: «Come sta il caporale Hastings stamattina?».

«Molto bene. Stiamo tutti bene. E abbiamo voglia di andarcene e tornare al nostro lavoro a Hollandia. Noi tre siamo qui da più di un mese e i paracadutisti, ormai, da tre settimane...»

«Sì, ma Margaret è in grado di camminare da sola? Trasporterà qualcosa?»

«Porterà uno zainetto di circa sette chili. I nostri pesano tra i venti e i trentacinque chili. Se i nativi non ci danno una mano, sarà una bella fatica.»

«Sembra un bel carico per una ragazza tanto minuta...»

Ormai era chiaro: la regina di Shangri-La aveva allargato il suo regno. E, per i suoi compagni, non era certo un problema. L'unica cosa che li scocciava era che gli altri soldati non ricevevano la giusta attenzione. Era consuetudine che i giornalisti inviati nelle zone di guerra annotassero e pubblicassero con rigore certosino il nome e la città di provenienza dei militari. In questo modo, le famiglie e gli amici rimasti in patria potevano gioire per il riconoscimento ufficiale tributato al loro coraggio nonché per la gloria riflessa che derivava dal conoscere persone impegnate sul campo di battaglia. «I nomi fanno notizia» diceva un vecchio adagio. Gli editori incoraggiavano questa pratica per motivi commerciali ed economici: stampare il nome di una persona nel giornale locale fidelizzava i lettori e incoraggiava l'acquisto di copie extra da conservare per i posteri.

I giornalisti che si occuparono dell'incidente del *Gremlin Special* seguirono scrupolosamente questa pratica, con una sola eccezione, evidente e categorica. Pubblicarono il nome e la città natale dei superstiti, delle vittime, dei cappellani che celebrarono i funerali, dei loro superiori, dell'equipaggio del 311, l'aereo di rifornimento. Inclusero il nome non soltanto del pilota, ma anche del copilota, dell'operatore radio, del tecnico di volo e di tutti gli altri. Ma per quanto fosse comprensibile l'ossessione dei giornalisti nei confronti di Margaret, era altrettanto ingiusto il disinteresse nei confronti dei paracadutisti filippini del 1° Recon, nonostante, peraltro, tutti, a eccezione di Rammy Ramirez, fossero nati o residenti negli USA e fossero membri dell'esercito statunitense.

Quando parlavano con i giornalisti, Walter e McCollom cercavano in ogni modo di riportare l'attenzione su di loro, in particolare sull'eroico lancio di Bulatao e Ramirez in un terreno insidioso e ostile, e sulle cure che avevano salvato gli arti e la vita di Margaret e Decker. I medici e i paracadutisti, però, non ricevettero alcun riconoscimento. A volte venivano menzionati in forma anonima, come in questo caso piuttosto esemplificativo: «Due medici filippini, carichi di provviste, si sono lanciati con il paracadute». Punto. Stop. I loro nomi, la loro origine, la loro qualifica restavano un mistero. Al quale i più non erano interessati.

In realtà, Ralph Morton dedicò loro un po' di inchiostro. Come Walter Simmons, che si interessò in modo particolare al sergente Alfred Baylon. L'interesse nacque dal fatto che il sergente, «tarchiato e appassionato di sigari», veniva da Chicago e aveva lavorato come inserviente al Garfield Park Community Hospital di quella città.

Quando l'aereo lanciò i ritagli di giornale riguardanti gli eventi a Shangri-La, Walter reagì con rabbia commentando nel diario quanta poca attenzione avessero ricevuto i suoi uomini: «Un numero assai esiguo di giornalisti ha riconosciuto i meriti dei miei uomini, come se fossero estranei alla missione. Appena uscirò da questa situazione mi batterò per loro, perché gli venga tributato il giusto merito. Sono soldati valorosi che si sono messi in gioco per difendere dei commilitoni. Che hanno rischiato per loro. Che non si sono mai lamentati. Che sono andati avanti fino in fondo, per puro e semplice senso del dovere». Inoltre, è vero, avevano parlato di lui in termini più che positivi, Morton lo aveva definito «caposoccorritore», come fosse il corrispettivo occidentale del «capovillaggio», ma per tutta la durata della missione lo avevano chiamato con il nome che lui detestata, Cecil. E avevano aggiunto regolarmente una «s» al suo cognome, chiamandolo Walters.

Prima di partire per il campo base nella valle, superstiti e paracadutisti scelsero con cura cosa portarsi dietro e cosa lasciare. Mentre riempiva lo zaino con le provviste, McCollom notò le scatole intatte di Kotex, lanciate per Margaret. Da buon ingegnere, ebbe un'idea.

«Maggie» chiese. «Ti servono?»

Quando lei scrollò le spalle, le aprì e porse gli assorbenti ai suoi compagni in modo che li mettessero sotto le cinghie dei pesanti zaini. Erano perfetti, pensò che avrebbe addirittura potuto brevettarli!

Margaret, invece di mettere via le sue cose, si concentrò sui nativi. «Cercammo di dire addio a Pete e ai suoi uomini» scrisse nel diario. «Ho capito che l'espressione "selvaggi" non è degna di queste persone così accoglienti, gentili e ospitali. Non siamo mai riusciti a comunicare bene, ma siamo sempre riusciti a capire il cuore e le intenzioni dell'altro. Il miracolo più grande che abbiamo ricevuto io, Decker e McCollom, oltre a essere sopravvissuti all'incidente, è stato averli incontrati.»

Prima di mettersi in viaggio, cercò Wimayuk Wandik, l'uomo che chiamava Pete. Lo trovò. Era insieme ai suoi uomini. E piangeva per la loro partenza. Pensò che anche alcuni di loro avrebbero voluto farlo.

Senza che lo sapessero, gli indigeni avevano fatto loro un dono. Quando Wimayuk e gli uomini del suo clan capirono che gli spiriti intendevano lasciare la giungla per spostarsi nella valle, lo avevano comunicato ai loro alleati. E avevano concordato un altro *maga* perché nessuno li disturbasse durante il loro passaggio.

Quando si mise in coda per cominciare la marcia, Margaret lanciò un ultimo sguardo al campo di patate dove si erano rifugiati dopo l'incidente, l'incendio e la camminata nella giungla. Dove erano stati avvistati dal capitano Baker a bordo del suo B-17. Dove era stata curata da Bulatao e Ramirez. Dove aveva scoperto un altro mondo e un'altra se stessa. Guardò per l'ultima volta quel posto, con la bandiera americana che sventolava davanti alla tenda comune.

Spesso, nel mese trascorso nel piccolo campo vicino al fiume Mundi, superstiti e paracadutisti avevano offerto da mangiare ai nativi. Che, però, non lo avevano mai accettato, men che meno assaggiato. McCollom aveva provato con tutto, con il riso, la carne in scatola e il cioccolato. Lui e gli americani ne mettevano in bocca una parte, masticavano soddisfatti e gli passavano il resto. Niente, mai una volta.

Quando abbandonarono il campo, i nativi raccolsero il cibo rimasto e lo deposero in una grotta. Non sapevano cosa fosse, avevano paura. Perciò lo misero tutto in un posto. E, presto, presero a venerarlo, come se fosse sacro. Uccisero dei maiali e lo cosparsero con il sangue. Piantarono un albero simile a un bambù accanto all'ingresso a indicare che si trattava di un luogo magico. Dopodiché versarono altro sangue lungo il sentiero che gli spiriti avevano seguito per scendere dalla montagna.

Anche se non volle mangiare il loro cibo, Wimayuk Wandik, Pete, accettò un dono di McCollom, un machete con una cordicella attaccata al manico. Tagliare la legna era un lavoro quotidiano, molto faticoso, e la lama, molto più efficace di qualsiasi ascia di pietra, risultò molto utile. All'inizio, Wimayuk gli riportava il machete ogni mattina, solamente per essere rassicurato che era proprio per lui, che poteva tenerlo. Quando McCollom partì, Wimayuk lo tenne. Era il primo oggetto in metallo con cui gli indigeni entrarono in contatto.

Anche se Wimayuk, Yaralok e tanti altri erano tristi nel vederli partire, alcuni, a Uwambo, erano tutt'altro che scontenti. Gli spiriti del cielo continuavano a fargli paura, non riuscivano a togliersi dalla testa la profezia che li considerava portatori di sventura. E poi avevano eretto il loro villaggio in mezzo a un campo di patate dolci e taro della comunità. L'unico motivo per cui li avevano sopportati erano le sigarette: le adoravano! Pete, in particolare, era un accanito fumatore di Raleigh. Ma c'era un problema, ne erano terrorizzati. O, meglio, erano terrorizzati dagli accendini e dai fiammiferi. Perciò erano costretti a farsele accendere dagli stranieri. E a farseli andare bene.

Una volta che gli spiriti partirono, Wimayuk si arrampicò in cima all'Ogi. Con il machete, che alcuni dei suoi volevano che restituisse o abbandonasse, recuperò alcuni pezzi del relitto del *Gremlin Special*. Tornato al villaggio, lo lavorò con gli artigiani. Ci fabbricarono attrezzi e parti di costruzioni. Un pezzo divenne parte del recinto. E lì rimase per tantissimo tempo.

Nei mesi che seguirono la partenza degli spiriti, il popolo di Uwambo tornò ai ritmi e alla routine che seguiva da secoli. Riprese a dedicarsi all'allevamento dei maiali, alla coltivazione delle patate, al mantenimento del villaggio e, soprattutto, a combattere i nemici. C'era una differenza, però.

Quando gli anziani narravano la leggenda di Ulayek, parlavano anche di Yugwe, Meakale, Mumu, Mua, Pingkong, Babikama e degli altri spiriti scesi giù dal cielo. Ci sarebbero voluti ancora alcuni anni, ma, proprio come il mito aveva predetto, la loro venuta avrebbe segnato l'inizio della fine di quella vita che avevano sempre conosciuto.

Con gli zaini pesantissimi sulle spalle, gli assorbenti Kotex sotto le cinghie e senza una rotta precisa da seguire, i superstiti e i paracadutisti iniziarono la difficile marcia che li avrebbe portati fino al campo base. Salivano e scendevano di continuo. Saltavano, strisciavano, si arrampicavano. «Abbiamo dovuto camminare a lungo nel torrente che scorreva lungo il fianco della montagna» riportò Walter. «Lo abbiamo attraversato una mezza dozzina di volte perché era l'unico modo per orientarci e sapere dove diavolo stessimo andando.»

A mano a mano che avanzavano, Margaret iniziò a sentirsi più sicura. Mentre camminavano in fila indiana attraverso la giungla su un terreno reso ancora più scivoloso dalla pioggia, si sentì un membro della truppa. Riusciva a non perdere contatto mentre strisciavano sui tronchi caduti, camminavano lungo un precipizio che si affacciava su una gola senza fondo e saltavano da un ceppo all'altro.

Dopo mezz'ora, però, d'improvviso si trovò senza fiato, crollò. Si era sentita forte, molto più forte del sottoufficiale Decker, che, pallido ed emaciato, avanzava a fatica. Il passo regolare e cadenzato dei paracadutisti si era rivelato troppo pesante.

«Per favore...» chiese a Walter con un filo di voce. «Devo riposarmi.»

«Anch'io» aggiunse Decker. Margaret si sentì sollevata. Era certa che se non avesse chiesto una sosta, Decker avrebbe continuato silenziosamente e stoicamente fino a crollare.

Quel primo giorno, dopo tre ore di marcia, si fermarono per allestire il campo dove avrebbero passato la notte. I medici sfruttarono l'occasione per curare le ferite di Margaret e Decker. Terminate le operazioni, Margaret si ritirò nella sua tenda, McCollom e Decker nella loro, alcuni paracadutisti in una terza e gli altri sulle amache che avevano appeso agli alberi della giungla.

Nel diario, Walter annotò: «La mancanza di portatori e le esigenze dei due feriti rallentano il passo. Ma» aggiunse «tanto di cappello al sottoufficiale Decker e al caporale Hastings. Stanno mostrando un grande carattere.»

Il mattino successivo si alzarono presto e si rimisero in cammino poco dopo le otto. Si trovarono di fronte la solita strada accidentata, fatta di salite e discese infinite. Margaret teneva duro, ma aveva crampi continui al polpaccio destro, le sembrava di impazzire. E rallentava nuovamente la marcia. Quando l'aereo con le provviste passò sopra le loro teste e stabilirono un contatto radio, Walter riferì al maggiore Gardner che non si erano imbattuti in nessun villaggio e non avevano potuto contare sull'aiuto dei nativi in qualità di portatori. I pochi che incontravano se ne stavano distanti, quasi nascosti.

«Sono ostili?» chiese Gardner.

«Ne dubito. Ma siamo preparati, non si preoccupi. Abbiamo un sacco di munizioni, anche se non ci aspettiamo aggressioni. Fino a quando non ci avviciniamo alle loro donne e ai loro orti andrà tutto bene.»

Più tardi, quello stesso giorno, incontrarono un gruppo di indigeni che si mostrarono affabili e ben disposti, e si offrirono di portare i sacchi a pelo e le coperte. Quando a metà pomeriggio montarono il campo, Walter aveva raggiunto il suo obiettivo, avevano percorso quindici chilometri in un giorno. Era soddisfatto, fiducioso. C'era solo un problema, saltando da una roccia all'altra si era slogato una caviglia: «Ero concentrato su Maggie, Ken e Mac» scrisse. «Perciò non ho fatto attenzione e sono saltato su una roccia coperta di muschio. Sono scivolato malamente e mi sono procurato una bella distorsione.» La caviglia si gonfiò moltissimo, troppo. Anche se avrebbe voluto tenere nascosta la notizia, fu costretto a chiedere aiuto a Doc Bulatao, che gli applicò un bendaggio molto stretto. Il dolore continuava, ma almeno poteva stare in piedi: «Stiamo avanzando molto bene, non possiamo rallentare per colpa mia. "Bahala na", non molliamo».

Il giorno successivo, domenica 17 giugno, Margaret si svegliò in forze e prese a marciare fiduciosa, con meno dolore di quanto la sera prima avrebbe potuto immaginare. Il comandante, questa volta, non si trattenne e le fece i complimenti: «Potresti essere un eccellente soldato di fanteria». In effetti, Walter era sorpreso e ammirato. I tre superstiti stavano dimostrando una grande forza fisica e mentale. Dopo tutto quello che avevano passato, continuavano a mantenere un atteggiamento positivo e collaborativo. Ne era profondamente impressionato.

Margaret era felice, sentiva che piano piano stava lasciandosi il peggio alle spalle. C'era solo un problema, loro. Gli uomini. Gli spasimanti. Soprattutto quelli indesiderati. Un nativo, che avevano soprannominato Bob Hope per il naso pronunciato con la punta all'insù, si era palesemente invaghito di lei. Continuava a gironzolarle attorno e a puntarle addosso uno sguardo lascivo. Il peggio era che i paracadutisti lo avevano notato e avevano cominciato a prenderla in giro. Non solo: «All'improvviso Bob ha un rivale» scrisse la sera stessa, finalmente sdraiata nel suo sacco a pelo. «Un giovane indigeno che avrà sì e no quindici anni. Anche lui è innamorato perso. Per corteggiarmi, ha preso un bastone e me lo ha lanciato. Ovviamente io avrei dovuto rilanciarglielo. Era come un cucciolo». Alla fine, entrambi gli spasimanti si arresero e la marcia proseguì senza intoppi.

La mattina di lunedì 18 giugno il gruppetto percorse il tratto tra le due montagne che Walter aveva battezzato La Sella. Seguirono un sentiero lungo il fiume Pae, dalle acque fangose, e si fermarono per pranzo. Dopo altre due ore di marcia, i tre paracadutisti rimasti al campo base, i sergenti Sandy Abrenica, Roque Velasco e Alfred Baylon, li videro comparire in lontananza e gli corsero incontro. Non appena li riconobbe, Walter si illuminò: «Eccoli,» disse pieno di orgoglio ai tre sopravvissuti «guardate i miei soldati, i migliori, dannatissimi soldati al mondo».

L'aereo con i rifornimenti, intanto, volava sopra le loro teste per celebrare e annunciare al quartier generale il loro arrivo. Alla guida c'era il capo della missione di salvataggio in persona, il colonnello Elsmore, e al suo fianco, nella cabina di pilotaggio, c'era Ralph Morton, il giornalista dell'Associated Press.

Cinque settimane dopo aver lasciato Hollandia, Margaret, McCollom e Decker poterono finalmente vedere Shangri-La con i propri occhi: «I seguaci di Mosè non ebbero una visione più bella quando giunsero nella Terra Promessa» annotò Margaret nel diario. «Era una terra bella e fertile, circondata dalle vette gigantesche dei monti Oranje e attraversata da un fiume color rame. Era la nostra Terra Promessa.»

Capitolo 22

HOLLYWOOD

Quando seppe che l'aereo trasportava una sorpresa, Margaret si immaginò una, due o anche tre casse di birre con cui avrebbero potuto brindare al successo della missione. Non indovinò, ma non ci andò lontana. La sorpresa aveva comunque a che fare con l'alcol.

L'operatore radio del 311 comunicò che tra i membri dell'equipaggio c'era un regista che voleva girare un documentario su quanto era successo a Shangri-La, sull'incidente, gli indigeni e la missione di salvataggio. Aggiunse che era già pronto, stava per lanciarsi con il paracadute.

Walter si stupì, poi, d'istinto, chiese quasi senza pensare: «Si è mai gettato?».

L'operatore tacque. Poi, con un po' di imbarazzo, rispose: «No, è la prima volta...». Un paracadutista del 1° Recon, a Hollandia, gli aveva dato una lezione teorica di circa mezz'ora sui rischi e i pericoli di un lancio. Era tutta l'esperienza che aveva.

«Per l'amor di Dio,» ordinò Walter «agganciate una corda alla fune di vincolo!» Se l'uomo, in aria, si fosse paralizzato per la paura, il paracadute si sarebbe comunque aperto e lo avrebbe salvato. Almeno gliene avrebbe dato la possibilità.

I sopravvissuti e i paracadutisti volsero lo sguardo verso l'aereo che volava sopra la valle: il portellone di lancio era aperto, ma non c'era traccia del regista. Ancora un altro passaggio e ancora nessun movimento. Finalmente, al terzo passaggio, comparve, barcollando, una persona dalla corporatura massiccia, con l'attrezzatura per le riprese legata al corpo. Vacillò un attimo, poi si lanciò. La calotta bianca si aprii e si gonfiò sopra la sua testa mentre scendeva verso fondovalle.

Osservando la scena, i soldati intuirono che c'era un problema. Il paracadutista era stranamente floscio. Anche Margaret, che non sapeva nulla di paracadutismo, si rese conto che qualcosa non andava: «Oscillava compiendo un grande arco da un margine del paracadute all'altro» scrisse nel diario. «Eravamo terrorizzati all'idea che potesse capovolgersi, svuotando il paracadute d'aria e piombando al suolo.»

Walter e i suoi uomini urlarono freneticamente al metronomo umano che penzolava sopra le loro teste: «Stringi le gambe!», «Controlla l'oscillazione!», «Manovra le bretelle!».

Nessuna risposta. Né a parole né a fatti.

Margaret si unì al coro, ma niente, l'uomo sembrava privo di sensi. Non si sa bene come, ma il paracadute resse. E il paracadutista atterrò a faccia in giù, a gambe e braccia spalancate, in un groviglio di cespugli alti, a una trentina di metri dal campo.

Temendo che fosse morto o seriamente ferito, diversi paracadutisti si lanciarono nell'erba alta per soccorrerlo. Il primo a raggiungerlo fu il sergente Javonillo. Si abbassò, lo guardò. Si tirò su, si voltò verso i compagni con una faccia sconvolta, come se avesse visto un fantasma.

«Ragazzi,» disse «quest'uomo è ubriaco fradicio!»

Pochi istanti dopo anche McCollom giunse sul posto e confermò: «È sbronzo come una scimmia!».

Quando tirarono fuori l'uomo dai cespugli, anche Walter lo esaminò. E formulò la diagnosi: «Stato di ebbrezza totale».

Walter inviò un messaggio radio all'aereo che si preparava a lasciare la valle: «Questa valle finirà a Hollywood, e presto!».

Walter non aveva idea di quanto avesse ragione.

L'uomo prono, ubriaco fradicio, era Alexander Cann, un singolare quarantaduenne in cerca di un nuovo inizio dopo una vita a dir poco avventurosa.

Nato in Nuova Scozia, Alex Cann era il figlio maggiore del famoso banchiere H.V. Cann e di sua moglie, Mabel Ross, il cui padre era membro della Casa dei Comuni canadese.

Mabel Cann morì quando Alex era piccolo. Pochi anni prima, quando Alex aveva sette anni, il padre trasferì la famiglia dal Canada a Manhattan, dove nel 1914 fu tra i fondatori della Federal Reserve Bank di New York. La famiglia trascorse sette anni negli Stati Uniti, ma tornò in Canada quando H.V. Cann divenne un alto dirigente della Banca di Ottawa. Lì Alex Cann frequentò il Royal Naval College, quindi tornò a New York per studiare ingegneria strutturale. Il suo tempismo non avrebbe potuto essere peggiore: quando arrivò la Grande Depressione, si smise di costruire nuovi edifici, il che rese gli ingegneri inutili quanto gli agenti di cambio. In più, Alex continuava a perdere a poker la sua considerevole eredità.

Ma essere al verde non significava non avere altre opzioni: era alto, bello e brillante, aveva i capelli scuri e gli occhi marroni, una voce profonda e un fisico robusto, era colto e affascinante. Perciò il giovane Alex andò a ovest, a Hollywood, dove queste qualità continuavano ad avere valore nonostante la Grande Depressione. Preoccupato dall'idea di macchiare il buon nome della famiglia, prese il nome d'arte di Alexander Cross, una via di mezzo tra il suo cognome e quello della madre, Ross.

Alexander Cann/Cross iniziò interpretando alcuni ruoli minori. Nel 1936 recitò in una mezza dozzina di film: fu un guardiano notturno nel film *Furia* con Spencer Tracy, diretto da Fritz Lang, un detective in *Smart Blonde* con Glenda Farrell e fu un membro dell'equipaggio in *Ali sulla Cina*, insieme ad Humphrey Bogart, suo compagno di sbronze. Salì la scala di Hollywood guadagnandosi parti con più battute e recitando insieme agli attori più in voga, tipo Bull Clanton in *Law for Tombstone*, un western del 1937. La sua stella era in continua ascesa, e ottenne il ruolo di Black Jack Carson, un cattivo nella serie televisiva *Hopalong Cassidy*, i cui protagonisti erano William Boyd e Gabby Hayes.

Ma proprio quando l'attore Alexander Cross iniziò ad avere successo, il suo alter ego, Alexander Cann, smentì il vecchio proverbio di Hollywood secondo il quale «ogni pubblicità è una buona pubblicità».

Il 28 marzo 1937, il «Los Angeles Times» pubblicò in prima pagina una storia sensazionale dal titolo *Attore confessa furto di gemme a Palm Springs*. L'articolo spiegava che un attore, che la polizia aveva identificato con Alexander Howard Cross Cann, aveva confessato il furto di un braccialetto di diamanti e di un anello di proprietà di Alma Walker Hearst, l'appariscente ex moglie del magnate della carta stampata William Randolph Hearst jr. L'articolo descriveva il furto di gioielli peggio programmato della storia.

L'ex signora Hearst lo aveva conosciuto un mese prima nella Sun Valley, Idaho, e lo aveva invitato a una piccola festicciola nella sua casa di Palm Springs. Più tardi, quella stessa sera, il party si era spostato all'aperto. Verso l'una del mattino, Cann tornò a casa di Alma Hearst e le rubò i gioielli. In tarda mattinata si recò a un banco dei pegni e vendette per appena trecentocinquanta dollari le pietre che ne valevano oltre seimila.

«Nella sua confessione,» recitava l'articolo del «Times» «Cann ha raccontato ai funzionari di aver perso un'ingente somma scommettendo sui cavalli e di essere sotto pressione per restituire il denaro. Ha ammesso di essere stato sotto i fumi dell'alcol al momento del furto.»

Quando Alma Hearst si accorse del furto, consegnò alla polizia la lista dei domestici e degli ospiti. Gli investigatori si concentrarono subito su Cann e un vicesceriffo lo chiamò al telefono. Cann ammise il furto e rivelò al poliziotto a chi aveva venduto i gioielli, che vennero restituiti alla legittima proprietaria. Su pressante richiesta del funzionario, Cann si recò a Palm Springs per costituirsi. Venne accusato di furto e spedito in prigione.

Una volta recuperati i gioielli, Alma Hearst decise di averne abbastanza delle attenzioni della stampa e di Alex Cann. Il giorno seguente, il «Times» scrisse un secondo articolo nel quale si affermava che le accuse contro Cann sarebbero state ritirate se lui avesse restituito il maltolto. Trecentocinquanta dollari era una somma relativamente facile da raggranellare, a suo modo fu fortunato.

Prima che la storia, e Cann, sparissero dai riflettori, le linee telefoniche divennero roventi. Giornali distanti da Hollywood titolavano a caratteri cubitali *Attore ruba i gioielli della padrona di casa*. Anche il «New York

Times» non resistette alla tentazione di scrivere un articolo su Hearst e sul furto di gioielli.

Con il nome di Alexander Cross, recitò un'ultima volta nel 1939 in un film sulla Grande Depressione, *The Human Bomb*. Era il protagonista, un attentatore senza nome. Il ruolo era il coronamento dei suoi anni a Hollywood, ma il suo arresto mandò in frantumi la sua carriera di attore.

Cann cercò di rimettersi in piedi. Alla fine del 1941 aveva già divorziato per ben tre volte, ma non aveva avuto ancora figli. Senza moglie, senza persone che dipendevano da lui e senza prospettive immediate, tornò alle radici e si arruolò nella marina canadese. Ma il destino volle prendersi di nuovo gioco di lui. In rotta verso il Pacifico meridionale, la nave di Cann venne colpita da un siluro. Lui venne scaraventato in acqua. Sopravvisse, ma con una frattura vertebrale che lo avrebbe tormentato fino alla fine dei suoi giorni. Nel 1943, in convalescenza in Australia, Cann frequentava regolarmente i night club. Era un bevitore conviviale e un bravo narratore, che amava raccontare aneddoti sui suoi giorni a Hollywood e darsi arie da regista.

Grazie alle sue conoscenze da night club, venne a sapere che il governo olandese in esilio a Londra aveva bisogno di corrispondenti e registi per il nuovo Netherlands Indies Government Information Service, un'agenzia che aveva lo scopo di contrastare la propaganda nazista e non far dimenticare al mondo i problemi dell'Olanda.

Grazie alle sue millanterie e, presumibilmente, al limitato impiego che poteva trovare un marinaio quarantaduenne con la schiena rotta, la marina canadese "prestò" Cann alla sezione australiana del Netherlands Information Service, con base a Melbourne. Si guadagnò il titolo di «corrispondente di guerra e regista», acquistò una telecamera da 35mm e usò il suo fascino e l'accento canadese per farsi assegnare filmati difficili dall'U.S. Army Signal Corps.

Cann si lanciò in questo nuovo ruolo, coprendo impavidamente la campagna nel Borneo e nelle Filippine. Nell'ottobre del 1944, durante l'invasione alleata di Leyte, Cann si trovava a bordo dell'incrociatore HMAS Australia quando fu attaccato da un bombardiere giapponese. L'aereo giapponese, un modello che gli Alleati chiamavano *Betty*, si lanciò in picchiata contro la nave *Australia*, uccidendo il comandante e il navigatore, e uccidendo o ferendo mortalmente ventotto persone. Secondo numerosi racconti fu il primo attacco kamikaze della storia. Ma in qualità di testimone oculare, Cann negò questa affermazione. Una settimana dopo l'attacco riferì a un giornalista dell'Associated Press che il pilota era già morto quando aveva colpito l'aereo: «Il *Betty* ha attraversato un tremendo sbarramento di fuoco, fuori controllo e con il fumo che usciva già dal motore».

A questo punto della sua vita Cann aveva sperperato un'eredità al gioco, aveva tre divorzi alle spalle, un arresto per furto di gioielli, era sopravvissuto a un attacco che gli aveva rotto la colonna vertebrale e a quello di un aereo giapponese che si era schiantato sulla nave su cui era imbarcato. Quel lancio incontrollato, ubriaco fradicio, su Shangri-La sembrò inevitabilmente la tappa successiva della sua vita.

Quando vennero pubblicati gli articoli di Walter Simmons, Ralph Morton e degli altri giornalisti che raccontavano dei superstiti, dei paracadutisti e della tribù di Shangri-La rimasta all'età della pietra, Alex Cann decise, ancora una volta, di tentare la sorte.

Il 17 giugno partì in volo da Melbourne, diretto a Hollandia. Il mattino successivo scroccò un passaggio sul volo diretto al luogo dell'incidente prima di tornare alla pista Sentani per chiedere un paracadute. Ricevette alcuni consigli da Isaac Unciano, capitano del 1° Recon, ma passò la breve lezione scherzando. «Se torno sano e salvo,» promise al capitano «ti offro due bottiglie di whisky e una bella festa. Ah,» aggiunse «salterò, lo prometto. Ma se non lo farò, dì ai tuoi di spingermi.»

Cann non confermò mai di essersi lanciato ubriaco fradicio, ma ammise che non andò tutto secondo i piani. In un'intervista rilasciata all'Associated Press confessò: «Non so se mi sono buttato o se mi hanno spinto al segnale, ma durante la discesa, dopo che si era aperto il paracadute, ero impegnato a scattare foto. Poi sono atterrato a gambe all'aria tra i cespugli».

Javonillo e gli altri lo liberarono dalle imbragature, lo trasportarono al campo e lo imbottirono di aspirine. Gli prepararono un pranzo filippino a base di *chow mein* e patate fritte. Quando fu sufficientemente sobrio per parlare, Walter gli chiese come avesse fatto a ridursi in quel modo.

«Ho bevuto una bottiglia di gin olandese prima di saltare» ammise.

«Perché?»

«Non volevo esitare.»

Walter rifletté seriamente su quella risposta e concluse: «Dovrebbe fare il paracadutista».

In seguito, il maggiore Gardner chiese a Walter con il walkie-talkie se Cann risentiva dei postumi della sbornia. Walter rispose: «Dice che non lo rifarà mai più, almeno fino a quando non ci sarà un'altra storia da raccontare».

Quando finalmente si riprese, mise per la prima volta a fuoco Margaret Hastings. La sua capacità di riconoscere una bella donna non era stata intaccata dal disastroso atterraggio. Chiese a Walter di spedire un messaggio a Ralph Morton dell'AP: «Il caporale Hastings è la superstite più bella che abbia mai visto, è davvero la regina di Shangri-La».

Passò qualche giorno. Walter e Cann divennero amici. Il capitano amava ascoltare le storie avventurose di un uomo che il destino non era riuscito a piegare. Trascorrevano ore a parlare, a giocare a poker, a nuotare nel fiume e a esplorare la valle, discutendo di sport e politica. Cann era convinto che l'apparato militare non avesse il diritto di censurare gli articoli dei corrispondenti di guerra. Walter dissentiva con veemenza. Ma continuava a rispettarlo.

Con l'arrivo di Cann, il campo che Walter aveva ribattezzato «United States Army Outpost at Shangri-La, D.N.G. [Nuova Guinea Olandese]», accorciato in Campo Shangri-La, raggiunse il numero complessivo e definitivo di quindici membri: l'ufficiale comandante capitano C. Earl Walter jr., dieci paracadutisti, tre sopravvissuti e un ingegnere-canadese-nonché-attore-nonché-ladro-nonché-marinaio-nonché-corrispondente-di-guerra.

L'accampamento era una sorta di cittadella all'ombra di una parete rocciosa, posta in una zona pianeggiante a fondovalle. I tre sergenti che non si erano spinti fino alla radura nella giungla avevano allestito un agglomerato di tende, con tanto di dispensa, la tenda rossa, e mensa, la tenda rosa. C'era pure un porcile improvvisato, fatto di rami tagliati alla buona, riempito con sette maiali che Abrenica, Baylon e Velasco avevano barattato con degli indigeni in cambio di alcune conchiglie di ciprea lanciate dall'aereo insieme ai rifornimenti. Un maiale era un po' più piccolo del normale ed «era carino come un bocciolo» scrisse Margaret. In suo onore i sergenti lo chiamarono Peggy.

«Peggy credeva di essere un cane» scrisse Margaret. «Seguiva tutti e quando qualcuno si sedeva, gli saltava in grembo. I paracadutisti lo spazzolavano tutte le mattine fino a farlo brillare.» La struttura più elaborata era una tenda piramidale che fungeva da quartier generale degli ufficiali e dei VIP. Per Margaret avevano predisposto un'area separata, dove potesse godere di un po' di privacy, con un letto morbido, fatto con l'erba essiccata e dorata della valle, e coperto da una tenda ricavata da un paracadute giallo. Una zanzariera drappeggiata ad arte completava l'arredo, degno di una regina. E per evitare che i suoi piedi nudi toccassero il pavimento, sistemarono gli zaini vuoti dei paracadute a mo' di scendiletto: «Ero così commossa che mi venne da piangere» scrisse nel diario. «È un campo di lusso. C'è perfino una stanza da bagno! I sergenti avevano costruito una vasca da bagno con i cartoni delle razioni d'acqua, a tenuta stagna. Avevano scavato un pozzo lì accanto ed era un gioco da ragazzi riempirla.»

In qualità di ufficiali, a McCollom e Walter vennero assegnati due lettini posti all'interno della grande tenda piramidale. Walter, però, insistette e lasciò il suo a Decker, per accelerarne la guarigione. Raggiunse i suoi uomini e appese un'amaca al limitare della giungla: «Vedere il capitano, così alto e lungo, che provava a rannicchiarcisi all'interno,» scrisse Margaret «è stato molto divertente».

Una volta che tutti furono pronti e sistemati, i paracadutisti decisero di festeggiare con un *lechon*, una tipica festa filippina: misero allo spiedo due maialini da latte e li arrostirono lentamente. Margaret si assicurò che a Peggy venisse risparmiato questo onore. Walter ripensò a quando era piccolo: erano trascorsi quasi dieci anni dal suo ultimo *lechon*. E poi, superata la nostalgia, si abbuffò di maiale come un maiale, come scrisse nel diario, e si trascinò fino all'amaca, dove crollò semiagonizzante.

Il giorno seguente, Alex Cann li costrinse ad assecondarlo. Anche se, in teoria, avrebbe dovuto girare un documentario basato su fatti reali, non era diverso dai registi hollywoodiani. Si era perso l'ingresso dei sopravvissuti al campo base, perciò voleva che lo ripetessero, sia pure per finta. Li convinse a ripercorrere l'ultima tratta della lunga marcia. Nessuno voleva trasportare uno zaino da trentacinque chili su e giù per la montagna, perciò, per dare l'impressione che fossero pieni, li riempirono con le scatole vuote delle varie razioni. E non utilizzarono i Kotex.

Capitolo 23

ALIANTI

Passata l'euforia inziale, il colonnello Elsmore e i suoi uomini si trovarono di fronte al solito problema, diventato, però, urgente, improrogabile: bisognava recuperare tutti i militari americani e un regista assoldato dal governo olandese e portarli fuori da Shangri-La. Già, ma come?

La priorità era la sicurezza. Non potevano sbagliare né compiere leggerezze. C'erano in ballo quindici vite, più quelle dei piloti e del personale coinvolto nella missione. Quindici (e più) esistenze, quindici (e più) esseri umani. Mica solo soldati o commilitoni. Oltre al fatto che la stampa di mezzo mondo seguiva con apprensione gli sviluppi della vicenda. Se avessero commesso qualche errore avrebbero dovuto assumersene la responsabilità. Anche più di quanta gliene sarebbe spettata.

Elsmore e il suo team presero in considerazione diverse possibilità ma le scartarono una dopo l'altra perché impraticabili, illogiche, destinate al fallimento o semplicemente impossibili. Dopo aver escluso il recupero tramite dirigibile, elicottero, idrovolante e barca veloce PT, e dopo aver rinunciato alla marcia a piedi nella giungla, discussero sull'eventualità di paracadutare dei piccoli bulldozer e una squadra di Seabee, il battaglione costruttori della marina, per realizzare una pista di atterraggio temporanea in mezzo alla giungla. Elsmore, tuttavia, si rese conto che far atterrare un C-47 ad alta quota su una pista corta e improvvisata, e farlo decollare superando le montagne circostanti avrebbe significato replicare la tragedia del *Gremlin Special*.

Ipotizzarono l'uso di un L-5 Sentinel, un aereo piccolo e versatile conosciuto come Flying Jeep. Durante la guerra veniva impiegato per le ricognizioni ad alta quota e come ambulanza aerea lungo il fronte. D'altra parte riusciva a decollare e atterrare nelle cosiddette "piste corte". E, in questo senso, sarebbe stato l'ideale per la vallata. Accanto ai vantaggi, però, presentava anche alcuni innegabili svantaggi. Innanzitutto, il volo da Hollandia alla valle avrebbe richiesto all'incirca tre ore e avrebbe consumato tutto il carburante. Perciò si sarebbero dovute paracadutare al campo base tante latte di benzina quanti sarebbero stati i viaggi. Inoltre, ogni Sentinel avrebbe potuto trasportare solo il pilota e un passeggero, il che avrebbe significato quindici viaggi di andata e quindici di ritorno, e ogni volo avrebbe comportato gli stessi rischi. Insomma, non era un'ipotesi da scartare ma neppure da perseguire con leggerezza.

Mentre i tecnici valutavano i pro e i contro, Elsmore si rivolse a un esperto: Henry E. Palmer, un luogotenente trentunenne con una grande passione per i Sentinel e gli altri aerei leggeri. Palmer, detto "Red", era un ragazzo secco secco, cresciuto nelle campagna della Louisiana, di stanza poco lontano da Hollandia, presso l'aeroporto dell'isola tropicale di Biak, al largo della costa settentrionale della Nuova Guinea.

Elsmore lo coinvolse in un volo di ricognizione su

Shangri-La affinché potesse valutare la situazione. A Palmer bastò un solo passaggio per capire che il Sentinel non era adatto alla missione. Ma ebbe un'idea, pensò a un altro tipo di velivolo. Come il Sentinel, era progettato per atterrare in spazi ristretti e su terreni ripidi e scoscesi. Ma aveva migliori possibilità di superare le montagne, avrebbe trasportato più passeggeri e non avrebbe richiesto carburante. Nemmeno in minime quantità.

Quando tornarono a Hollandia, Palmer entrò a passo spedito nella grande tenda che fungeva da quartier generale degli ingegneri e si diresse verso la lavagna. Mentre la polvere di gesso volava in tutte le direzioni, tracciò un disegno semplice, quasi infantile. Un aereo mamma e un aereo bambino collegati dal cordone ombelicale. In realtà, spiegò agli astanti, rimasti a bocca aperta, il disegno rappresentava un veicolo senza motore trainato da un bimotore.

In altre parole, il luogotenente stava proponendo la missione a maggiore altitudine e contemporaneamente più stramba nella storia degli alianti militari.

Il primo volo nella storia dell'umanità è quello di Icaro. Che, però, ebbe un tragico epilogo. Quando si spinse troppo in alto, il sole sciolse la cera delle sue ali facendolo precipitare in mezzo al mare. Icaro era la mascotte preferita dei piloti di alianti, conosciuti nell'ambiente per il loro sarcasmo. Guidavano dei velivoli che sembrano progettati per fare la stessa fine del giovane eroe. E, come lui, non disponevano né di un motore né di un paracadute. Non avevano una seconda chance.

I fratelli Wright e gli altri pionieri ne utilizzarono parecchi per ideare, progettare e realizzare il primo aereo a motore, la cui diffusione li confinò in poco tempo nel dimenticatoio. Nei primi decenni del ventesimo secolo gli alianti venivano usati quasi solo nel corso degli eventi sportivi. Gli appassionati e i puristi, però, continuavano ad amarli e a lavorarci sopra, costruendone di sempre più grandi e complessi, capaci di trasportare sempre più passeggeri e superare distanze sempre più lunghe a rimorchio degli aerei a motore.

Negli anni Trenta, la Germania, cui, dopo la sconfitta nella Prima guerra mondiale, era stato imposto il divieto di produrre e possedere velivoli motorizzati, divenne leader nel settore. E quando, nel 1935, Hitler infranse il divieto, non dimenticò i suoi piloti. Gli ingegneri tedeschi iniziarono a concepirne l'utilizzo nel teatro di guerra. In fondo, erano dei veicoli agili ed economici, in grado di trasportare un pilota e nove soldati o una tonnellata di attrezzature, e di atterrare su un terreno improvvisato in mezzo al campo di battaglia, a differenza degli aerei che avevano bisogno di piste d'atterraggio convenzionali. In più, potevano sganciarsi dall'aereo di traino a molti chilometri di distanza dalla propria destinazione e, una volta liberi, volavano nel più completo silenzio.

I tedeschi testarono le loro silenziose macchine da guerra nel maggio 1940, diciannove mesi prima che gli USA entrassero in guerra. La Polonia era già caduta, e Hitler voleva entrare in Francia attraverso il Belgio. Tra lui e Parigi c'era il massiccio Fort Eben-Emael, costruito sul confine belga-tedesco. Il forte, che aveva le fondamenta profonde e le pareti rinforzate dal cemento armato, era pressoché inespugnabile. Un assalto convenzionale avrebbe richiesto settimane e non avrebbe dato alcuna garanzia di successo. E anche se avessero superato il forte, avrebbero dovuto affrontare una battaglia lunga e complicata, che avrebbe mandato all'aria i piani di una *Blitzkrieg*, una guerra lampo. Certo, gli elicotteri avrebbero potuto accelerare le cose, ma il rumore delle pale avrebbe messo in allarme le forze di difesa prima ancora del loro arrivo. Il lancio di paracadute avrebbe avuto gli stessi svantaggi e li avrebbe visti facili bersagli durante la discesa. Gli alianti erano la soluzione. Il 10 maggio 1940 gli aerei della Luftwaffe trainarono una piccola flotta di alianti nei cieli del Belgio. Una volta sganciati, ciascun velivolo, con nove soldati armati di tutto punto a bordo, volò silenziosamente nell'oscurità che precede l'alba. Dieci atterrarono sul "tetto" del forte, una distesa erbosa lunga quanto dieci campi da calcio. I tedeschi uscirono dai velivoli. Anche se erano numericamente inferiori, colpirono a sorpresa la prima resistenza che incontrarono, minarono l'artiglieria pesante di Fort Eben-Emael e lo occuparono il giorno stesso. E le colonne di carrarmati tedeschi poterono dirigersi e attaccare la Francia senza incontrare particolari resistenze.

Anche se gli Stati Uniti non erano ancora in guerra, il disastro belga costrinse gli strateghi ad aprire gli occhi. Si resero conto che gli alianti avrebbero potuto svolgere un ruolo cruciale nel corso dei combattimenti. E che bisognava essere pronti. L'esercito mise a punto un programma di addestramento, che coinvolse in breve più di seimila piloti, e uno di progettazione, che coinvolse, invece, soltanto due giovani ingegneri aeronautici, John e Robert McCollom. I due non furono direttamente coinvolti nel programma militare, ma lo osservarono con interesse e partecipazione mentre prendeva forma.

L'industria aeronautica americana lavorava già a pieno regime per stare dietro alle crescenti richieste dell'apparato militare. Per realizzare gli alianti si fecero avanti diversi produttori, alcuni piuttosto improbabili. Il governo trattò con una fabbrica di frigoriferi, una di mobili e un produttore di bare. Alla fine scelse la Walco Aircraft Company dell'Ohio e il suo cargo, il CG-4A o, più semplicemente, Waco.

Gli alianti Waco erano più polli che falchi, scatole volanti brutte e insicure, fatte di compensato e tubi di metallo, e ricoperte di tela. Avevano un'apertura alare di oltre 25 metri, erano alti 3,6 metri e lunghi 14,5. Ogni aliante pesava 1,6 tonnellate, ma poteva trasportarne fino al doppio e contenere, oltre al pilota e al copilota, tredici soldati armati di tutto punto o un camion da 250 chili oppure un pezzo di artiglieria pesante, come un Howitzer da 75mm, completo di munizioni e due artiglieri. Veniva trainato da funi di nylon spesse e lunghe più di cento metri attaccate a un C-47 o un C-46.

Prima della fine della guerra l'esercito acquistò circa 14.000 Waco. Ironicamente per un aereo senza motore, uno dei principali fornitori fu la Ford Motor Company, che costruì gli alianti a 15.000 dollari l'uno. Per lo stesso prezzo il governo avrebbe potuto acquistare 17 Ford Sedan Deluxe da 8 cilindri.

I Waco entrarono in azione durante l'invasione della Sicilia, nel luglio 1943. Un anno dopo, presero parte al D-Day, lo sbarco in Normandia, anche se molti si scontrarono e vennero distrutti dagli "asparagi" di Rommel, dei pali in legno di tre metri che il feldmaresciallo aveva posizionato nei punti in cui sarebbero atterrati. Gli alianti parteciparono anche all'Operazione Dragoon nella Francia meridionale e all'Operazione Varsity in Germania. Consegnarono provviste durante la battaglia del Bulge e vennero usati in numerose missioni di combattimento in Europa. Volarono anche in India, Cina e Filippine.

Il loro principale vantaggio era che se il pilota frenava con sufficiente vigore durante l'atterraggio, potevano fermarsi rapidamente su un terreno scosceso, entro duecento metri dal punto in cui il carrello aveva toccato terra. Il problema era che si fermavano di frequente con il muso all'ingiù e la coda per aria o, addirittura, si capovolgevano. O peggio: spesso mancavano del tutto la zona di atterraggio a causa del cattivo tempo, della rottura dei cavi di traino, di un errore del pilota o di altri incidenti. E anche quando tutto andava alla perfezione, i Waco erano obiettivi grandi e lenti, perfetti per la contraerea nemica. Per questo si guadagnarono in rapida successione il nome di «esche da contraerea», «bombardieri di bambù» e «bare volanti». E i piloti erano i «fantini suicidi» che facevano «schianti controllati». Quando si incontravano per bere qualcosa insieme, si salutavano con un brindisi mordace: «Ai piloti di aliante, concepiti per sbaglio, partoriti dopo una lunga e penosa gestazione nel posto sbagliato e nel momento sbagliato».

Nel settembre 1944 Walter Cronkite, un giovane giornalista di Londra che lavorava per la United Press, fu spedito a bordo di un Waco durante l'operazione Market Garden in Olanda. Visti i precedenti e la cattiva fama, era preoccupato e provò a rifiutare. Alla fine, però, per non perdere la faccia davanti ai colleghi acconsentì. Cronkite atterrò sano e salvo, ma non dimenticò mai quell'esperienza: «Ve lo dico chiaro e tondo, se dovete andare in combattimento, non fatelo a bordo di un aliante. Camminate, strisciate, lanciatevi con il paracadute, nuotate, andate come volete, ma non in aliante!».

Durante le prime fasi del conflitto, i Waco venivano

considerati quasi come veicoli usa e getta. Una volta atterrati e svuotati dalle truppe o dai rifornimenti che trasportavano, erano abbandonati. Con il tempo, però, visti i costi crescenti che lo sforzo bellico imponeva, si tentò di recuperarne il più possibile, quelli, almeno, che non si erano disintegrati al momento dell'impatto con il terreno. Tuttavia, poiché la maggior parte atterrava in aree difficili da raggiungere, gli ingegneri dovettero studiare e realizzare un sistema di recupero che permettesse agli aerei da traino che volavano a bassa quota, intorno ai sei metri da terra, di agganciarli e riportarli in aria senza troppi rischi e difficoltà. Ce la fecero. E fu così che circa cinquecento Waco furono recuperati nei campi di battaglia in Francia, Olanda e Germania. Non solo. Nel marzo 1945 due alianti atterrarono in una radura vicino a Remagen, in Germania, per recuperare alcuni feriti. Poco dopo due C-47 li agganciarono e li riportarono in cielo senza sbattere, sballottare o rischiare alcunché.

Ora, a tre mesi di distanza, il luogotenente Palmer voleva riprodurre quella missione anche se in un contesto decisamente più complesso. Soltanto un militare o un regista di Hollywood avrebbero potuto apprezzare quel piano. Fortunatamente per lui, entrambe le categorie erano presenti a Shangri-La.

L'operazione sarebbe cominciata a Hollandia. Un C-46 avrebbe agganciato e trainato un Waco per duecentoquaranta chilometri sopra la valle. Una volta superate le montagne, l'aliante si sarebbe sganciato e sarebbe planato a fondovalle. A quell'altitudine, però, a circa millecinquecento metri sopra il livello del mare, non avrebbe potuto trasportare il carico standard ma, al massimo, cinque passeggeri per volta. I superstiti avrebbero avuto la priorità.

Il C-47, intanto, avrebbe sorvolato la vallata in attesa del momento giusto per scendere di quota, passare sopra l'aliante, riagganciarlo con un braccio meccanico collegato alla carlinga e riportarlo in quota. Insieme, l'aereo per il traino e l'aliante, avrebbero superato le montagne e si sarebbero librati verso Hollandia. Una volta separati, sarebbero atterrati e avrebbero potuto festeggiare il buon esito della missione.

Questo era il piano di Palmer in teoria. In pratica, diverse decine di potenziali malfunzionamenti o calcoli errati avrebbero potuto trasformare gli alianti in aquiloni, gli aerei in palle di fuoco e i loro passeggeri in vittime designate. Il tentativo di aggancio a Shangri-La, poi, aumentava di parecchio i rischi impliciti nell'utilizzo di quel mezzo leggero e silenzioso.

Nessuno aveva mai tentato un'impresa del genere a millecinquecento metri di altezza. Se anche la manovra di aggancio avesse funzionato, l'aria rarefatta unita al peso dell'aliante avrebbe rischiato di rallentare il C-47 fino a un punto di stallo. E poi al collasso. Ma se anche non fosse andato in stallo, nessuno era in grado di prevedere se un C-47 con a traino un aliante carico avrebbe avuto la potenza sufficiente per salire in poco tempo a circa tremila metri e superare il passo che conduceva fuori dalla valle. E, ciliegina sulla torta, i piloti di entrambi gli aerei avrebbero dovuto vedersela con le nubi basse e i venti incontrollati che rendevano pericoloso l'ingresso e l'uscita dal passo anche in condizioni normali. Insomma, anche se la frequenza dei rifornimenti dava l'impressione che il volo fino a Shangri-La fosse una routine, nessun pilota poteva dimenticare che un solo errore era costato la vita a ventuno persone. *Last but not least,* se fosse riuscito il primo aggancio, i soccorritori avrebbero dovuto ripetere l'impresa per altre due volte, correndo e affrontando gli stessi pericoli.

Il colonnello si prese qualche ora per riflettere. Soppesò i contro ma soprattutto i pro. Primo, non aveva alternative. Secondo, Palmer era molto fiducioso, al punto da offrirsi volontario come pilota dell'aliante. Terzo, Elsmore era un cowboy dei cieli e adorava gli effetti speciali. Pensò a cosa sarebbe successo se il piano avesse funzionato. Si immaginò gli abbracci di Margaret, le pacche sulle spalle dei suoi uomini, gli articoli di giornale, una comparsata nel documentario di Cann e, magari, qualche medaglia. Certo, se fosse andata male avrebbe dovuto metterci la faccia, anche perché con tutta probabilità Palmer non sarebbe sopravvissuto per metterci la sua. Si confrontò con i suoi uomini e gli ingegneri della base. Alla fine, decise: avrebbe usato i Waco CG-4A per recuperare i quindici ospiti della valle di Shangri-La.

Partì la macchina organizzativa: bisognava trovare i piloti e l'equipaggio per l'aereo da traino, il pilota da affiancare a Palmer, e il personale capace di manutentare e allestire l'aliante, cosa ben difficile visto lo scarso uso che, a differenza che in Europa, se ne faceva in quella parte di mondo. E bisognava essere certi di scegliere le persone giuste, un mix di esperienza e determinazione.

Il maggiore William J. Samuels, comandante del 33° Troop Carrier Squadron con base a Manila, prima della guerra era stato un pilota delle United Airlines. E, cosa più importante, era stato istruttore di aggancio a Bergstrom Field, in Texas. Con tutta probabilità era il pilota con maggiore esperienza nell'intero Pacifico sud-occidentale. Quando Samuels si offrì volontario per supervisionare la raccolta dell'attrezzatura e per addestrare l'equipaggio, nonché pilotare l'aereo da traino, Elsmore fu così sollevato che gli cedette le sue stanze.

Samuels si recò a Manila per recuperare il C-47 con cui avrebbe eseguito la missione. Era un "vecchio uccello", si chiamava *Louise*. L'unità cui apparteneva sembrava ben felice di sbarazzarsene. Ci mise poco a capire perché. Mentre volava verso la Nuova Guinea il motore quasi si staccò e fu costretto a un atterraggio di emergenza per effettuare le riparazioni. Ribattezzò l'aereo *Leaking Louise*, "Luisa che perde", per la tendenza a spruzzare l'olio del motore su tutte le ali.

Elsmore scelse Wakde Island come sede delle esercitazioni. Era un fazzoletto di terra, circa 3×4,5 chilometri, a un centinaio di miglia dalla costa di Hollandia. Aveva due pregi: una pista che correva da un'estremità all'altra della sua superfice ed era un'isola, lontana da sguardi indiscreti: se un aliante si fosse schiantato al suolo non ci sarebbe stato nessun testimone e nessuno ne avrebbe mai saputo nulla.

Trascorsero alcuni giorni senza che succedesse alcunché. Sembrava che tutto andasse al contrario di come doveva. Le piogge battevano incessanti, l'attrezzatura era dispersa qua e là in tutte le basi della regione e, a completare il quadro, Samuels era stato colto da dissenteria. In compenso, i ritardi dettero a Palmer tempo sufficiente per rendersi conto in che razza di impresa si era andato a cacciare. E di ribattezzare il Waco *Fanless Faggot*, "Pinocchio senza elica", per via della mancanza del motore e della sua somiglianza a un informe fascio di bastoncini.

Samuels e il suo copilota, il capitano William G. McKenzie, volarono su Shangri-La per individuare un punto di atterraggio e la striscia per effettuare la manovra di aggancio. A nessuno dei due piacque ciò che videro.

«Che ne pensi, Mac?»

«Forse è meglio non pensare e aspettare di trovarsi direttamente in azione...» rispose McKenzie.

Samuels si voltò verso il resto dell'equipaggio. Nessuno disse niente, erano tutti troppo impegnati a guardare fuori dal finestrino. E a valutare le probabilità di successo o, meglio, di sopravvivere alla missione.

Intanto, al campo base, i sergenti Abrenica, Baylon e Velasco costruirono una sorta di pista di atterraggio in base alle richieste di Samuels. Tagliarono e bruciarono arbusti in una zona relativamente pianeggiante lunga circa quattrocento metri e larga poco meno di cento metri, lasciando l'erba alta al massimo sessanta centimetri. Delinearono il campo con i paracaduti rossi e usarono quelli bianchi per tracciare la linea centrale. E, come si conveniva a una missione così artigianale, fecero una gigantesca freccia di carta igienica per indicare la pista ai piloti.

Su Wakde Island buona parte dei preparativi era dedicata alla parte più insidiosa dell'operazione: la manovra di aggancio. Quando tutte le attrezzature giunsero sull'isola, l'equipaggio le montò sul *Leaking Louise* che sembrava, e funzionava, come una gigantesca canna da pesca, con tanto di lenza e amo. Il mulinello fissato al pavimento della carlinga era un verricello enorme, un meccanismo di 362 chili grande quanto una lavatrice. Un membro dell'equipaggio lo avrebbe usato per srotolare e avvolgere il cavo d'acciaio. Il gancio, attaccato a un'estremità del braccio, era lungo quindici centimetri.

Nel frattempo, l'aliante sarebbe stato trainato sulla valle da un altro aereo. Dopo essersi sganciato ed essere atterrato a Shangri-La, l'equipaggio avrebbe eretto dei pali alti tre metri e mezzo a circa sei metri di distanza l'uno dall'altro. Dalla cima di un palo all'altra avrebbero legato la sezione di un anello lungo ventiquattro metri fatto con una corda di nylon spessa alcuni centimetri. Avrebbe avuto l'aspetto di una struttura per il salto con l'asta, e una sezione dell'anello di nylon avrebbe funto da asticella. Il resto dell'anello avrebbe penzolato dai pali, rimanendo ordinatamente disteso sul terreno. Un'altra corda di nylon, lunga una settantina di metri, sarebbe stata attaccata all'estremità a terra dell'anello. L'altra estremità sarebbe stata assicurata al muso dell'aliante, parcheggiato a una distanza di una ventina di metri dai pali. Una volta montata tutta la struttura, l'anello della corda di nylon che pendeva dai due pali sarebbe stato attaccato alla corda di nylon per il traino, legato a sua volta all'aliante.

Il C-47 sarebbe sceso sul punto di contatto. Il gancio di acciaio posto all'estremità del braccio avrebbe agganciato l'anello di nylon in cima ai pali. Il C-47 avrebbe proseguito il suo volo, e il pilota avrebbe dato gas per guadagnare altitudine pur essendo zavorrato dall'aliante. L'operatore al verricello avrebbe dovuto valutare velocità e peso dell'aliante e altri fattori per decidere quanti metri di cavo mollare per impedire alla corda di nylon di spezzarsi. Se avesse sbagliato, il cavo avrebbe spezzettato il muso dell'aliante, le ali o peggio ancora. Se fosse riuscito, i piloti dell'aliante si sarebbero sentiti scaraventati in avanti da una fionda gigantesca. In nemmeno tre secondi il velivolo sarebbe stato lanciato in aria da terra, dove era parcheggiato, e in sette secondi e diciotto metri si sarebbe trovato in volo passando da zero a oltre centocinquanta chilometri l'ora.

Quando l'aliante fosse stato in volo, l'operatore al

verricello avrebbe richiamato il cavo, per avvicinarlo all'aereo mantenendolo a circa cento metri di distanza. I due aerei avrebbero volato in tandem, collegati dalla pastoia di nylon e acciaio. Giunti nei pressi di Hollandia il pilota dell'aliante avrebbe sganciato il suo aereo da quello madre, e il Waco e il C-47 sarebbero atterrati separatamente, sani e salvi.

Ancora una volta, questa era la teoria. In pratica, i primi tentativi del *Leaking Louise* e del *Fanless Faggot* su Wakde Island vennero funestati da incidenti, feriti, attrezzature malfunzionanti, nonché dubbi sempre maggiori sull'opportunità della missione.

Capitolo 24

DUE REGINE

Nel giugno 1945 la guerra volgeva al termine.

Alla fine della battaglia più sanguinaria del Pacifico, gli Alleati occuparono Okinawa. La sua occupazione, il 21 giugno, costò la vita a dodicimila americani e oltre centomila giapponesi. Da quel momento, l'isola sarebbe diventata la base da cui lanciare un possibile attacco via aria e via terra contro le ultime resistenze giapponesi. Sempre che, nel frattempo, l'imperatore Hiroito non dichiarasse la resa. In segreto, i leader americani confidavano che la minaccia costituita da una nuova arma, una bomba di potenza inimmaginabile, lo spingesse ad alzare bandiera bianca prima di un'eventuale assalto. La bomba sarebbe stata testata entro poche settimane; se avesse funzionato, il presidente Truman avrebbe dovuto decidere se utilizzarla. Intanto, buona parte del mondo sembrava ansiosa di lasciarsi la guerra alle spalle, di andare avanti. Mentre gli ospiti a Shangri-La aspettavano di essere tratti in salvo, i rappresentanti di quarantaquattro nazioni giungevano a San Francisco per firmare il documento di creazione delle Nazioni Unite.

Mentre a Wakde Island e Hollandia si lavorava sodo, a Shangri-La ci si divertiva. Dopo ben sei settimane,

Decker si rase di fronte a un pubblico di indigeni e McCollom si fece tagliare i capelli da Ben Bulatao: «Vogliamo fare bella figura,» dissero «una volta che torneremo a casa». Gli accampati mangiavano, esploravano la valle, posavano per la telecamera di Alex Cann, raccontavano delle proprie famiglie, leggevano i libri, le riviste e le lettere che l'aereo lanciava con regolarità. Tra i libri ce n'era uno sulle tecniche di sopravvivenza nella giungla; ma arrivò con un tale ritardo che pensarono si trattasse di uno scherzo.

Un indigeno che i paracadutisti chiamavano Joe controllava i baratti quotidiani tra i nativi e gli stranieri. Quando il mercato fu a pieno regime, si potevano scambiare cinque conchiglie di ciprea per un'ascia in pietra, il souvenir più ricercato. Walter fissò il prezzo per le altre armi degli indigeni: diciotto conchiglie per sessantadue frecce e tre archi. All'inizio si poteva barattare un maiale per una o due conchiglie, ma l'inflazione fece salire il prezzo a ben quindici conchiglie. Fu quindi una grave perdita quando il porcile costruito dai paracadutisti crollò e otto maialini belli e grassi scapparono su per la collina. Lo scambio di conchiglie aveva assunto un tale volume che McCollom era preoccupato del fatto che la loro presenza potesse rovinare l'economia locale.

L'uso delle conchiglie come moneta fu il primo innocente passo dei nativi verso una qualche forma di economia. Anche se tra loro commerciavano e scambiavano le conchiglie con corde, piume e altri beni oggi difficili da reperire, gli indigeni non le consideravano una valuta universale. Nei loro villaggi e nelle loro comunità non c'era nulla che potessero acquistare l'uno dall'altro. Usavano le conchiglie e le collane di conchiglie soprattutto per cementare i legami sociali. Durante la cerimonia funebre, per esempio, ci ricoprivano il cadavere. Dopodiché il capovillaggio le recuperava e le ridistribuiva, creando dei legami indissolubili all'interno della comunità. Il timore di McCollom relativo all'economia locale era solo una parte del problema. Distribuendo le conchiglie come se il loro unico valore fosse di natura commerciale, gli stranieri rischiavano di stravolgere una cultura e minare il collante che teneva unita la società. Gli indigeni, da parte loro, erano affascinati. E bendisposti. Nonostante le raccomandazioni degli anziani, scambiavano di frequente maiali, asce, archi e frecce con poche conchiglie.

Un giorno, Joe si presentò al campo con tre donne. Inizialmente confusi, Alex Cann e i paracadutisti giunsero alla conclusione che gliele stava offrendo in cambio di conchiglie.

«Walt, fai attenzione,» lo ammonì Cann «vuole vendertele.»

«Santo cielo, ho già abbastanza guai» rispose. «Ci mancano solo tre donne...»

Nonostante la battuta, il capitano era turbato: «Joe è avido» scrisse nel diario. «Le donne erano spaventate, si vedeva benissimo che non erano assolutissimamente attratte da noi. Come, in realtà, noi da loro. Ci sarebbero voluti alcuni anni, oltre alla matematica certezza che non saremmo mai più usciti da questa valle, e una tonnellata di sapone, prima di prenderle in considerazione.»

L'uomo che gli stranieri chiamavano Joe era Gerlagam Logo, figlio di Yali, un capovillaggio. Ed era un guerriero feroce. Con ogni probabilità, però, non si era presentato per vendere le tre donne, ma solo per mostrare e forse presentare sua moglie e le due figlie.

L'aereo con i rifornimenti passava ogni giorno sopra le loro teste e cercava di accontentare le richieste dei militari comunicate via radio da Walter e McCollom. Il sergente Ozzie St. George, un giornalista della rivista militare «Yank» che si occupava della missione insieme ai corrispondenti civili, si divertì a tenere un elenco del materiale lanciato. Eccone una parte: venti paia di scarpe, 140 chili di forniture mediche, 14 pistole calibro 45 con tremila cartucce, sei mitragliette Thompson, coltelli, machete; tende, coperte, abiti, 75 coperte, fornelli da campo, gasolio, borracce, acqua, 75 casse di razioni K, riso, sale, caffè, bacon, succo di pomodoro e di ananas, e uova che atterravano miracolosamente senza rompersi. St. George sosteneva che Margaret avesse ricevuto anche delle mutandine, cosa che, in seguito, negò.

Walter continuò le proprie osservazioni da antropologo dilettante. Cercò segni di una qualche forma di religione, ma senza successo: «Credono nel genere umano,» appuntò «e questa è tutta la religione che hanno».

Mentre si trovava con i suoi uomini e alcuni indigeni nei pressi del Baliem, organizzò una corsa sulla riva del fiume per testarne la velocità. Per esperienza, sapeva che non avevano una grande resistenza, bastava osservarli quando li aiutavano a portare l'attrezzatura. In quell'occasione scoprì che non erano neppure grandi corridori: «Li abbiamo battuti anche se eravamo appesantiti dagli zaini e dal resto del materiale». Tuttavia non si rese conto della reazione che ebbero di fronte alla sua proposta: correre a tutta velocità senza dover inseguire un maiale o sfuggire a un nemico? Per quale motivo? Chissà se furono più stupiti, divertiti o confusi?

Nel corso di un'altra escursione gli americani si imbatterono nei corpi senza vita di due guerrieri. Uno era stato colpito al cuore da una freccia, l'altro aveva il cranio trafitto da una lancia. Poco distante, trovarono i resti di un uomo robusto, alto più di un metro e ottanta e pesante più di novanta chili, simile ai "giganti" di cui avevano tanto sentito parlare.

Mentre si spingevano nella giungla, Walter disse ad Alex Cann che a suo parere la popolazione della valle era composta da cinquemila persone, e che quindi fosse destinata all'estinzione: «Fai caso a due cose, ci sono pochi bambini e i campi di patate sono ricoperti dalla vegetazione».

In realtà, la stima era in netto difetto, circa un quindicesimo dal numero reale. E i Dani abbandonavano i vecchi campi per permettere al terreno di rigenerarsi. Tuttavia ci aveva azzeccato per quel che riguardava i bambini. Poiché le donne Dani si astenevano dal sesso per cinque anni dopo il parto, avevano meno figli rispetto alle altre popolazioni.

Nel corso delle settimane che trascorse al campo base, Alfred Baylon, "Weylon" per gli indigeni, effettuò regolarmente visite mediche nei loro villaggi. E si guadagnò la loro fiducia curando ferite poco profonde, morsi di maiale e malattie della pelle. E trattò anche la forfora: «L'esercito insegna a farti bastare ciò che hai» confidò al campo. «In questi casi una spruzzata di spray antizanzare è più che sufficiente.» Quando, dopo alcuni giorni di cure, una donna con un'infezione al seno iniziò a mostrare segni di guarigione, Baylon divenne il beniamino degli indigeni. Il sentimento era reciproco. «Sono persone meravigliosamente serene» disse. «Vivono in una terra dove è sempre estate, e non si preoccupano mai del pasto successivo.»

Walter lo sostenne e incoraggiò, ma solo fino a un certo punto. Quando una donna iniziò il travaglio e gli indigeni corsero a cercarlo, gli vietò di andare. Temeva che se qualcosa fosse andato storto per la donna o per il bambino, gli indigeni se la sarebbero presa prima con lui e poi con tutti loro.

Prima che gli altri raggiungessero il campo base, Baylon si muoveva da solo o in compagnia del sergente Velasco, che sembrava parlare o quantomeno capire qualcosa della lingua dei nativi.

Una volta, Alex Cann, Walter e i tre superstiti provarono ad accompagnarli, ma, prima ancora di avere raggiunto il villaggio più vicino, un uomo anziano bloccò loro la strada: «Era un uomo molto dignitoso e autoritario» scrisse Margaret. «Conosceva Velasco e Baylon e gli piacevano, si vedeva. Non era minaccioso né aggressivo. Ci ha solo fatto capire che non eravamo i benvenuti, che voleva un po' di tranquillità per la sua comunità.»

Gli americani provarono a negoziare, a insistere, ma l'anziano era irremovibile. A quel punto, Margaret la giocò sporca: «Ho fatto un broncio deluso e ho sbattuto quel po' di ciglia che mi sono ricresciute dopo che si sono bruciate nell'incidente».

«Oh, capo...» disse facendo le moine «non essere cattivo, facci passare...» Walter, McCollom, Decker e i sergenti la guardarono come se fosse impazzita. Ma funzionò. Le resistenze del vecchio capo si dissolsero del tutto. O quasi. Acconsentì che i due sergenti, Margaret e Alex Cann passassero, proibì l'ingresso a Walter, McCollom e Decker. Non volendo rischiare un incidente diplomatico, sebbene un po' delusi, i tre se ne tornarono al campo.

Quel giorno, al villaggio, Margaret incontrò una donna che, scrisse, aveva «modi regali.» Credeva che fosse la moglie o almeno una moglie del capovillaggio. La chiamò «la regina».

L'incontro e quel che seguì la segnarono in modo profondo. Margaret si era imbarcata sul *Gremlin Special* nella speranza di imbattersi in dei "primitivi", dei "selvaggi". Durante il periodo trascorso nella radura nella giungla e soprattutto al campo base, scoprì delle "persone". La conoscenza della regina modificò, arricchendola, questa nozione. E la spinse ad abbandonare ogni senso di superiorità.

«Ci piacemmo da subito» scrisse. «Sembrava ci conoscessimo da una vita o che, almeno, fossimo vecchi vicini di casa. Ci mancavano solo una veranda e un paio di sedie a dondolo.» Comunicarono con gli occhi e con il cuore perché nessuna delle due era in grado di capire una sola parola pronunciata dall'altra.

La regina la condusse nella capanna lunga e rettangolare che le donne del villaggio usavano come cucina. Le offrì delle patate calde e rifiutò il burro che Margaret aveva portato con sé dal campo. Anche Margaret non accettò di abbandonare le sue abitudini. L'indigena cercò di convincerla a spogliarsi e a indossare una specie di perizoma fatto di rametti intrecciati, simile a quello che indossava. Non cedette: «Mi sono stretta ancora più forte dentro l'uniforme!» scrisse. La regina non sembrò infastidita.

Dopo alcuni giorni, era così ansiosa di ricevere la visita della straniera dalla pelle chiara che le andò incontro e la trovò, con i suoi compagni, a metà strada: «Il sentiero era sconnesso e malfermo e a volte dovevamo attraversare dei piccoli corsi d'acqua passando su dei ponti precari, poco più che rami. Quando temevo di cadere, la chiamavo. Lei, la regina senza scarpe, capiva sempre di cosa avevo bisogno. Mi stringeva la mano con forza e mi guidava con dolcezza».

Quando i compagni di camminata la presero in giro

dicendo che era troppo lenta e rallentava la marcia in direzione del villaggio, la donna si voltò e li fulminò con lo sguardo, poi disse qualcosa nel suo linguaggio, in modo duro e fermo: «Era come se li stesse rimproverando per aver tenuto un comportamento scortese nei confronti dell'ospite della regina». Lo stesso trattamento venne riservato a un gruppo di ragazzine e di giovani donne che stavano lavorando nei campi di patate e, quando le videro passare, ridacchiarono tra loro.

Margaret apprezzava ogni giorno di più la regina, e la sua gente. Ammirava il modo sereno con cui rifiutava tutte le tentazioni che i paracadutisti offrivano: «I nativi di Shangri-La sono saggi» scriveva. «Sono felici. Sanno di star bene. Sono troppo intelligenti per permettere a un gruppetto di visitatori venuti da Marte di cambiare ritmi secolari.»

Walter, nel frattempo, cercava in ogni modo di ottenere una collana di conchigliette, una specie di girocollo dal quale pendevano tanti fili, sempre di conchiglie, che arrivavano allo sterno. Offriva machete, coltelli, piatti... tutto pur di averla. Ma ogni volta falliva. La collana apparteneva a Keaugi Walela, un guerriero saggio e rispettato, che anni dopo avrebbe sposato dieci donne e sarebbe diventato capovillaggio. E che l'avrebbe donata al figlio, e così fino a quando non sarebbe diventata un «uccello morto», il trofeo di guerra di qualche nemico.

Ben presto, il capitano dovette confrontarsi con problemi ben più gravi che la raccolta di souvenir: i rapporti sui test di aggancio degli alianti, che riceveva via walkie-talkie, sembravano poco rassicuranti.

Dopo che l'attrezzatura era stata installata sul *Leaking Louise*, il pilota dell'aereo da traino, maggiore

William Samuels, il copilota, capitano William McKenzie, il pilota dell'aliante, luogotenente Henry Palmer, e un secondo pilota di aliante, capitano G. Reynolds Allen, si prepararono a entrare in azione. Per prima cosa, si spostarono a Wakde Island per provare la strumentazione, impostare la strategia e formare gli equipaggi. Dopodiché, il *Leaking Louise* avrebbe dovuto trainare il *Fanless Faggot* al monte Hagen, in una valle larga e accessibile alla stessa altitudine di Shangri-La, dove si sarebbero esercitati e avrebbero preso le misure lontano dagli occhi indiscreti dei giornalisti.

Ma il piano d'azione mostrò da subito i suoi limiti. Durante la prima prova a Wakde Island, Samuels arrivò troppo basso e fallì la manovra di aggancio. Peggio: i motori del C-47 tranciarono la corda di nylon, e l'antenna della radiobussola si staccò dalla parte inferiore dell'aereo. Effettuate le riparazioni, Samuels ci riprovò. Durante il secondo tentativo si ruppe il cavo di traino d'acciaio, distruggendo il verricello. Non ci fu nessun ferito, ma ulteriori ritardi. La terza volta andò decisamente peggio.

Walter Simmons del «Tribune» si era recato a Wakde Island per assistere ai test. Nonostante il pericolo, si offrì volontario come uno degli otto passeggeri a bordo del *Fanless Faggot*. Subito dopo l'aggancio, mentre l'equipaggio cercava di avvolgerlo, il cavo di acciaio si strappò nuovamente. E il verricello saltò. Il cavo spezzato si agitò nella cabina come un serpente agitato, tranciando la parete del compartimento dell'ufficiale di rotta. Colpì in testa l'operatore del verricello, il sergente maggiore Winston Howell, che solo pochi giorni prima aveva dichiarato a Ralph Morton dell'AP che era sicuro che non avrebbero avuto problemi. Il cavo colpì alla schiena anche l'operatore radio, il sergente Harry Baron.

«Una doccia di frammenti di alluminio, legno, vetro e fumo invase la cabina di pilotaggio» scrisse Samuels. «Mi voltai per chiedere se era tutto a posto, se saremmo potuti atterrare senza ulteriori problemi, ma l'unica cosa che vidi erano alcuni corpi distesi su un lago di sangue.» Howell e Baron non rischiarono la vita, ma furono comunque ricoverati in ospedale.

Prima che l'altra metà del cavo colpisse e tranciasse il *Fanless Faggot*, i suoi piloti si sganciarono e compirono un atterraggio di emergenza. Walter Simmons e gli altri passeggeri uscirono illesi, ma sotto shock.

Allarmato, il colonnello Elsmore richiese un nuovo verricello e si recò personalmente a Wakde Island. Comunicò a Simmons che se avessero incontrato altri problemi, avrebbe immediatamente cancellato il progetto. E riprese a riflettere sull'ipotesi di mandare i Seabee a costruire una pista di atterraggio a Shangri-La: certo, ci sarebbe voluto più tempo rispetto al volo con l'aliante, e non sarebbe certo stata un'impresa facile, ma almeno non avrebbe dovuto preoccuparsi di verricelli impazziti, cavi spezzati e tutti quei problemi legati a quelle maledette «bare volanti».

Anche prima di sapere dell'incidente, Walter e i suoi non erano affatto entusiasti dell'idea di usare un aliante. Non avevano nessun problema a lanciarsi da un aereo nel cuore della giungla, ma gli alianti erano qualcosa di totalmente diverso, e non godevano certo di una buona reputazione. Nelle conversazioni quotidiane con l'aereo di rifornimento raccomandò ai progettisti di non affrettarsi: «Non vogliamo nessun tentativo raffazzonato per andarcene via di qua... ci va benissimo aspettare finché non è tutto a posto... Non vogliamo correre rischi solo per affrettare le cose». Dopo aver saputo degli incidenti e dei feriti, Walter, che fino a quel momento scalpitava per andarsene, ripeté questi messaggi con sempre più decisione. L'idea di compiere diversi viaggi, poi, lo convinceva ancora meno. Ai suoi occhi non faceva che aumentare i rischi e le possibili complicazioni. Cominciò a dubitare. Ne parlò con il sergente maggiore Sandy Abrenica: «Forse,» disse «è il caso di prendere in considerazione la possibilità di marciare fino a Hollandia. O, forse, vale la pena riflettere su altre possibilità...».

Quando Margaret venne a sapere dei problemi, del cavo rotto e via dicendo, si raccolse nella sua parte di tenda e, lontana dagli altri, prese il rosario e lo recitò più volte. La stessa cose che, a chilometri di distanza, fece Samuels, il quale si recò in chiesa e chiese a un cappellano di pregare per loro.

Al campo base la vita scorreva lenta e tranquilla, come sospesa. Il rapporto tra stranieri e indigeni proseguiva in modo amichevole, così come quello tra le due "regine". Che, però, all'improvviso, cominciò a incrinarsi. Un giorno, Margaret era al villaggio e, senza pensarci, estrasse e si passò un pettine tra i capelli. La "regina" era stregata, i nativi erano stregati, come se non avessero mai visto un pettine o qualcuno che si pettinasse in vita loro. Metà del villaggio la circondò con uno sguardo stupito. Margaret si fermò, poi, percependo l'attesa e la curiosità, riprese. Si pettinò fino a quando non ebbe male al braccio. Al quel punto, porse il pettine alla sua nuova amica. Anziché usarlo su se stessa, la donna pettinò al contrario i capelli della straniera, coprendole il volto. Margaret sorrise mentre la regina si muoveva con curiosità e delicatezza. Una volta finito, recuperò il pettine e si rimise i capelli come al solito. La regina lo riprese e glieli pettinò di nuovo in avanti. Era una scena buffa, quasi comica. E Alex Cann non se la fece sfuggire. Poi, però, subentrò il marito della donna, e il gioco smise di essere divertente: «Ha cominciato a passarmi le mani tra i capelli» scrisse. «Non era violento né aggressivo, però mi dava fastidio. Non volevo offendere né lui né i suoi, così sono rimasta ferma. Ho provato a comunicare, ho pronunciato il solito "unh" a intervalli regolari, ma non è servito, l'uomo continuava.»

La regina, a quel punto, sbuffò, si agitò e iniziò a parlare in modo concitato. Sembrava gelosa, molto gelosa! E Margaret e Velasco, che era lì con lei, furono costretti a svignarsela. Una volta al sicuro, le disse in tono ironico: «Avresti potuto diventare una regina. Ma sospetto anche che avresti potuto morire...».

In realtà, l'ausiliaria e i suoi compagni avevano frainteso l'intenzione di Sikman Piri, il capotribù, che a sua volta aveva frainteso l'intenzione degli stranieri: era convinto che gliela volessero dare in sposa. E, come la sua donna, ne aveva molta paura.

Margaret temeva che l'amicizia fosse rovinata. Ma nel corso della visita successiva, la donna si comportò come al solito. Sembrava quasi volesse che Margaret lasciasse il campo base e si trasferisse al villaggio, nella capanna delle donne: «Velasco e Baylon erano certi che volesse adottarmi. Ma non credo che mio padre ne sarebbe stato contento» scrisse Margaret che, con gentilezza, rifiutò l'offerta.

Nel corso di un'altra visita, diverse donne l'avvicinarono e le chiesero di tendere la mano destra. «Quando l'ho fatto, una delle donne, con uno sguardo quieto, quasi gentile, mi ha mostrato un'ascia» scrisse Margaret. «Sono rimasta così sorpresa che non riuscivo neppure a muovermi, a reagire...» Per sua fortuna, McCollom, che le era accanto, si accorse di quello che stava accadendo e la portò via: «Da quel che ho capito,» disse non appena misero piede al campo «quando una femmina è in età da marito, le tagliano le prime falangi della mano destra. Immagino che volessero spingerti ad accalappiare qualcuno di noi ragazzi».

McCollom aveva tirato a indovinare e, infatti, sbagliava. Avendo notato che quasi tutte le donne del villaggio, a eccezione delle più piccole, avevano perso diverse dita, era convinto che ci fosse una relazione tra le due cose, l'amputazione e la maturità sessuale.

In realtà, il popolo Dani voleva aiutare Margaret ad affrontare il lutto.

A differenza dei nativi che vivevano vicino al campo della giungla, gli abitanti della valle non sapevano nulla dello schianto; per ricevere notizie di un incidente avvenuto a così tanti chilometri di distanza avrebbero dovuto attraversare il territorio nemico, con il quale, di norma, le conversazioni avvenivano sulla punta della lancia. Gli indigeni della valle credevano, in realtà, che Margaret e gli altri visitatori fossero fuggiti da un qualche terribile evento verificatosi nel loro mondo. Il popolo di Koloima ne era talmente certo che chiamarono Margaret «Nuarauke», che significava «in fuga».

In base alla logica e all'esperienza indigena, qualunque fosse la tragedia che l'avesse costretta a rifugiarsi nella valle, doveva per forza di cose essere legata alla morte. Pensavano perciò che Margaret/Nuarauke volesse sacrificare le dita per onorare e dar pace ai morti. Quando rifiutò, i nativi non si sentirono insultati: nel caso, sarebbe stata punita dal mondo degli spiriti.

Il sergente Caoili era Kelabi, una pronuncia piuttosto approssimativa del suo cognome, che non aveva alcun significato nella lingua Dani. Altri nomi erano Bpik, Pisek, Araum, Mamage e Suarem, anche se con l'andare del tempo si perse il collegamento tra il nome e la persona. Alcuni indigeni conoscevano Alex Cann come Onggaliok, ma altri lo ricordano come Elabut Muluk, un'espressione che significa «grande ventre».

La prima volta che Walter giunse al campo base insieme ai superstiti, fu felice di vedere la gente di Koloima. Scrisse nel suo diario: «I nativi apprezzano il nostro aiuto e noi apprezziamo il loro». Eppure tre giorni dopo Walter percepì una tensione che rasentava l'ostilità. Il cambiamento era quasi impercettibile: meno sorrisi, meno curiosità, meno visitatori che si aggiravano per il campo.

Quella notte udì delle grida rabbiose giungere dal villaggio. Mise il campo base in allerta e, per la prima volta da settimane, organizzò dei turni di guardia per la notte. Certo, gli sarebbe spiaciuto dover combattere, ma lui e i suoi si sarebbero fatti trovare pronti. Non si sarebbero fatti fregare a pochi metri dall'arrivo.

Il mattino sopraggiunse senza incidenti, ma Walter ordinò ai suoi uomini di tenere gli occhi aperti e ai sopravvissuti di non allontanarsi dal campo.

Faceva bene a essere prudente. Per quanto i nativi apprezzassero Margaret e le cure dei dottori, erano pur sempre un popolo di guerrieri e il campo base nasceva proprio nel mezzo della "terra di nessuno", il campo di battaglia. La presenza degli stranieri impediva loro di combattere e mantenere ritmi, abitudini e tradizioni che si perdevano nella notte dei tempi. Alcune figure di spicco, poi, non apprezzavano il modo in cui il capitano e i suoi distribuivano manciate di conchiglie, sparavano con le loro terribili armi e andavano ovunque volessero senza chiedere niente a nessuno. Yali Logo, per dire, era da anni il grande uomo della regione. E non aveva intenzione di condividere l'autorità e il potere con gli stranieri. Ignaro del fatto che stessero per abbandonare la valle, decise di forzarne la partenza. Un giorno si recò in visita al campo, dove Walter lo fotografò in piedi, calmo e serio, circondato dai membri della tribù. Disse qualcosa che nessuno comprese. Poi, senza sorridere, se ne andò. Quella notte inviò un messaggero a Kurelu, un altro leggendario grande uomo, suo nemico giurato e avversario sul campo di battaglia, che viveva in un territorio vicino: «Yali dice che dobbiamo allearci e cacciare gli spiriti».

Kurelu, felice che l'autorità del suo nemico fosse minata, rispose di no, non aveva alcun interesse a unirsi alla cospirazione, che, con tutta probabilità, avrebbe avuto un esito nefasto.

Yali non si arrese e nei giorni seguenti continuò a immaginare il modo con cui liberarsi degli stranieri. Walter non smise di organizzare turni di guardia.

Capitolo 25

L'AGGANCIO

Arrivando a Wakde Island, il colonnello Elsmore cancellò il piano originario, che prevedeva di provare l'aggancio tra aereo e aliante a un'altitudine elevata: «I problemi li risolveremo qui, a livello del mare» disse. Per simulare l'altitudine di Shangri-La avrebbero zavorrato l'aliante, riempiendolo con nove passeggeri e 136 chili di sacchi di sabbia.

Elsmore credeva nel principio che un capo non potesse chiedere nulla ai suoi uomini che non avrebbe fatto lui stesso. Perciò nel corso degli ultimi tre test sedette al posto del copilota. Non era chiaro se lo facesse per dare fiducia alla truppa o per verificare con mano la fattibilità, o più probabilmente l'infattibilità, del piano. Qualunque fossero le sue intenzioni, i tre test riuscirono alla perfezione. Soddisfatto, decise che era giunto il momento di passare all'azione.

Il piano prevedeva che l'aliante atterrasse e venisse agganciato per tre volte. In questo modo avrebbe trasportato tutti, i superstiti e i soccorritori, fuori dalla valle.

Quando tutto era pronto ci si mise di mezzo il tempo. Piovve, ci furono venti forti e nuvoloni a bassa quota. La tensione e il nervosismo crebbero da una parte e dall'altra, tra i soccorritori e i soccorsi, ma non c'erano alternative, bisognava aspettare.

Poi, finalmente, il grande giorno arrivò, era il 28 giugno 1945. Tutti e quindici gli abitanti del campo base si svegliarono alle sei di mattina sotto un cielo terso, con poche nuvole sparse qua e là come, disse Simmons del «Tribune», «nuvolette di fumo di un sigaro».

Poco dopo, il rombo del motore preannunciò l'arrivo dell'aereo dei rifornimenti: «La regina è d'accordo all'idea di andarsene via da qui oggi?» chiese il maggiore Gardner attraverso il walkie-talkie.

«Non aspetta altro da una settimana!» rispose Walter.

«Immagino che per voi sia lo stesso...»

«Immagini bene. Forza, venite a prenderci!»

Il colonnello Elsmore avrebbe supervisionato la missione dall'abitacolo del suo aereo, un bombardiere B-25 che aveva chiamato come suo figlio diciassettenne, Ray jr., e che aveva stivato all'inverosimile di giornalisti. Lo spettacolo poteva cominciare.

Gardner comunicò un messaggio che quasi certamente veniva da Elsmore, sensibile alle esigenze della stampa: «Saremmo molto felici se nel primo viaggio a bordo dell'aliante saliste tu, Mac, Maggie e Decker».

Walter sapeva che se fosse salito su quel velivolo assieme ai sopravvissuti che lui stesso aveva salvato sarebbe stato accolto e acclamato come un eroe. E, in fondo, era quello che solo pochi giorni prima aveva sperato: «Se questa storia avrà successo, sono certo che le mie preghiere per il futuro saranno esaudite». Sarebbe apparso sulle prime pagine di tutti i giornali. Sarebbe stato fotografato con Margaret, McCollom e Decker.

O mentre Elsmore gli appuntava una medaglia al petto. A quel punto i suoi superiori non avrebbero più potuto ignorare le sue richieste e sarebbero stati costretti a inviarlo al fronte. E, altrettanto importante, al termine della guerra avrebbe potuto mostrare gli articoli e le foto a suo padre, l'eroe. Walter sapeva anche che avrebbe avuto solo un'opportunità per stare sotto la luce dei riflettori: il processo di evacuazione sarebbe potuto durare giorni e l'attenzione dei media sarebbe potuta scomparire in poco tempo.

Peccato che tutte queste cose non gli importavano più come in passato. Walter non era lo stesso uomo che si era paracadutato nella valle sei settimane prima, ansioso di andare in missione, bramoso di fare carriera e mostrare al mondo intero il suo talento. Era cresciuto. Era maturato. Sentiva che non aveva più bisogno di dimostrare niente a nessuno. Né ai superiori né ai suoi uomini né a suo padre né, soprattutto, a se stesso. Era un uomo pacificato, che aveva scoperto cosa significasse davvero la parola "capo" e cosa implicasse: non avrebbe abbandonato i suoi. Men che meno per farsi pubblicità: «Non sarò sul primo aliante» rispose. «Invierò i tre superstiti e un paio di paracadutisti. Resterò fino alla fine, assieme al sergente maggiore e un paio di tecnici.» Dentro di sé, aveva già scelto: il sergente Fernando Dongallo e Ben Bulatao, che si erano paracadutati nella giungla per curare i dispersi mettendo a rischio la loro stessa vita, sarebbero stati il simbolo della missione e il loro ruolo sarebbe stato giustamente celebrato.

Il maggiore Gardner avrebbe potuto ordinargli di salire sul primo aliante senza troppe storie, ma comprese. E non lo fece. Si limitò a chiedere la velocità e l'intensità del vento a fondovalle e, quando Walter gli assicurò che era minima, per il momento chiuse le trasmissioni.

Le riaprì pochi minuti dopo, per comunicare che il *Fanless Faggot*, attaccato all'estremità di un cavo trainato da un C-46, si era alzato in volo. Elsmore si unì alla conversazione, annunciando dalla cabina del suo B-25 che l'aliante viaggiava a una buona velocità. Corresse la rotta dell'aereo di traino e in una manciata di minuti il C-46 superò l'ultima cresta entrando nella valle con l'aliante al seguito.

Quando riconobbe Shangri-La, il luogotenente Palmer afferrò e abbassò una leva all'interno dell'aliante, e lo liberò dal gancio di traino. Il *Fanless Faggot* perse velocità in pochi secondi, passando da più di centocinquanta a circa centoventi chilometri all'ora. Il rombo del C-46, che riprese quota, lasciò spazio a quello del vento, sul quale il veicolo senza motore sembrava scivolare con leggerezza. I piloti, Palmer e G. Reynolds Allen, puntarono il muso verso i paracaduti rossi che delimitavano la pista. Sfruttando i venti, rallentarono, infine planarono e toccarono terra. Mentre rallentavano fino a fermarsi, la coda dell'aliante prima si sollevò come la pinna di una balena, e poi si riabbassò: atterraggio perfetto. Alex Cann catturò il momento per i posteri.

I militari e i sopravvissuti lo accolsero con grida e salti di gioia. Lo stesso fecero le decine di indigeni che avevano finalmente l'occasione di vedere da vicino uno di quei mostri che li aveva terrorizzati per tanto tempo.

Palmer sapeva che il maggiore Samuels aveva carburante sufficiente nel *Leaking Louise* per compiere solo pochi passaggi sulle loro teste, prima di tentare la manovra di aggancio. Samuels, peraltro, era preoccupato da un nuovo banco di nuvole che iniziava ad avvolgere le montagne circostanti: «Non abbiamo né molto gasolio né molto tempo, fate presto» disse via radio in modo fermo e deciso. Prima di partire da Hollandia lui e i suoi uomini avevano lasciato a terra gli stivali pesanti, le calibro 45, le mitragliette Thompson e qualunque altro oggetto non necessario, pur di alleggerire l'aereo.

Via via che le nubi si facevano più dense e minacciose, comunicò che sarebbe stato difficile eseguire l'aggancio in quelle condizioni e che l'equipaggio dell'aliante avrebbe dovuto passare la notte al campo: «Se il tempo lo permette, potremmo tornare domani mattina». Il colonnello Elsmore non volle sentire ragioni: «Ci sono tutte le condizioni per farlo, proseguite». Samuels si arrese e iniziò a preparare il *Leaking Louise* per la manovra. Annunciò via radio che prima di agganciare l'aliante avrebbe sorvolato il campo a bassa quota, per vedere da vicino cosa li aspettava. Elsmore obiettò di nuovo: «Ha poco carburante, non vale la pena perdere tempo. Esegua la manovra».

Mentre Samuels ed Elsmore sfrecciavano sulle loro teste, il luogotenente Palmer saltò giù dall'aliante e chiamò i superstiti: «Siete pronti per andarvene? Questo espresso decolla tra trenta minuti».

«Trenta minuti?» esclamò Margaret. «Così presto? Non ho ancora fatto i bagagli!» Non era la sola. Nemmeno McCollom, Decker, i paracadutisti prescelti, Dongallo e Bulatao, erano pronti. In attesa che raggruppassero i loro pochi averi e i tanti souvenir, i piloti dell'aliante si misero all'opera montando i pali per la manovra di aggancio.

Alex Cann puntò la macchina da presa sul campo in piena attività e riprese una scena memorabile: venti o più indigeni che aiutavano Walter e i paracadutisti a portare il *Fanless Faggot* in posizione. Protesi in avanti, con le mani pressate sui fianchi di tela dell'aliante, i soldati moderni e i guerrieri dell'età della pietra lavoravano insieme, spalla a spalla, per portare il Waco in posizione, sulla pista-di-decollo-per-aliante-improvvisata-sul-campo-di-battaglia-nella-terra-di-nessuno.

Con l'orologio che scandiva il passare dei minuti e i serbatoi dell'aereo che si svuotavano in modo altrettanto inesorabile, Palmer imbarcò in tutta fretta i passeggeri. Margaret si rese conto di non aver salutato gli indigeni, si voltò. Ciò che vide le ruppe il fiato: «Piangevano, ci guardavano con i loro occhi grandi e dolci» scrisse. «Avevano capito ciò che stava succedendo, che avrebbero perso degli amici. E noi eravamo consapevoli che stavamo abbandonando le persone più fidate e gentili del mondo.» L'ausiliaria non riuscì a trattenere le lacrime. Decker e McCollom, al suo fianco, neppure.

È vero, i nativi, a eccezione di Yali Logo, erano tristi per la loro partenza. Probabilmente, però, le lacrime erano specchio di qualcos'altro. Di un'antica paura, radicata in centinaia di riti e leggende. L'aliante li affascinava, ma non sapevano con esattezza cosa fosse né per quale motivo fosse atterrato. Probabilmente era solo l'ultimo segno, l'ultimo evento prima che il mito di Uluayek si compisse. Il pianto collettivo era una sorta di cerimonia, un rito attraverso il quale gli indigeni invocavano i loro antenati. E si preparavano a tornare al loro modo di vivere.

Nella valle l'esistenza era rimasta invariata per generazioni e generazioni. I nativi vivevano, coltivavano la terra e combattevano come i loro antenati. L'arrivo degli spiriti aveva modificato soltanto il modo in cui gli uomini utilizzavano la zucca che copriva il pene e le donne indossavano le gonne. In seguito alla cerimonia del pianto, i primi smisero di conservare le foglie di tabacco nella punta delle zucche, tornando alla pratica dei loro padri, e le seconde cambiarono il modo di portare i gonnellini di paglia, adottando uno stile più tradizionale. A un estraneo sarebbero potuti sembrare cambiamenti superficiali, di poca entità. Non era così, non per un Dani. Incapaci di immaginare come sarebbe stata una nuova era, o fino a che punto avrebbe potuto travolgerli, si illudevano che il cambiamento sarebbe stato minimo, niente più che un ritorno ai vecchi modi di portare zucche e gonne.

Col senno di poi, i nativi hanno avuto ragione su Uluayek e il compimento della profezia, ma si sono sbagliati sui suoi effetti. Di lì a poco, il mondo avrebbe raggiunto Shangri-La e la valle sarebbe cambiata in modi che non avrebbero mai potuto immaginare.

All'interno dell'aliante, Palmer strappò Margaret dalle sue riflessioni con un avviso brusco: «Non meravigliatevi se al primo tentativo la corda si spezza».

«E cosa succede in quel caso?» chiese McCollom.

Il pilota rispose con un marcato accento della Louisiana: «Be', l'esercito mi ha assicurato per diecimila dollari...».

Margaret non rise. Afferrò il rosario e si guardò attorno. Rispetto a quella dell'aereo che quasi sette settimane prima li aveva portati a Shangri-La, la cabina dell'aliante sembrava molto più fragile: «Mi chiedevo se fosse valsa la pena sopravvivere a un terribile incidente, a malattie, sofferenze e privazioni solo per morire a pochi passi dalla salvezza...».

Palmer li aiutò ad agganciare le cinture di sicurezza e indicò come e a cosa avrebbero dovuto aggrapparsi per evitare colpi di frusta al momento dell'aggancio. I passeggeri ascoltarono con attenzione e si strinsero con forza mentre il *Leaking Louise* si avvicinava.

Il maggiore Samuels fece volare in cerchio il C-47 a cinquecento metri dal fondovalle. Il suo equipaggio si assicurò che il braccio fosse al suo posto, sotto la pancia dell'aereo, pronto per agganciare l'anello dell'aliante. Prima di procedere, sbirciò attraverso il vetro. C'era poco da fare, le nuvole erano sempre più dense: «È meglio rimandare, è troppo pericoloso» comunicò via radio a Elsmore e all'equipaggio dell'aereo.

Il generale fece pesare il grado e l'esperienza accumulati in un anno di voli sopra la valle: «È il tempo migliore che capita da giorni. Può farcela. Vada deciso, non esiti. Agganci l'aliante e lo riporti in cielo». Aveva un tono ultimativo. Era un ordine. Samuels obbedì.

«Sei nervoso?» chiese al copilota, il capitano McKenzie.

«Sì, dannazione. Tu?»

Samuels sbuffò: «Be', direi proprio di sì».

Poi si voltò, si rivolse all'equipaggio: «Siete pronti?».

Risposero con il pollice alzato.

«Okay, cominciamo» disse al collega. «Abbassa il braccio.»

Samuels tirò indietro le manette e il C-47 rallentò, raggiungendo una velocità di circa duecento chilometri orari. Spinse la cloche in avanti e l'aereo si abbassò, arrivando a circa sei metri dal suolo. Dopodiché puntò in direzione dei pali tra i quali era teso l'anello.

Lo agganciò alle 9.47.

Samuels spinse in avanti le manette per dare gas e tirò indietro la cloche per risalire.

All'interno dell'aliante, i passeggeri avvertirono uno strattone così forte da spezzare il collo.

Osservando la scena dal suo B-25, a 1.800 metri di altezza, il colonnello Elsmore accompagnò la scena con una sorta di litania: «Dai ragazzi, dai ragazzi, DAI RAGAZZI!».

Per effetto del peso e della resistenza esercitata dall'aliante, il *Leaking Louise* rallentò pericolosamente. Se fosse sceso sotto i 160 chilometri orari sarebbe entrato in stallo e le conseguenze sarebbero state drammatiche.

A peggiorare le cose, la ruota sinistra del *Fanless Faggot* si agganciò a uno dei paracaduti disposti al centro della pista. Il tessuto ondeggiò e sbatté contro la parte inferiore dell'aliante che, all'estremità del gancio di traino, lottava per prendere quota.

In quel momento, la battuta macabra del luogotenente Palmer sull'assicurazione stipulata dal governo americano sembrava ancor meno divertente, e risuonava come una sinistra profezia. Un atterraggio di emergenza a bordo del *Fanless Faggot* sarebbe stato davvero un bel problema. Anzi, sarebbe stato impossibile da controllare.

Margaret pregò con ancora più intensità mentre l'aliante sfrecciava a una quota pericolosamente bassa verso le montagne ricoperte di verde. L'operatore al verricello del *Leaking Louise* aveva srotolato duecentotredici metri di cavo. Se si aggiungevano i novanta metri di corda di nylon dell'anello e il cavo di traino, il *Fanless Faggot* si trovava a circa trecento metri dal C-47. Molto poco, troppo poco. Con Samuels che lottava per guadagnare altitudine, questa distanza tra i due aerei significava che l'aliante era trascinato verso le montagne a una quota troppo bassa. Il pilota tirò indietro i comandi e spinse a manetta. Non bastò. Il cavo di traino sfilò tra gli alberi e l'aliante e i suoi sette passeggeri strusciarono tra i loro rami. Margaret venne colta dal panico. Ripensò al *Gremlin Special*, risentì il rumore terrificante delle piante che graffiavano il metallo della carlinga, rivide gli ultimi istanti prima dello schianto.

Il *Leaking Louise* annaspava cercando di riprendere quota. Alla fine, ci riuscì, trascinando con sé il piccolo aliante.

Gli alberi, però, rappresentavano soltanto il primo ostacolo. A quel punto era necessario superare le montagne. Con le mani che sudavano, Samuels lottò disperatamente per portare il C-47 oltre i tremila metri. E mentre lui sudava, i motori del *Leaking Louise* si surriscaldarono, facendogli di nuovo perdere quota.

«L'ho spinta al massimo» disse via radio. «Se voglio evitare di fonderli del tutto e ammazzare i passeggeri di entrambi gli aerei, devo sganciare l'aliante.»

«No,» ordinò Elsmore «non lo faccia.» Dalla sua postazione privilegiata, più in alto di tutti, era convinto che il *Leaking Louise* fosse salito abbastanza per superare il passo: «Lasci che si surriscaldino. Vada avanti!».

Le nubi avvolgevano le cime più alte. Samuels non vedeva nulla.

All'interno del *Fanless Faggot*, i cinque passeggeri tirarono un sospiro di sollievo perché il cavo di traino aveva resistito all'impatto con gli alberi. Mentre festeggiavano lo scampato pericolo, sentirono un rumore sospetto, come se qualcosa stesse colpendo ripetutamente la pancia del velivolo. Era il paracadute che si era agganciato alla ruota durante il decollo. Sbattendoci contro con violenza, lacerò il pavimento di tela del veicolo, portando a compimento il danno cominciato dai rami. Legati nei loro seggiolini, i passeggeri osservarono attraverso lo squarcio la giungla che si trovava diverse centinaia di metri sotto di loro. Il paracadute continuava a sbattere, la tela a lacerarsi e i buchi ad allargarsi.

Margaret si sforzò di non guardare, ma non ci riuscì. Era come se stesse facendo una gita su un motoscafo con il fondo di vetro. Il problema era che lì il fondo non c'era.

John McCollom, che era entrato e uscito dal *Gremlin Special* in fiamme per ben due volte, che aveva sopportato il dolore per la morte del gemello senza versare una lacrima, che aveva soccorso Margaret e Decker, che aveva camminato su un tronco per affrontare gli indigeni armati di lance, archi e asce, capì che non era finita.

Si liberò dalla cintura e cominciò a strisciare verso la coda del velivolo, con il vento che gli sbatteva in faccia. Tenendosi con forza alle sbarre di alluminio, infilò il braccio nel buco e afferrò un pezzo di stoffa del paracadute. Lo tirò all'interno, ne afferrò un altro e tirò dentro anche quello. Ripeté l'operazione finché non recuperò tutto il paracadute, compiendo l'ennesimo atto di eroismo.

Samuels aveva obbedito all'ordine di Elsmore e non aveva sganciato l'aliante. Gli indicatori, però, segnalavano che la temperatura dei cilindri continuava a salire. Era inutile spingere, forzare. Rischiava solo di peggiorare una situazione di per sé disperata. Il capitano si rivolse al copilota, gli disse poche parole. Chiare, ultimative. Prese una decisione rischiosa, la sola che gli rimaneva. Compì un'acrobazia ad alta quota che sarebbe rimasta nella storia dell'aeronautica, e nella memoria della dozzina di persone che volavano appese alle due estremità del cavo. Invece di accelerare, ridusse la velocità quel tanto che bastava per preservare i motori e tenere aereo e aliante a un'altitudine sufficiente a superare le pareti rocciose. Funzionò, sia pure per un pelo.

Il *Leaking Louise* e il *Fanless Faggot* continuarono il viaggio fino ad arrivare all'ultimo passo, la porta di accesso e uscita della valle di Shangri-La. Margaret, McCollom e Decker guardarono in basso, attraverso il buco. Anche se con tutta probabilità lo sorvolarono, non individuarono il luogo dell'incidente. Tuttavia sapevano che, sotto la tenda verde della giungla, conficcate nel terreno umido e sconnesso, c'erano venti croci di legno e una stella di David, testimoni silenziosi della perdita di amici, compagni, e familiari, lasciati per sempre a Shangri-La.

Epilogo

DOPO SHANGRI-LA

Come il colonnello Elsmore aveva previsto, gli altri novanta minuti del viaggio trascorsero tranquilli; ci fu solo un piccolo problema di natura organizzativa. Un folto gruppo di generali, VIP e giornalisti si era raccolto attorno alla pista Cyclops di Hollandia in attesa dell'arrivo dei superstiti, ma il *Fanless Faggot* atterrò a quattrocento metri di distanza, sulla pista Sentani, completando il viaggio cominciato sette settimane prima a bordo del *Gremlin Special.* Il gruppo si affrettò verso la pista Sentani, dove i sopravvissuti posarono per le foto insieme ai membri dell'equipaggio dei due aerei. In seguito fecero una conferenza stampa che venne raccontata su tutte le prime pagine dei quotidiani del mondo. Quando venne chiesto loro qual era la prima cosa che avrebbero fatto, i tre risposero con umorismo: «Voglio tagliarmi i capelli e andare a Manila» annunciò McCollom.

«Mi accontento di un taglio e di una doccia» ribatté Decker.

«A me basta una doccia e una permanente» concluse Margaret.

Il *Fanless Faggot* era troppo danneggiato per volare di nuovo, perciò il giorno seguente venne usato un nuovo aliante per portare via Alex Cann e cinque paracadutisti: i caporali Custodio Alerta e Camilo Ramirez, e i sergenti Alfred Baylon, Juan Javonillo e Don Ruiz. Due giorni dopo, il 1° luglio 1945, toccò al terzo e ultimo gruppo, che Walter chiamava dei «Quattro Moschettieri»: i sergenti Santiago Abrenica, Hermenegildo Caoili e Roque Velasco, nonché lo stesso Walter. Per fare un ingresso a effetto, oltre ai souvenir di frecce, archi e asce, si decorarono i cappelli con zampette di maiale e piume. Lasciarono nella valle le tende e buona parte delle provviste, ma riportarono indietro le armi.

I paracadutisti cercarono di convincere alcuni giovani indigeni a salire a bordo dell'aliante, ma senza successo. Gli anziani glielo impedirono con fermezza. Non tanto perché avessero paura di ciò che gli sarebbe potuto capitare, ma soprattutto perché li amavano o non volevano perderli.

Il maialino, Peggy, invece, squittendo e dimenandosi lasciò Shangri-La sull'ultimo volo in aliante diretto a Hollandia. Dal momento dell'arrivo si sono perse le sue tracce.

Quattro mesi dopo la missione di salvataggio, venne formalmente riconosciuto che Shangri-La e la «Grand Valley» scoperta nel 1938 da Richard Archbold erano la stessa valle. Come scrisse la rivista «Science»: «È stato possibile stabilire l'identità della valle grazie a un confronto tra le foto scattate dall'esercito, prima del recupero dei superstiti, e le foto scattate dall'alto dalla spedizione di Archbold. L'esercito ne riconosce l'identità, in particolare il colonnello Ray T. Elsmore, che ha diretto le recenti operazioni di recupero».

Archbold non tornò mai in Nuova Guinea, non si sposò mai e non partecipò mai ad altre spedizioni. Dedicò il resto della vita e la considerevole eredità alla Archbold Biological Station, una riserva di cinquemila acri nei pressi di Lake Placid, Florida, impegnata nella ricerca ecologica e nella conservazione. Morì nel 1976 a sessantanove anni.

Proprio come aveva predetto la leggenda Uluayek, dopo il ritorno degli spiriti del cielo ebbe inizio una nuova era. Negli anni successivi i cambiamenti nella valle furono radicali, ma non tocca a noi giudicare se in meglio o in peggio.

Nei decenni dopo la guerra, spronati in parte dagli articoli che raccontavano del salvataggio dei superstiti del *Gremlin Special* e dei misteriosi indigeni che avevano preso parte all'avventura, i missionari cristiani piantarono dei campi nella valle. Vi arrivarono a bordo di nuovi aerei anfibi in grado di atterrare e decollare su un tratto pianeggiante del fiume Baliem. Dopo una prima ostilità, nel corso del tempo la maggioranza dei nativi si convertì al cristianesimo. Oggi oltre una dozzina di chiese punteggiano la cittadina più grande della valle, Wamena, una vecchia sede del governo olandese con le strade coperte d'immondizia e una popolazione di diecimila persone o poco più.

A Wamena c'è anche un piccolo aeroporto; gli aerei rimangono ancora l'unico modo per entrare e uscire dalla valle, e il suo originario isolamento si è dovuto arrendere al traffico dei voli di linea.

Dopo i missionari fu la volta delle truppe indonesiane, che sbarcarono in forza negli anni Sessanta e Settanta, quando l'Olanda abbandonò il controllo coloniale sulla Nuova Guinea. La Nuova Guinea Olandese è diventata una provincia indonesiana, chiamata Papua (la metà orientale dell'isola della Nuova Guinea è un paese diverso, chiamato, anch'esso, Papua Nuova Guinea, il che crea confusione). Hollandia è stata ribattezzata Jayapura. Shangri-La è ora la valle del Baliem.

Gli indigeni sono sempre divisi in clan e famiglie, ma vengono genericamente definiti «papuani». Esiste un piccolo movimento indipendentista che aspira a una «Papua Libera». Ma a centinaia di chilometri dalla valle del Baliem ci sono compagnie minerarie che estraggono grandi quantità di oro e rame dal terreno. Il governo indonesiano non ha intenzione di cedere il controllo su Papua, né sulle sue risorse.

Anni di persuasione da parte dei missionari e di uso della forza da parte delle autorità indonesiane ha posto fine alla guerra perpetua che, in passato, scandiva la vita nella valle. Ma l'assenza di guerre ha avuto come conseguenza anche l'assenza di leader forti, e la pace non è stata sinonimo di prosperità. La provincia ha il tasso di povertà e di aids più alti di tutta l'Indonesia. La sanità è pessima e la scolarizzazione bassa. Il governo indonesiano fornisce supporto economico, ma buona parte del denaro finisce nelle mani degli stranieri, i veri signori di Wamena.

Gli anziani vagano per le strade della città con le zucche sul pene elemosinando denaro e sigarette. Alcuni chiedono qualche monetina per farsi fotografare, e inseriscono delle zanne di cinghiale nel setto nasale per avere un'aria fiera. Spesso, in realtà, hanno un'aria sperduta. In un villaggio poco distante guadagnano esponendo le mummie degli antenati ai pochi turisti che ottengono i permessi governativi per visitare la valle.

La maggioranza dei giovani ha abbandonato le zucche e i gonnellini intrecciati, e indossa pantaloncini e magliette occidentali con loghi e immagini di cui ignorano il significato. Nel febbraio 2010 un ragazzo camminava verso il suo villaggio remoto indossando una maglietta con il volto di Barack Obama. Quando gli è stato chiesto se sapeva chi fosse, sorrise e disse timidamente che no, non lo sapeva.

Robert Gardner, un documentarista che visitò la valle nel 1961, è profondamente amareggiato per i cambiamenti che si sono verificati negli ultimi cinquant'anni: «Era un popolo guerriero e indipendente. Ora è servo nel proprio paese». Altri, tuttavia, affermano che la transizione verso la modernità, pur se difficile, alla fine porterà opportunità e standard di vita migliori.

Fuori Wamena, buona parte del paesaggio è rimasto inalterato rispetto a quello ripreso da Earl Walter e da Alex Cann. Le famiglie vivono in capanne con il tetto di paglia, coltivano patate dolci e altre radici, e i maiali sono ancora indicatori di benessere.

Le compagnie che tagliano e trasportano il legname hanno spogliato le pendici di alcune montagne, ma la cresta Ogi, dove si schiantò il *Gremlin Special*, è rimasta inviolata. Chiunque abbia voglia di camminare lungo la montagna, usando tronchi ricoperti di muschio come ponti, tagliando liane ed evitando passi falsi che potrebbero rivelarsi pericolosi, potrà ancora trovare dei frammenti più o meno grandi del relitto.

Nel fango su cui poggia si possono ancora trovare bottoni, fibbie e ossa umane. Non molto tempo fa, un ragazzo che scavava con degli amici trovò una piastrina d'argento. Vi era inciso sopra il nome, l'indirizzo e il numero di serie del sergente del WAC Marion McMonagle, vedova e senza figli.

Coloro che la ricordano, amano raccontare la storia dell'aereo che si schiantò e degli spiriti venuti dal cielo. Ma il loro numero si assottiglia sempre più.

Quando agli inizi del 2010 l'autore di questo libro si recò nella valle, Yunggukwe Wandik, la ragazzina il cui maiale venne ucciso da una cassa lanciata dall'aereo, si rifiutò di parlare dell'episodio per circa un'ora. Si arrese solo quando l'autore offrì le scuse ufficiali in nome e per conto dei propri connazionali. Non ha mai chiesto denaro, ma dopo aver condiviso le sue memorie, ha accettato alcuni dollari come tardiva compensazione.

Durante tutta la visita dell'autore, i nativi gli si sono raccolti intorno per vedere le copie delle foto scattate da Earl Walter. Quando Helenma Wandik vide una foto di Wimayuk Wandik, meglio noto ai superstiti come Pete, gli occhi gli si riempirono di lacrime. Tenne la foto vicina al volto, poi l'accarezzò con le dita lunghe e ossute. «Questo è mio padre» disse in Dani, appoggiandolo al petto. Accettò una copia della foto e offrì in cambio una pietra levigata.

Dopo la guerra, l'esercito USA cercò di inviare degli uomini a Shangri-La per recuperare i resti delle vittime. Il piano venne abbandonato nel 1947 quando un tifone distrusse i due idrovolanti destinati alla missione. Non ci furono feriti. Nelle lettere indirizzate alle famiglie delle vittime, i militari dichiararono che «i rischi estremi di questo piano ponevano serie minacce alla vita dei membri della spedizione». I corpi del *Gremlin Special* vennero dichiarati «non recuperabili» e la loro fossa comune ricevette un nome ufficiale: «Cimitero USAF, Valle Perduta, n. 1» longitudine 139° 1' est e latitudine 3° 51' sud.

Tuttavia, dieci anni dopo, un team olandese che pattugliava la giungla alla ricerca di un aereo di missionari si imbatté nel relitto del *Gremlin Special.* La scoperta venne annunciata dall'Associated Press, che sollecitò una missione di ricerca e recupero da parte dell'esercito americano. Usando le informazioni dettagliate di John McCollom e di Earl Walter, nel dicembre 1958 la squadra individuò il sito. Vennero identificati e recuperati i corpi del sergente Laura Besley, del capitano Herbert Good e del soldato Eleanor Hanna. Per gli altri diciotto, come riferì l'ufficiale che notificò la notizia ai parenti, «è impossibile separare i resti». Il team raccolse quante più ossa ed effetti personali possibile e andò via.

Herbert Good venne sepolto al Cimitero Nazionale di Arlington. Eleanor Hanna venne sepolta in un cimitero privato, in Pennsylvania. Vennero restituiti alla famiglia il braccialetto con le monetine cinesi che portava al polso e gli altri due che erano rimasti nella tenda.

Laura Besley venne sepolta al National Memory Cemetery of the Pacific, Hawaii. Il suo secondo funerale si tenne il 13 maggio 1959, nel quattordicesimo anniversario dell'incidente. Ogni WAC che a quei tempi era di stanza nelle Hawaii ebbe l'onore di trasportare la bara. Alcune settimane dopo, una WAC che aveva partecipato al funerale tornò per assicurarsi che fosse stata messa un'adeguata lapide. Con sua sorpresa scoprì una collana di orchidee Vanda. Non scoprì mai chi l'aveva lasciata.

Le altre diciotto vittime vennero sepolte insieme il 29 giugno 1959 al Jefferson Barracks National Cemetery a St. Louis. I loro resti riposano sotto una grande lapide di granito sulla quale sono incisi i loro nomi, i gradi, le date di nascita e lo stato di provenienza. Tra i parenti delle vittime erano presenti i due figli del colonnello Peter Prossen, Peter jr. e David. John McCollom partecipò alla cerimonia con la vedova di suo fratello, Adele, e la loro figlia di quattordici anni, Dennie.

La fede di Robert McCollom, ritrovata tra i resti, venne restituita alla moglie, che non si risposò mai. Alla sua morte l'anello passò nelle mani della figlia, che lo indossò per sentire il legame con i propri genitori. Le venne rubato in casa nel 1991, ma non ha perso la speranza di poterlo ritrovare.

James Lutgring non ha mai dimenticato il suo migliore amico Melvin "Molly" Mollberg, che prese il suo posto sul *Gremlin Special.* Lutgring sapeva che, mesi prima della morte, Mollberg aveva cercato senza successo di unirsi a un'unità che guidava i Thunderbolts P-47.

Come tributo, Lutgring e alcuni amici riuscirono a ribattezzare *Molly* un P-47. Scattarono delle foto con tutti loro raccolti attorno al muso del caccia, con su scritto il suo nome. Lutgring chiamò suo figlio come l'amico morto, anche se Melvyn Lutgring non seppe mai perché i suoi genitori sostituirono una «y» alla «i» originale. Melvyn Lutgring fu in Vietnam come meccanico di elicotteri.

Il luogotenente Henry E. Palmer ricevette una Air Medal for Meritorious Achievement per aver pilotato il *Fanless Faggot.* Dopo la guerra tornò in Louisiana, si sposò, ebbe quattro figlie e divenne «Registrar of Voters» in East Feliciana, Louisiana. In quel ruolo, svolse una parte minore in un evento storico di grande portata: le indagini relative all'uccisione del presidente John F. Kennedy. Nel 1967 il procuratore distrettuale di New Orleans, Jim Garrison, accusò un uomo d'affari,

Clay Shaw, di aver cospirato con Lee Harvey Oswald per uccidere il presidente. Henry Palmer venne chiamato a testimoniare durante il processo di Shaw, come parte del tentativo dell'accusa di stabilire un legame tra Shaw e Oswald. I testimoni dissero che Oswald cercò di registrarsi per votare nell'ufficio di Palmer quando Shaw era nei paraggi. Shaw venne dichiarato innocente, ma Henry Palmer continuò a rispondere alle domande sul caso poste dai sostenitori della cospirazione fino alla sua morte, avvenuta nel 1991, a settantasette anni.

Il maggiore William J. Samuels, pilota del *Leaking Louise*, ricevette una Distinguished Flying Cross, per «eroismo o risultati straordinari conseguiti in volo». Poco dopo, gli venne offerta una scelta: andare a Okinawa ed essere promosso luogotenente colonnello o tornarsene a casa. Scelse la seconda opzione e trascorse i successivi trentatré anni come pilota delle United Airlines. Morì nel 2006, a novantun anni.

Dopo la guerra, il colonnello Ray T. Elsmore fondò insieme a dei soci, aviatori anticonformisti, una nuova società, la Transocean Air Lines, per coprire rotte che altri vettori non potevano o non volevano seguire. Fu direttore e vicepresidente esecutivo della Transocean dal 1946 al 1952. In seguito divenne presidente delle Western Sky Industries a Hayward, California. Tra le sue onorificenze militari: Legione di Merito, Distinguished Service Medal, Commendation Award e sei Presidential Unit Citations.

Un necrologio pubblicato sul «New York Times» ricordava che Elsmore aveva organizzato la fuga del generale MacArthur dalle Filippine e aveva «diretto il drammatico recupero di un membro del Women's Army Corps e di due ufficiali dalla regione selvaggia della valle di Shangri-La nella Nuova Guinea Olandese». Morì nel 1957 a sessantasei anni.

Un anno dopo il «New York Times» pubblicò il necrologio di George Lait, uno dei giornalisti che volò con Elsmore nel 1944 e che battezzò la valle Shangri-La. Come forse ci si poteva aspettare, dopo la guerra Lait andò a Hollywood e divenne un importante agente pubblicitario cinematografico. Morì a cinquantacinque anni.

Ralph Morton rimase a capo dell'Australian Bureau per l'Associated Press fino al 1948, quindi lavorò all'ufficio estero dell'AP a New York e insegnò alla Columbia University School of Journalism. Nel 1954 lui e sua moglie fondarono il settimanale «Darthmouth Free Press» in Nuova Scozia. Morì nel 1988 a ottant'anni.

Dopo il recupero dei superstiti, Walter Simmons del «Chicago Tribune» rimase ancora dieci anni in Estremo Oriente. Scrisse uno dei primi articoli sui soldati nordcoreani che attraversavano il trentottesimo parallelo all'inizio della Guerra di Corea. Tornò a Chicago nel 1955 e fece carriera all'interno del giornale. Si ritirò nel 1973 e morì nel 2006 a novantotto anni.

Alexander Cann editò le riprese in un documentario di undici minuti dal titolo *Rescue from Shangri-La.* Il filmato si apre con le immagini di montagne proibitive avvolte dalle nubi, poi Cann inizia il racconto: «Poco tempo fa, in alto, tra le montagne della Nuova Guinea Olandese, sotto queste nubi, si è schiantato un aereo militare americano». Il film si conclude con la scena dell'aggancio dell'aliante.

Dopo la guerra Cann si sposò per la quarta e ultima volta, ebbe tre figli, due maschi e una femmina, e continuò a girare documentari in Australia. Sua moglie, l'agente teatrale June (Dunlop) Cann, raccontò a un giornalista che «per dodici anni smise di essere un alcolizzato,» perciò lei lasciò il mondo del cinema per occuparsi dei figli. Andando avanti con gli anni, mise la testa a posto e tornò alla recitazione: ottenne dei ruoli nella serie televisiva *Skippy*, che aveva come protagonista un eroico canguro, e nel 1970 girò un film, *Ned Kelly*, nel quale interpretava Mike Jagger. Cann morì nel 1977 a settantaquattro anni.

Dietro insistenza di Earl Walter, vennero assegnate delle medaglie a tutti e dieci i paracadutisti del 1° Recon: Santiago Abrenica, Custodio Alerta, Alfred Baylon, Ben "Doc" Bulatao, Hermenegildo "Superman" Caoili, Fernando Dongallo, Juan "Johnny" Javonillo, Camillo "Rammy" Ramirez, Don Ruiz e Roque Velasco. Tutti, a eccezione di Bulatao e Ramirez, ricevettero la stella di bronzo. I due medici ricevettero la Soldier's Medal, la più alta onorificenza per non combattenti, per aver rischiato la propria vita per salvare i tre superstiti. Bulatao e Ramirez lasciarono poche tracce di sé dopo la guerra. Nel settembre 1945 Ramirez si recò a Kelso, Washington, per incontrare Ken Decker. Nel corso della visita, i genitori di quest'ultimo ospitarono un ricevimento nuziale per Ramirez e una donna del Texas, Lucille Moseley, con la quale era in contatti epistolari da parecchi anni. Un breve trafiletto sul matrimonio descrisse la sposa come «una cantante di night club di ventotto anni». Il matrimonio non durò a lungo. Ramirez morì nel 2005 a ottantasette anni. Ben Bulatao si sposò nel 1968 a Reno, Nevada, e divorziò in California nel 1984. Morì un anno dopo, a settantun anni.

Dopo quella missione, Earl Walter e gli uomini del 1° Recon vennero finalmente spediti nelle Filippine, ma a quell'epoca le isole erano già sicure. Il 15 agosto 1945, sei giorni dopo la bomba atomica su Nagasaki, il Giappone annunciò la resa. Quello stesso giorno il generale MacArthur sciolse il 1° Recon con una lettera nella quale esprimeva gratitudine per il servizio prestato dai membri del battaglione.

Walter completò gli studi all'Università dell'Oregon. Fece carriera nel reparto vendite alla Mail-Well Envelope Company, dove lavorò per trentasette anni. Divenne maggiore nelle riserve dell'esercito americano ed ebbe cinque figli (tre femmine e due maschi) dalla moglie Sally, che morì nel 1989 per un attacco cardiaco. Walter ritrovò la passione per il nuoto e divenne campione degli U.S. Masters vincendo diverse medaglie, pur avendo superato gli ottant'anni. Come i due medici, ricevette la Soldier's Medal. Nel 2009, poche settimane dopo il suo ottantottesimo compleanno, la mostrò a un visitatore nel suo appartamento in una casa di riposo nei pressi della costa dell'Oregon. La medaglia ottagonale pendeva da un nastro sbiadito rosso, bianco e blu. Una citazione in cornice, appesa al muro, riconosceva a Walter «eccezionale coraggio e leadership». Descriveva la missione e concludeva con queste parole: «L'eroismo del capitano Walter, che ha guidato in prima persona le operazioni di soccorso, ha fatto sì che i superstiti siano rientrati alla base sani e salvi».

Dopo la guerra, mostrò la medaglia al padre. «Mi chiese: "Te la sei guadagnata?".» Senza esitare, C. Earl Walter jr., rispose a C. Earl Walter sr.: «Sì, papà, me la sono guadagnata».

Nell'ultima annotazione del suo diario, il 3 luglio

1945, Walter scrisse: «E così, almeno per il momento, abbiamo chiuso la storia dell'avamposto dell'esercito americano a Shangri-La, Nuova Guinea Olandese, e speriamo che negli anni a venire potremo ancora voltarci indietro e dire che fu un lavoro ben fatto».

Ai primi del 2010 l'autore di questo libro raccontò a Walter che alcuni vecchi indigeni in Nuova Guinea si ricordavano ancora di lui. Si emozionò al ricordo di quel periodo. Dopo una lunga pausa, si schiarì la gola e commentò: «È stato il periodo più bello della mia vita».

Nella primavera del 1995 Walter incontrò John McCollom e Ken Decker in un ristorante di Seattle per celebrare il cinquantesimo anniversario dello schianto. Si fecero fotografare con in mano una loro foto da giovani a Shangri-La. Fu un momento di ricordi e di risate, ognuno riempiva le lacune nella storia dell'altro. Decker, a ottantaquattro anni, flirtò con una cameriera. Brindarono l'uno alla salute dell'altro, ai paracadutisti del 1° Recon e alla «Regina di Shangri-La» che non aveva potuto essere lì con loro.

Dopo il salvataggio, Ken Decker trascorse parecchi mesi in ospedale per guarire dalle ferite. Una volta dimesso, si iscrisse all'Università di Washington e si laureò in ingegneria. Lavorò per l'Army Corps of Engineers, poi venne assunto dalla Boeing Company, dove rimase fino alla pensione, nel 1974. Si sposò tardi e non ebbe figli. Ha parlato di rado in pubblico dell'incidente, anche perché non ha mai recuperato i ricordi di quel che accadde dal momento in cui il *Gremlin Special* decollò fino al momento in cui uscì, barcollando, dal relitto in fiamme.

Ogni 13 maggio, fino alla sua morte, avvenuta nel

2000, a ottantotto anni, Decker riceveva puntualmente una telefonata per il suo compleanno e per l'anniversario dell'incidente. All'altro capo del filo c'era il suo vecchio amico John McCollom.

Per tutta la vita a McCollom venivano le lacrime quando ricordava il capitano Baker che muoveva gli alettoni del B-17 per segnalare che li aveva visti.

McCollom lasciò l'esercito nel 1946, ma venne richiamato in servizio attivo durante la guerra di Corea. Per trentotto anni fu dirigente civile alla Wright-Patterson Air Force Basis nell'Ohio. Una volta in pensione, divenne consulente aerospaziale e vicepresidente della Piper Aircraft Company.

Si sposò, ebbe un maschio e una femmina, divorziò, si risposò ed ebbe altri quattro figli. Al matrimonio di Dennie, la figlia del gemello, fu lui ad accompagnarla all'altare e divenne il vice-nonno per i suoi due figli.

In pubblico parlava di rado del fratello per evitare di essere sommerso dal dolore. A volte provava un senso di colpa, si chiedeva: "Perché non sono morto io, invece di tutti loro?". La maggior parte delle volte, quando gli chiedevano cosa era successo, rispondeva: «Sono stato solo fortunato».

Ma il dolore non si può sopprimere. Il suo pensiero era costantemente rivolto al gemello: "Sarebbe stato meglio se fossi morto io," si diceva "anziché lui, che era sposato e aveva una figlia che non ha mai visto". Per molto tempo dopo lo schianto, ebbe un sogno ricorrente: lui, Decker e Margaret tornavano al relitto e lo trovavano ad aspettarli. A casa sua c'era una parete di foto di loro due da giovani, a malapena distinguibili e assolutamente inseparabili, almeno nel ricordo.

Nell'agosto 2001 le sue gambe erano ormai troppo

deboli perché potesse salire al piano di sopra e raggiungere lo studio che aveva sopra il garage. Un giorno, sua moglie Betty tornò a casa dal supermercato e trovò la casa vuota. Preoccupata, lo chiamò ad alta voce. Lui rispose: «Sono al piano di sopra».

Lei salì nello studio ed esclamò: «Come ci sei arrivato?».

«Un gradino alla volta, sul sedere. Stavo cercando una cosa» rispose.

John McCollom morì parecchi anni dopo. Aveva ottantadue anni. Quando Betty McCollom andò nello studio, scoprì che aveva messo insieme tutte le sue assicurazioni, onorificenze, titoli e altri documenti importanti. Tra le sue carte trovò anche il certificato del colonnello Elsmore che lo ammetteva alla «Shangri-La Society». McCollom aveva scritto anche il proprio necrologio; in un punto scrisse semplicemente: «Nel maggio 1945 il suo aereo si schiantò in Nuova Guinea. Venne tratto in salvo nel giugno 1945, ma suo fratello gemello morì sul colpo».

Alla morte del marito, Betty McCollom fondò una borsa di studio per gli studenti di ingegneria aerospaziale all'Università del Minnesota. Sapeva che lui non l'avrebbe voluta intitolare soltanto a se stesso, perciò la chiamò la John and Robert McCollom Memorial Scholarship.

«Mac era determinato» commentò. «Gli sono accadute molte cose brutte nella vita. Stringeva i denti e andava avanti. Era straordinario.»

Tre settimane dopo la missione di recupero, Margaret tornò negli Stati Uniti da star. Il corrispondente del «Los Angeles Times» la proclamò «la donna più celebrata della guerra». E per non essere da meno il «Boston Sunday Advertiser» scrisse: «È bionda. È bella. È la ragazza più avventurosa della Seconda guerra mondiale».

I fotografi seguirono il suo viaggio da Hollandia passando per Manila e la California fino ad arrivare a New York. Le radio si contendevano le interviste. Un editore acquistò il suo diario. Il quotidiano della sua città raccontò che era sommersa dalle offerte di «promotori, agenti teatrali, agenti del circo, esperti di pubblicità, colonnisti, commentatori e semplici reporter». Una rivista nazionale, «Calling All Girls», ottenne dall'esercito americano il permesso di pubblicare un fumetto sulle sue avventure a Shangri-La.

Come trovata pubblicitaria, un giornale organizzò l'appuntamento che Margaret aveva perso quella sera con il sergente Walter "Wally" Fleming. Anziché nuotare tra le onde a Hollandia, cenarono al Toots Shor's, il migliore ristorante di New York. Si videro ancora un paio di volte, poi ognuno andò per la sua strada.

Una folla di circa tremila persone, cioè l'intero paese, si era trovata stretta alla stazione di Owego, sotto un caldo soffocante, ad accogliere il treno che la riportava a casa. La Owego Free Academy Band attaccò una marcia festosa quando scese dalla carrozza e si buttò tra le braccia del padre. Il presidente della Camera di Commercio la proclamò «cittadina onoraria». I reporter non si fecero scappare alcun dettaglio, per quanto minimo: «Abbronzata e fresca di permanente, Margaret indossava una bella uniforme di seta del WAC e décolléte di coccodrillo». Un rappresentante di un'agenzia di New York si fece scappare che Margaret stava scegliendo tra diverse offerte cinematografiche. Il giornalista di una testata di gossip scrisse che Loretta Young voleva il ruolo della protagonista, ma che altri si aspettavano che Margaret interpretasse se stessa. I vicini si spintonavano lungo un cordone di polizia per avere un suo autografo e l'acclamavano mentre tornava a casa in McMaster Street insieme al padre e alle sorelle a bordo di una decappottabile. Il ricordo che Margaret ha conservato più a lungo di quel giorno fu quello di due donne anziane sedute in veranda, che sventolavano i fazzoletti piangendo.

Al termine di una licenza di trenta giorni, l'esercito decise di non destinarla ancora in Nuova Guinea. I superiori le fecero fare il giro della nazione a vendere i Victory Bond. Durante un giro di ben sei settimane, parlò in quattordici stati.

Nel corso degli anni, tenne più di duecento discorsi. Ogni volta ripeteva una versione sintetica dell'incidente e posava con personaggi famosi e generali, tra i quali anche Dwight Eisenhower. La sua cassetta della posta era sempre piena di lettere di fan, di poesie, di richieste di autografi e di proposte di matrimonio da parte di illustri sconosciuti, tra i quali un uomo che si vantava di essere uno dei campioni di sputo della città. Una lettera giunse anche dal sergente Don Ruiz, il paracadutista che Walter credeva che volesse sedurre. La lettera era molto casta, la aggiornava sulle ultime novità dei paracadutisti e le descriveva le foto che Walter aveva scattato nella valle. «Sei venuta bene in piedi accanto al tuo materasso di erba... e anche nella piccola canadese nel campo di patate.» Le descrisse poi le belle donne con le quali aveva ballato a una festa. E concluse con un: «Lunga vita alla Regina di Shangri-La!».

Non tutti apprezzarono le attenzioni rivolte a Margaret. La madre del maggiore George Nicholson, copilota del *Gremlin Special*, querelò l'esercito americano. «Nutriva un forte risentimento nei confronti di Margaret Hastings» riferì John McCarty, cugino di George Nicholson. La donna, a quanto pareva, temeva che suo figlio venisse incolpato dell'incidente. In risposta a una delle sue lettere, un colonnello dell'ufficio pubbliche relazioni del dipartimento di Guerra scrisse: «Nutro la più profonda comprensione per il Suo dolore, e comprendo la Sua preoccupazione che non venga pubblicato nulla che possa tendere a sminuire il sacrificio fatto dal Suo coraggioso figlio. Può star certa che nulla di questa natura avrebbe il permesso di essere pubblicato». La moglie di Nicholson, Alice, chiese di parlare direttamente con Margaret, ma lei rifiutò. John McCarthy spiegò: «Mia prozia Alice disse: "Rifiuti di incontrare la moglie del tuo comandante?". Margaret rispose: "Rifiuto di incontrare la vedova del mio comandante"».

Le critiche non fecero che accrescere la diffidenza di Margaret nei confronti della fama. Non si considerava un'eroina, ma solo una superstite fortunata e non vedeva l'ora di tornare alla sua solita routine.

A un anno dal ritorno, un giornalista del «Los Angeles Times» trovò Margaret che viveva tranquillamente in McMaster Street. «Quasi tutte le mattine la si vede in calzoncini sbiaditi dell'esercito e maglietta che pulisce e spolvera nella grande casa in cui vive con suo padre. Margaret non sta scrivendo un libro sulla sua esperienza. Non ha ambizioni cinematografiche. Non firma contratti per fare la testimonial di prodotti in scatola, di sigarette o attrezzature da campeggio. L'obiettivo più grande della sua vita, al momento, è iscriversi alla Syracuse University e laurearsi.»

Margaret trascorse più di due anni a Syracuse, ma lasciò l'università prima della laurea. Sposò Robert Atkinson, un ex campione olimpionico di slittino diventato assicuratore. Ebbero un figlio, ma si separarono quando Margaret era incinta del secondo, una femmina. Divorziarono e Margaret tirò su i due figli da sola, a Rome, New York. Lavorava nell'amministrazione della Griffiss Air Force Base. Di tanto in tanto i giornalisti la cercavano, spesso in coincidenza degli anniversari dell'incidente. La chiamarono anche quando Michael Rockefeller, figlio del governatore di New York e rampollo della famosa dinastia, scomparve in Nuova Guinea. «Se non è annegato, ha eccellenti probabilità di sopravvivere» commentò.

L'ultima apparizione pubblica di Margaret come «Regina di Shangri-La» fu nel 1974 quando lei, McCollom e Decker divennero membri onorari del National World War II Glider Pilots Association. Trent'anni dopo la loro tragica avventura i tre superstiti si riabbracciarono, risero e si persero nei ricordi. Margaret raccontò qual era stato l'insegnamento più importante che aveva tratto: «La paura è qualcosa che non sperimenti finché non se ne presenta l'occasione. Se succede, allora sì, probabilmente avrai paura. Se non succede, di cosa hai paura? Vai, non fermarti, fai quello che devi».

Qualcuno le chiese se le sarebbe piaciuto tornare in Nuova Guinea. Rispose senza esitazione: «Ci può scommettere!».

Non ci tornò. Quattro anni dopo le venne diagnosticato un cancro all'utero. «Ha lottato con tutte le sue forze,» raccontò sua sorella «senza mai autocommiserarsi. Quando seppe di aver perso, eliminò le medicine, lasciò l'ospedale e tornò a casa.»

Margaret Hastings morì nel novembre 1978 a sessantaquattro anni. È sepolta accanto ai suoi genitori, in un piccolo e grazioso cimitero punteggiato di bandiere americane, a poca distanza da McMaster Street.

Note su fonti e metodi

Questo è un lavoro di saggistica. Non ho preso alcuna libertà riguardo a fatti, dialoghi, personaggi o cronologia degli eventi. Tutto il materiale citato è frutto di interviste, rapporti, diari, lettere, diari di volo, documenti militari declassificati, articoli di giornale, libri o altre fonti. Le descrizioni delle persone e dei luoghi si basano su visite ai luoghi stessi, su interviste, materiale scritto, fotografie e cinegiornali. L'autore ha condotto tutte le interviste, sia di persona, sia per telefono. Le interviste con i nativi della valle del Baliem, o Shangri-La, sono state tradotte da Buzz Maxey, un missionario americano, direttore all'assistenza e allo sviluppo, che ha vissuto lì per la maggior parte della propria vita.

Bibliografia scelta

ALEXANDER, L., *Shadows in the Jungle: The Alamo Scouts Behind Enemy Lines in World War II*, NAL Caliber, New York 2009.

BENDER, T., *Rethinking American History in a Global Age*, University of California Press, Berkeley e Los Angeles 2002.

BROWN, J.E., *Historical Dictionary of the U.S. Army*, Greenwood Press, Westport, Conn. 2001.

CLARINBOULD, M.J., *The Forgotten Fifth: A Photographic Chronology of the U.S. Fifth Air Force in World War II*, N.Y. Balus Design, Hyde Park 2007.

CONNOLLY, B. e ANDERSON, R., *First Contact: New Guinea's Highlanders Encounter the Outside World*, Viking, New York 1987.

DEVLIN, G.M., *Silent Wings: The Saga of the U.S. Army and Marine Combat Glider Pilots during World War II*, St. Martin's Press, New York 1985.

DIAMOND, J., *Collasso: come le società scelgono di morire o vivere*, Einaudi, Torino 2005.

–, *Armi, acciaio e malattie: breve storia del mondo negli ultimi tredicimila anni*, Einaudi, Torino 2008.

DWIGGINS, D., *On Silent Wings: Adventures in Motorless Flight*, Grosset & Dunlap, New York 1970.

FLANNERY, T., *L'ultima tribù*, Corbaccio, Milano 2000.

GARDNER, R., *Making Dead Birds: Chronicle of a Film*, Peabody Museum Press, Cambridge, Mass. 2007.
GARDNER, R. e HEIDER, K.G., *Gardens of War: Life and Death in the New Guinea Stone Age*, Random House, New York 1968.
HAMPTON, O.W. "Bud.", *Culture of Stone: Sacred and Profane Uses of Stone among the Dani*, College Station, A&M University Press, Texas 1999.
HARRER, H., *Ritorno dall'età della Pietra*, Garzanti, Milano 1964.
HAYWARD, D., *The Dani of Irian Jaya Before and After Conversion*, Regions Press, Sentani, Indonesia 1980.
HEIDER, K.G., *The Dugum Dani: A Papuan Culture in the Highlands of West New Guinea*, Aldine, Chicago 1970.
–, *Grand Valley Dani: Peaceful Warriors*, 3rd ed., Wadsworth Group, Belmont, Calif. 1997.
HILTON, J., *Orizzonte perduto*, Palermo, Sellerio 2006.
HITT, R.T., *Cannibal Valley: The Heroic Struggle for Christ in Savage New Guinea – The Most Perilous Mission Frontier in the World*, Harper & Row, New York 1962.
IMPARATO, E.T., *Rescue from Shangri-La*, Paducah, Turner, Kentucky 1997.
KEATS, J., *They Fought Alone*, Pocket Books, New York 1965.
LOWDEN, J.L., *Silent Wings at War: Combat Gliders in World War II*, Smithsonian Institution Press, Washington 1992.
MANCHESTER, W., *American Caesar: Douglas MacArthur, 1880-1964*, Little, Bown, New York 1978.
MATTHIESSEN, P., *Under the Mountain Wall: A Chronicle of Two Seasons in Stone Age New Guinea*, Viking, New York 1962.
MEISELAS, S., *Encounters with the Dani: Stories from the Baliem Valley*, Steidl/International Center for Photography, New York 2003.
MILLER, S.C., *Benevolent Assimilation: The American Conquest of the Philippines, 1899-1903*. Yale University Press, New Haven, Conn. 1984.

MORISON, S.E., *History of U.S. Naval Operations in World War II. Vol. 8, New Guinea and the Marianas, March 1944-August 1944.* University of Illinois Press, Champaign 2002.

MORSE, R.A., *Richard Archbold and the Archbold Biological Station*, University Press of Florida, Gainesville 2000.

ROTTMAN, G.L., *U.S. Special Warfare Units in the Pacific Theater, 1941-45: Scouts, Raiders, Rangers and Reconnaissance Units*, Osprey, New York 2005.

–, *World War II Pacific Island Guide: A Geo-Military Study*, Greenwood Press, Westport, Conn. 2001.

SAMUELS, W., *Reflections of an Airline Pilot*, Monterey Pacific, San Francisco, Calif. 1999.

SANDLER, S., *World War II in the Pacific: An Encyclopedia*, Garland, New York 2001.

SARGENT, W., *People of the Valley: Life with a Cannibal Tribe in New Guinea*, Random House, New York 1974.

SCHIEFFELIN, E.L. e CRITTENDEN, R., *Like People You See in a Dream: First Contact in Six Papuan Societies*, Stanford University Press, Stanford, Calif. 1991.

SCHNEEBAUM, T., *Where the Spirits Dwell: Odyssey in the Jungle of New Guinea*, Grove Press, New York 1988.

SHEEHAN, S., *A Missing Plane: The Dramatic Tragedy and Triumph of a Lost and Forgotten World War II Bomber*, Berkeley Books, New York 1986.

SOUTER, G., *New Guinea: The Last Unknown*, Angus & Robertson, Sydney, Australia 1964.

TREADWELL, M.E. *The Women's Army Corps*, Office of the Chief of Military History, Dept. of the Army, Washington, D.C. 1954.

WEISE, S.H.C., *The Good Soldier: The Story of a Southwest Pacific Signal Corps WAC*, Burd Street Press, Shippensburg, Pa. 1999.

YELLIN, E., *Our Mothers' War: American Women at Home and at the Front During World War II*, Free Press, New York 2004.

Ringraziamenti

Questa storia ha aspettato a lungo per essere raccontata, ma nell'attesa è stata amorevolmente accudita e covata. Un gran numero di persone ha conservato con amore documenti, lettere, taccuini, cartine geografiche, foto, filmati e, più di ogni altra cosa, ricordi.

Devo molto, in particolare, a C. Earl Walter jr., senza il cui aiuto non avrei nemmeno potuto tentare di scrivere questo libro. Earl mi ha accolto nella sua casa, mi ha dato i suoi taccuini, le foto e i diari, e mi ha raccontato un sacco di storie su Shangri-La. Ringrazio anche sua figlia, Lisa Walter-Sedlacek.

Buzz Maxey mi è stato di grande aiuto durante il viaggio nella valle del Baliem, l'allora Shangri-La. Mi ha guidato dai testimoni oculari ancora in vita, ha tradotto i loro racconti e ha interpretato il significato culturale delle loro risposte. Ammiro la sua dedizione e il suo amore per la gente di Papua, e incoraggio altri a seguirne l'esempio. Grazie anche a Myrna, Ben e a Dani Maxey. Tomas Wandik mi ha guidato con eccezionale bravura lungo la montagna e attraverso la giungla fino al luogo dell'incidente. Sua figlia, Nande Mina Wandik è stata una perfetta compagna di marcia. Sono profondamente grato anche a Helenma Wandik, Yunggukwe Wandik, Ai Baga, Lisaniak Mabel, Hugiampot, Narekesok Logo e Dagadigik Walela per i loro racconti in veste di testimoni oculari.

Emma Sedore, storica di Tioga County, New York, ha fornito assistenza e suggerimenti preziosissimi. Senza di lei, buona parte della storia di Margaret Hastings avrebbe potuto essere perduta.

Grazie anche a Roger Sharpe e a Kevin Sives della Tioga County Historical Society.

L'adorabile Betty "B.B." McCollom mi ha permesso di conoscere a fondo suo marito, John, e ha generosamente condiviso i suoi appunti e le sue foto. Dennie McCollom Scott ha fornito informazioni e suggerimenti preziosissimi. Rita Callahan mi ha raccontato storie su sua sorella, Margaret Hastings, e sul padre, Patrick Hastings. Mi ha indirizzata a Mary Scanlon, amica di infanzia di Margaret, i cui ricordi hanno arricchito me e questo libro.

Peter J. Prossen jr. mi ha aiutato a capire suo padre, e ammiro il suo candore. Maryrose Condon, John McCarthy e Michael McCarthy mi hanno aiutato a conoscere meglio il loro cugino, il maggiore George H. Nicholson jr. Roberta Koons ha gentilmente condiviso i ricordi di sua sorella, Eleanor Hanna. Gerta Anderson mi ha aiutata a conoscere Laura Besley. Il mio nuovo amico Melvyn Lutgring mi ha generosamente raccontato la storia del senso di colpa che provava suo padre per aver fatto salire a bordo, al suo posto, Melvin "Molly" Mollberg, il suo migliore amico. Alexandra Cann mi ha deliziato con gli aneddoti relativi al suo ingombrante padre, del quale ha preso il nome.

Negli anni Novanta il documentarista Robert Gardner ha fatto lunghe ricerche su questa storia come possibile follow-up di *Dead Birds*, il suo bellissimo film sul popolo Dani. Mi ha dato dei file rari, impossibili da duplicare. Le sue interviste a John McCollom, mai andate in onda, mi hanno permesso di sentire e vedere Mac dalla tomba. Grazie anche a Michael Hutcherson per aver duplicato i nastri delle interviste.

La mia comprensione del popolo Dani è stata enormemente arricchita dal dr. Myron Bromley: ho apprezzato moltissimo la sua lettura di questo manoscritto e i suggerimenti che mi hanno offerto utili spunti di riflessione. Ringrazio anche James Sunda, che insieme a Myron è stato tra i primi missionari a entrare nella valle. Ed è stata illuminante l'imponente ricerca sui Dani condotta dal professor Karl Heider, amplificata da un fitto scambio di e-mail.

Dona Cruse apprese dello schianto da sua madre, Ruth Coster, che aveva rinunciato a salire a bordo di quel volo perché oberata di lavoro. Dona ha condiviso la sua grande conoscenza e le sue ricerche su questi eventi. Il colonnello Pat Jernigan (in pensione) è stata una risorsa preziosa e infaticabile che ha risposto a tutte le mie domande e ha fornito preziosissime illuminazioni.

Il maggiore Myron Grimes (in pensione) non ha mai ricevuto il riconoscimento che meritava per essere stato il primo pilota dell'aeronautica militare americana ad aver individuato la valle dall'aria. Mi ha fatto sentire come se fossi stato nella cabina di pilotaggio insieme a lui e gliene sono profondamente grato. George Theis della National Association of World War II Glider Pilots mi ha evitato di scivolare in una marea di errori.

Alla fine della Seconda guerra mondiale Gene Hoops era un caporale dell'esercito che venne spedito a Hollandia con una pattuglia con il compito di distruggere tutti i file militari, ma quando aprì un cassetto di metallo e trovò le foto del luogo dell'incidente, si rese conto che avrebbe dovuto conservarle. Nei sessant'anni che seguirono le conservò gelosamente, e gliene sono profondamente grato.

Nel suo ottimo film, *An Untold Triumph*, il documentarista Noel "Sonny" Izon portò alla luce i contributi dei soldati filippino-americani durante la Seconda guerra mondiale. Ha condiviso generosamente le informazioni relative ai paracadutisti filippini che, con coraggio, si lanciarono nella valle.

Il defunto colonnello Edward T. Imparato, che svolse un ruolo importante nelle operazioni di rifornimento e salvataggio, pubblicò integralmente documenti, trascrizioni, il diario di Walter, articoli di giornali e le sue personali riflessioni nel libro *Rescue from Shangri-La* (Paducah, Kentucky, Turner Publishing 1997). Il colonnello Imparato morì prima che potessi incontrarlo, ma gli rendo onore per il suo operato nella valle e per il suo libro.

Justin Taylan, direttore di PacificWrecks.org, mi è stato di grandissimo aiuto durante tutte le ricerche. Un grazie ai professori Alex Fabros e Dan Gonzales per avermi raccontato dei soldati filippino-americani; a Jette Flipse per gli utili suggerimenti; a Rober Knox per aver condiviso con me il racconto raccapricciante di suo zio relativo allo schianto dell'aereo; a James W. Zobel del MacArthur Memorial Archives; a Ed Christine e Tom Wilbur del «Binghamton Press & Sun»; a Norm Landis del «Rome Daily Sentinel»; a Sissy Burge di «The Watchman» di Clinton, Louisiana; a Lynn Gamma della Air Force Historical Research Agency; a David Freece del Cowlitz County Historical Museum; a Heidi Reutter della University of Central Arkansas; a Mary Jane Vinella della Bellevue Regional Library, Washington; a Lisa Rickey della Metro Library, Dayton, Ohio; a Thomas C. Jepsen, storico della telegrafia; a Steve Wylie che ha curato le trascrizioni; a Jan Versluis, intrepido viaggiatore; e alla mia assistente Roxanne Palmer.

I miei colleghi e studenti alla Boston University mi hanno incoraggiato per tutto il tempo del progetto. Un ringraziamento speciale va a Dean Tom Fiedler e al professor Lou Ureneck per il loro supporto e per avermi concesso l'anno sabbatico, grazie al quale ho potuto completare questo libro; e a Bob Zelnick e Isabel Wilkerson per essere stati dei fulgidi esempi.

In un momento cruciale, Helene Atwan di Beacon Press mi ha convinto a fidarmi del mio istinto. Dieci anni fa ha fatto di me un autore e gliene sarò per sempre grato. Richard Abate è il miglior amico e agente che un autore potrebbe desiderare. È rimasto al mio fianco mentre cercavo l'idea giusta e poi ha trovato la casa ideale per la stesura di questo libro.

Il mio editor Claire Wachtel ha abbracciato me e questa storia dall'inizio alla fine. Ha migliorato il libro con le sue idee, le sue intuizioni e la sua fiducia. Grazie di tutto anche a Jonathan Burnham. Sono grato a Melissa Kahn di 3Arts che ha creduto in questo progetto e anche a tutto il team di HarperCollins, incluse Elizabeth Perrella, Diane Aronson e Miranda Ottewell.

Un sentito ringraziamento anche alla mia tribù: Brian McGrory; Ruth, Emily e Bill (Air William) Weinstein, la cui generosità mi ha permesso di arrivare comodamente in Nuova Guinea; Colleen Granahan, Dan Field e Isabelle ed Eliza Granahan-Field; Jeff Feigelson, che avrebbe dovuto fare l'editor; Kathryn Altman; Dick Lehr; Chris Callahan; Nancy e Jim Bildner; Naftali Bendavid; il defunto Wilbur Doctor; Allan Zuckoff e ai clan allargati dei Kreiter e degli Zuckoff.

Un grazie speciale ai miei genitori, primi insegnanti e primi lettori: Sid e Gerry Zuckoff.

Stavo lottando con un progetto di scrittura ben diverso quando le mie adorate figlie mi hanno fatto notare che mi ero perso nella giungla sbagliata. «Questo non è il genere di storia che ti piace» commentò Isabel. Anche Eve era d'accordo. «Scrivi di Margaret e di Shangri-La» propose. Ragazze intelligenti.

Mia moglie, Suzanne (alias Rose, alias Trixie) Kreiter, rende la mia vita quanto più vicina possibile a una Shangri-La.

Stampato presso ELCOGRAF S.p.A. - Stabilimento di Cles (TN)